Familienunternehmen heute

Jahrbuch 2010

Familienunternehmen heute – Jahrbuch 2010

Herausgeber:
Prof. Dr. Peter May und Gerold Rieder

ISBN 978-3-9811783-4-0

Akademie für Familienunternehmen
Kronprinzenstraße 46 · 53173 Bonn-Bad Godesberg
Telefon: (0228) 36780-61 · Telefax: (0228) 36780-69
Internet: www.intes-akademie.de · E-Mail: info@intes-akademie.de

© Copyright 2009: INTES Akademie für Familienunternehmen, Bonn

Inhalt

Vorwort der Herausgeber 7

Die Autoren 9

A Expertenbeiträge zu Grundfragen des Familienunternehmens 11

Das Versagen der Wirtschaftswissenschaften
oder: Warum wir die BWL neu denken müssen
von Peter May 12

7 Erfolgsrezepte gegen die Krise.
Was wir von den erfolgreichsten Familienunternehmen
der Welt lernen können
von Peter May 16

Der Familien-Kodex.
Ein Leitfaden insbesondere in schwierigen Zeiten
von Peter May und Karin Ebel 22

Der Governance Kodex für Familienunternehmen –
Eine Bestandsaufnahme
von Andreas Hack 31

Aufgaben von Familienrepräsentanzen
von Alexander Koeberle-Schmid 36

Professionalisierung der Arbeit von Beiräten
in Familienunternehmen
von Christoph Achenbach, Peter May und Gerold Rieder 43

Auch für Beiräte in Familienunternehmen gilt:
Selbstkontrolle muss sein!
von Christoph Achenbach 50

Finanzierung und Beteiligungen von Familienunternehmen.
Ergebnisse einer aktuellen INTES-Studie
von Christoph Achenbach und Frederik Gottschalck 57

Von der Kunst des rechtzeitigen Loslassens –
Das Management in Familienunternehmen
von Klaus Schweinsberg 66

Nachfolge im Familienunternehmen
von Jörg Mittelsten Scheid 70

Keine Krise durch Generationswechsel.
Wie Sie ausreichend Vorsorge auch für den Notfall treffen
von Karin Ebel 76

B Aus der Praxis des Familienunternehmens 85

1. Familienunternehmer des Jahres 86

Friede, Freude, krisenfest
Laudatio auf Markus Miele und Reinhard Zinkann
von Kathrin Werner 86

2. Die 100 größten Familienunternehmen 92

Die 100 größten Familienunternehmen 92

Die Festung
von Georg Giersberg 97

3. Tragisches Scheitern 100

Der Tod des Spekulanten
von Rainer Hank 100

Kein Rettungspaket hat ihm helfen können
von Burkhard Spinnen 104

Die Oppenheim-Tragödie
von Sören Jensen und Ulric Papendick 107

4. Erfolgreich mit klassischen Tugenden 116

Die stillen Stützen
von Uwe Jean Heuser und Dietmar H. Lamparter 116

Der Charme des Familienunternehmens
von Inga Michler 120

Ottos Jahrhundert (Werner Otto)
von Birger Nicolai 124

Unternehmer wider Willen – mit viel Erfolg (Konrad Henkel)
von Claudia Tödtmann 129

„Net für de schnelle Gewinn" (Arthur und Thomas Handtmann)
von Dietmar H. Lamparter 132

Deutschlands Ur-Bräu (Herbert Zötler)
von Axel Gloger 137

Der Klang der Zeit (Philipp Klais)
von Matthias Hannemann 139

5. Kreative Zerstörer 145

Deutschlands kreative Zerstörer
von Nikolaus Förster 145

Optische Meisterleistung (Günther Fielmann)
von Birger Nicolai 149

König der Tiere (Torsten Toeller)
von Antonia Götsch 153

Nicht kaputt zu kriegen (Dieter Morszeck)
von Eva-Maria Thoms 157

Der Tüftler (James Dyson)
von Tim Höfinghoff 161

C Meinungen und Standpunkte 165

Eigentumsverfassung und Finanzkrise
von Klaus Schweinsberg 166

„Wir haben eine Depression"
Peter Bettermann im Gespräch mit „Die Welt" 171

Ein elftes Gebot: Du sollst nicht über deine Verhältnisse leben!
von Karl-Erivan W. Haub 176

Führung und Verantwortung
von Jörg Mittelsten Scheid 180

Wer was verdient
von Marc Beise 184

D Aus Politik und Gesellschaft 187

Das Ende der Wall Street
von Martin Hesse 188

Der Fluch der guten Ideen
von Nikolaus Piper 191

Kontrolle ist gut, Vertrauen ist besser
von Thomas Straubhaar 195

Moral für Banker
von Stephen Green 199

Die ewige Suche nach der Gerechtigkeit
von Heribert Prantl 203

Nach der Krise: Zurück zur protestantischen Ethik?
von Ralf Dahrendorf 207

Die Glaubwürdigkeit der Freiheit
von Horst Köhler 217

Von der Tätigkeit der nehmenden Hand.
Kapitalismus und Kleptokratie
von Peter Sloterdijk 228

Abschied vom Gucci-Kapitalismus
von Noreena Hertz 236

Eine florierende Gesellschaft
von Amitai Etzioni 243

„Ich stehe heute hier, demütig"
von Barack Obama 250

Vorwort der Herausgeber

Liebe Leser!

„Was für ein Jahr!" Mit diesem Ausruf haben wir schon das Vorwort unseres letztjährigen Jahrbuches „Familienunternehmen heute" begonnen. Er gilt für das zurückliegende Jahr nicht minder. Denn die Finanz- und Wirtschaftskrise ist noch keineswegs vorüber, auch wenn es vorerst so aussieht, als ob die allerschlimmsten Befürchtungen sich nicht bewahrheiten würden. Dafür zeichnen sich die zentralen strukturellen Konsequenzen und Herausforderungen aus der Finanzkrise zunehmend deutlicher ab:

1. Die Krise hat das wirtschaftliche Gleichgewicht in Richtung Osten verschoben. Während die alten Wirtschaftsmächte ächzen, bleiben China und Indien auf stabilem Wachstumskurs. Die Zahl derer, die prophezeien, dass China die USA in nicht allzu ferner Zukunft als Wirtschaftsmacht Nr. 1 ablösen wird, hat deutlich zugenommen.

2. Der Zusammenbruch des Weltfinanzsystems konnte nur um den Preis einer gewaltigen Staatsverschuldung verhindert werden. Diese Schuldenlast wird die wirtschaftliche Entwicklung auf Jahre, vielleicht auf Jahrzehnte hinaus spürbar belasten. Wie sie, noch dazu in Verbindung mit der Herausforderung des Klimawandels, bewältigt werden soll, ist noch völlig unklar. Immer mehr Menschen erkennen, dass wir den Kapitalismus neu denken müssen. Vorstellungen, wie dies konkret aussehen soll, bestehen allerdings allenfalls in rudimentären Ansätzen.

3. Dabei ist die Hydra, die die Krise ausgelöst hat, noch keinesfalls tot. Im Gegenteil: Sie erhebt ihr Haupt bereits wieder, weil ausreichende Maßnahmen gegen den ungezügelten Finanzkapitalismus angelsächsischer Prägung (noch) nicht ergriffen wurden. Die ersten Spielkasinos haben wieder eröffnet und die Moral der Spieler ist unverändert. Notfalls klagen Banker ihre Boni ein – auch wenn sie mit dem Geld der Steuerzahler bezahlt werden müssen. Das Weltfinanzsystem braucht dringend eine revolutionäre Veränderung. Andernfalls kommt beim nächsten Mal alles noch viel schlimmer.

4. Im Gegensatz dazu hat sich der rheinische Kapitalismus in der Krise überraschend stabil gezeigt. Obwohl Deutschland als Exportweltmeister von den wirtschaftlichen Folgen der Finanz- und Wirtschaftskrise besonders hart getroffen wurde, hat seine Gesellschaft, gegründet auf das Zusammenwirken eines funktionierenden Sozialstaates mit einem starken Familienkapitalismus, die Auswirkungen der Krise erstaunlich gut abgefedert. Die Frage nach

dem besseren Kapitalismusmodell darf deshalb mit Recht neu und von unserer Seite mit größerem Selbstbewusstsein gestellt werden.

5. Die aktuelle Krise offenbart auch ein grundlegendes Versagen der ökonomischen Wissenschaften. Die einseitige Fixation auf mathematisch fundierte (schein-)rationale Theoriemodelle mit der Kunstfigur des homo oeconomicus im Zentrum war ebenso ein Irrweg wie die fast ausschließliche Ausrichtung der Managementtheorie an der Publikumsgesellschaft, der sogenannten societé anonyme. Die Wirtschaftswissenschaften der Zukunft werden sowohl den Inhaber als auch die emotionalen (psychologisch und soziologisch relevanten) Aspekte menschlichen Handelns stärker in den Blick nehmen müssen. Erste erfolgversprechende Ansätze dazu gibt es.

6. Für Familienunternehmen ist das eine gute Botschaft. Auf solcher Grundlage könnten die Erfolgs- und Misserfolgsfaktoren von Inhaberfamilien und Familienunternehmen endlich umfassend untersucht und verstanden werden. Dass dies nottut, belegt das traurige Schicksal einiger führender Vertreter des Familienkapitalismus im zurückliegenden Jahr. Die Porsches, Schaefflers, Merckles, Oppenheims und Schickedanz' sind ja nicht gescheitert, weil sie Familienunternehmen waren, sondern weil sie gegen fundamentale Grundsätze richtiger Führung im Familienunternehmen verstoßen haben. Mit einer „BWL für Familienunternehmen", wie sie von uns seit Jahren gefordert wird, hätte sich vielleicht das eine oder andere traurige Schicksal vermeiden lassen.

In unserem diesjährigen Jahrbuch haben wir uns wie in den Jahren zuvor bemüht, die wesentlichen Aspekte des Jahres durch die Auswahl entsprechender Beiträge widerzuspiegeln. Dass dem Bereich „Politik und Gesellschaft" dabei in diesem Jahr ein besonders großes Gewicht zukommt, ist nur natürlich.

Wir danken unseren Autoren für die Bereitschaft, ihre an anderer Stelle veröffentlichen Beiträge für einen erneuten Abdruck in unserem Sammelwerk zur Verfügung zu stellen. Und wir danken Frau Barbara Wallrafen erneut für die vielen Stunden redaktioneller und lektoratsmäßiger Arbeiten. Dieses Jahrbuch trägt ganz maßgeblich auch ihre Handschrift.

Zu guter Letzt wünschen wir Ihnen, liebe Leser, wie in jedem Jahr viel Spaß und Gewinn bei der Lektüre!

Bonn, im November 2009   Die Herausgeber

Die Autoren

Achenbach, Dr. Christoph
Partner, INTES Beratung für Familienunternehmen

Beise, Dr. Marc
Leiter der Wirtschaftsredaktion, Süddeutsche Zeitung

Bettermann, Dr. Dr. Peter
Sprecher der Unternehmensleitung, Freudenberg & Co. Kommanditgesellschaft

Dahrendorf, Prof. Dr. Lord Ralf
Soziologe, Politiker und Publizist

Dierig, Carsten
Redakteur, Die Welt

Ebel, Dr. Karin
Partnerin, INTES Beratung für Familienunternehmen

Etzioni, Prof. Dr. Amitai
Ehemaliger Präsident, American Sociological Association

Förster, Dr. Nikolaus
Chefredakteur, impulse

Giersberg, Georg
Redakteur, Frankfurter Allgemeine Zeitung

Gloger, Axel
Wirtschaftsjournalist

Götsch, Antonia
Redakteurin, Financial Times Deutschland

Gottschalck, Dr. Frederik
INTES Beratung für Familienunternehmen

Green, Stephen
Verwaltungsratschef, HSBC

Hack, Dr. Andreas
Inhaber des INTES Stiftungslehrstuhls für Familienunternehmen, WHU – Otto Beisheim School of Management

Hannemann, Matthias
Journalist

Hank, Dr. Rainer
Ressortleiter Wirtschaft, Frankfurter Allgemeine Sonntagszeitung

Haub, Karl-Erivan W.
Geschäftsführender und persönlich haftender Gesellschafter, Unternehmensgruppe Tengelmann

Hertz, Prof. Dr. Noreena
Professorin für Globalisierung, Rotterdam School of Management

Hesse, Martin
Wirtschaftsredakteur, Süddeutsche Zeitung

Heuser, Dr. Uwe Jean
Leiter der Wirtschaftsredaktion,
Die Zeit

Höfinghoff, Tim
Wirtschaftsredakteur, Frankfurter Allgemeine Sonntagszeitung

Jensen, Sören
Reporter, Manager Magazin

Koeberle-Schmid, Dr. Alexander
INTES Beratung für Familienunternehmen

Köhler, Dr. Horst
Bundespräsident

Lamparter, Dietmar H.
Wirtschaftsredakteur, Die Zeit

May, Prof. Dr. Peter
Gründer und Partner, INTES

Michler, Inga
Wirtschaftsreporterin, Die Welt und Welt am Sonntag

Mittelsten Scheid, Dr. Jörg
Vorsitzender des Beirates,
Vorwerk & Co. KG

Nicolai, Birger
Wirtschaftskorrespondent, Die Welt und Welt am Sonntag

Obama, Barack
44. Präsident der Vereinigten Staaten

Papendick, Ulric
Redakteur, Manager Magazin

Piper, Nikolaus
Korrespondent, Süddeutsche Zeitung

Prantl, Dr. Heribert
Ressortleiter Innenpolitik,
Süddeutsche Zeitung

Rieder, Gerold
Partner, INTES Akademie für Familienunternehmen

Schweinsberg, Prof. Dr. Klaus
Partner, INTES Akademie für Familienunternehmen

Sloterdijk, Prof. Dr. Peter
Rektor, Staatliche Hochschule für Gestaltung in Karlsruhe

Spinnen, Dr. Burkhard
Schriftsteller

Straubhaar, Prof. Dr. Thomas
Direktor, Hamburgisches WeltWirtschaftsInstitut

Thoms, Eva-Maria
Journalistin

Tödtmann, Claudia
Redakteurin, Handelsblatt

Werner, Kathrin
Redakteurin, impulse

Abschnitt A

Expertenbeiträge zu Grundfragen des Familienunternehmens

Das Versagen der Wirtschaftswissenschaften oder: Warum wir die BWL neu denken müssen

Von Peter May

Auf der Suche nach den Verantwortlichen für die große Krise haben neben raffgierigen Managern und Finanzinvestoren sowie willfährigen oder überforderten Politikern auch die Wirtschaftswissenschaften ihr Fett abbekommen. Ihr naiver Glaube an die Selbstregulierungskräfte der Märkte und an die Belastbarkeit mathematischer Modelle werden ebenso zu Recht kritisiert wie die Shareholder-Value-Theorie, der inzwischen auch die letzten Fürsprecher abhanden zu kommen scheinen. Die Shareholder-Value-Lehre ist aber nur Teil eines weit grundsätzlicheren Problems. Ihre verheerende Sprengkraft konnte Alfred Rappaports Theorie nur in Verbindung mit einer Betriebswirtschaftslehre entfalten, in der Shareholder, also die Inhaber, im Grunde gar keine Rolle spielen. Nur so lässt sich erklären, warum unter dem Regime einer Lehre, die den Shareholder-Value zur allein seligmachenden Doktrin erhob, mehr Aktionärswert vernichtet wurde als in vielen Jahrzehnten zuvor. Nur so lassen sich auch die bekannten Gehaltsexzesse in den von Managern dominierten Publikumsgesellschaften verstehen – ein Vorgang, der nicht nur das moralische Fundament des Kapitalismus unterspült, sondern auch die Frage aufwirft, wie sich der Manager-Value so extrem vom Shareholder-Value entkoppeln konnte. Und nur so erklärt sich schließlich, weshalb die Betriebswirtschaftslehre dem Phänomen der Finanzinvestoren ebenso verständnis- wie hilflos gegenübertrat. Dass plötzlich eine Institution die Inhaberinteressen bündelt und dann konsequent, mitunter auch rabiat, in den beherrschten Unternehmen durchsetzt – das passte schlicht nicht in das konventionelle Verständnis der Betriebswirte, für die dominierende Shareholder ein Fremdkörper waren und sind.

Geschult am Leitbild der klassischen Publikumsgesellschaft, hat sich die Betriebswirtschaft mit dem Phänomen dominierender Inhaberschaft, von wenigen Ausnahmen abgesehen, praktisch nicht beschäftigt. Und das, obwohl es sich bei der weit überwiegenden Zahl aller Unternehmen um Familienunternehmen handelt, bei denen definitionsgemäß eine dominierende Inhaberschaft besteht. Selbst unter den Dax- und M-Dax-Firmen und den Firmen des S & P 500 in den Vereinigten Staaten stehen mehr als ein Drittel unter der Kontrolle starker Inhaberfamilien.

In der Managementlehre galten von Familien beherrschte Unternehmen jedoch, spätestens seit dem Verdikt des amerikanischen Organisationstheoretikers Alfred Chandler aus den siebziger Jahren, als zweitklassig. Die Ignoranz in Bezug auf den Shareholder (Inhaber) ging sogar so weit, dass Chandler und seine Adepten nur dann von Familienunternehmen sprechen wollten, wenn die Inhaberfamilie die Firma nicht nur beherrschte, sondern auch selbst führte. Mit gesundem Menschenverstand hat diese Klassifikation freilich nichts zu tun. Oder würde man das Wertpapier- und Immobilienvermögen einer Familie auch nur dann als Familienvermögen bezeichnen, wenn der Clanchef das Portfolio selbst managt und auf Banken dankend verzichtet?

Die beinahe ausschließliche Orientierung am Leitbild der Publikumsgesellschaft mit Streubesitz ist wahrscheinlich das größte Versäumnis der Betriebswirtschaft in den letzten Jahrzehnten. Angesichts der aktuellen Erklärungsnöte kommt die Wirtschaftswissenschaft nicht umhin zu erkennen: ownership matters! Wer verhindern will, dass Theorien wie der Shareholder-Value am Ende die gesamte Wirtschaftswissenschaft in Verruf bringen, muss endlich den Begriff der Inhaberschaft ausdifferenzieren und stärker zwischen Unternehmen ohne und mit dominanter Inhaberschaft unterscheiden. Insbesondere bei den Themen Finanzierung, Strategie und Corporate Governance benötigen wir stärker inhaberorientierte Differenzierungen. Weiterhin gilt es, verschiedene Erscheinungsformen dominanter Inhaberschaft zu unterscheiden. Permina bei Hugo Boss und die Familie Albrecht bei Aldi sind ebenso dominante Inhaber wie der deutsche Staat bei der Bahn AG – man würde aber nicht ernstlich behaupten, dass bei Werten und Zielen übergroße Übereinstimmung besteht. Übereinstimmung besteht aber insoweit, als alle drei in der Lage sind, das Verhalten ihrer Unternehmen nachhaltig zu beeinflussen. Doch eine theoretische Grundlage für dieses Faktum ist nicht in Sicht. Ebenso kann niemand erklären, was passiert, wenn ein Unternehmen seinen dominanten Eigner wechselt, wie wir dies gerade bei VW besichtigen können, wo Porsche das Bundesland Niedersachsen ablöst. Auch für die Unternehmen, bei denen der Staat jetzt als Retter zum Eigentümer wird, muss die Frage der dominanten Inhaberschaft und ihrer Konsequenzen künftig an Bedeutung gewinnen. Theoretisch vorbereitet sind wir darauf nicht.

Bezieht man die Inhaberperspektive mit ein, so werden die bisherigen Erkenntnisse der Betriebswirtschaft nicht obsolet – es wird vielmehr eine Fortentwicklung der BWL in eine Richtung möglich, die die ältere und systematischer arbeitende Rechtswissenschaft früh genommen hat. Sie unterscheidet bekanntlich in ihren Disziplinen zwischen Allgemeinem und Besonderem Teil. Die BWL der Zukunft sollte ebenso in eine Allgemeine und Besondere Betriebswirtschaftslehre geschieden werden. Während im Allgemeinen Teil nur Konzepte Aufnahme finden, die für alle Unternehmen unabhängig von ihrer Inhaberstruktur Gültigkeit besitzen (zum Beispiel die Portfolio-Theorie, das Lebenszyklusmodell, Porters Five Forces; ausdrücklich aber nicht die Shareholder-Value-Theorien), knüpft die Besondere BWL an die unterschiedlichen Formen der Inhaberschaft an.

Die Vorzüge einer solchen Herangehensweise liegen auf der Hand. Was für ein Familienunternehmen mit einer dynastisch orientierten Inhaberschaft richtig sein kann, muss für eine Firma im Besitz eines Private-Equity-Fonds noch längst nicht gut sein. Und für einen Konzern in Streubesitz vielleicht gänzlich falsch. Auf diese Weise würden viele erfolgreiche Verhaltensweisen von dominanten Eignern, die heute bestenfalls als extravagante Abweichungen von der Norm toleriert werden (nach dem Motto: Wer Erfolg hat, hat Recht), zukünftig einem rationalen Bewertungsmaßstab unterworfen werden können. So würde zum Beispiel klarer, weshalb Familienunternehmen häufig Nischenstrategien verfolgen und nicht auf Gedeih und Verderb wachsen wollen. Rationaler beurteilen könnten wir auch, weshalb viele Familienunternehmen teurere Finanzierungsinstrumente nutzen und mit geringerem Leverage arbeiten sollten als Publikumsgesellschaften. Unabhängigkeit hat eben ihren Preis. Schaeffler und Merckle setzten sich über diese Restriktion für Familienunternehmen hinweg und griffen zu risikoreichen Instrumenten. Die Folgen sind bekannt. Schließlich würde auch klar, dass Corporate Governance in Familienunternehmen nicht in erster Linie Vorsorge gegen Machtmissbrauch des Managements ist, sondern durch kluge Selbstbeschränkung den Machtmissbrauch der Eigentümer verhindern soll. Immer noch scheitern die meisten familienkontrollierten Unternehmen bekanntlich an Unfähigkeit und Streitigkeiten ihrer Inhaber.

Als Folge dessen sollte sich die Betriebswirtschaft künftig nicht mehr nur mit dem Unternehmen und dessen Strategien, sondern ebenso mit den Strategien der Inhaber beschäftigen. Wenn es richtig ist, dass dominante Inhaber ihre Unternehmen kraft ihrer Machtposition beeinflussen können, dann liegt es im Interesse aller Beteiligten, dass sie dies auf professionelle Weise tun. Und das unabhängig davon, ob der dominante Inhaber die Familie Mohn bei Bertelsmann, der Haniel-Clan bei Metro, der deutsche Staat bei der Commerzbank oder Permira beim Bezahlsender Premiere ist. Auf dem Gebiet der Inhaberstrategie gibt es einen erheblichen Nachholbedarf. In der Praxis wie in der betriebswirtschaftlichen Theorie machten bisher die Manager die Strategie, und die Shareholder schauten zu. Die massiven Schwierigkeiten, in denen sich namhafte Familienunternehmen derzeit befinden, und die Insolvenzen von Firmen wie Märklin, Edscha, Schiesser, die mit den Private-Equity-Fonds ebenfalls dominante Eigner hatten, unterstreichen die Notwendigkeit von „professional ownership". Die Betriebswirtschaft sollte hier schnell Versäumtes nachholen.

Erschienen in: INTES Unternehmer-Brief, Ausgabe 3/2009, sowie in einer leicht gekürzten Fassung unter dem Titel „Die BWL hat den Unternehmer vergessen" in: Frankfurter Allgemeine Zeitung vom 20.04.2009
© 2009 Peter May

7 Erfolgsrezepte gegen die Krise

Was wir von den erfolgreichsten Familienunternehmen der Welt lernen können

Von Peter May

Ich habe in den zurückliegenden Jahren mitunter gelitten wie ein Hund. Alles, woran ich glaubte, alles, was ich gelernt und gelehrt hatte, schien nicht mehr zu gelten. Da wurden Menschen reich, ohne hart dafür zu arbeiten. Da wurden Menschen reich, unvorstellbar reich, ohne dass ihren Chancen vergleichbare Risiken gegenüberstanden.

Nun, wo das Kind in den Brunnen gefallen ist, bin ich beruhigt. Auch wenn die gewaltige Umverteilungsmaschinerie der vergangenen Jahre nicht mehr rückgängig gemacht werden kann, auch wenn wir nun alle die Folgen eines entfesselten Finanzkapitalismus tragen müssen – die Welt ist nur scheinbar aus den Fugen geraten. In Wahrheit hat die große Krise nur gezeigt: Der gesunde Menschenverstand lässt sich nicht außer Kraft setzen – jedenfalls nicht dauerhaft.

Warum ich das betone? Weil diese Erkenntnis selten so wichtig war wie heute. In guten Zeiten kann jeder gewinnen. In guten Zeiten geht es nur um Mehr oder Weniger. In schlechten Zeiten aber teilt sich die Welt rasch in Gewinner und Verlierer. In schlechten Zeiten geht es um Sein oder Nichtsein. Und weil wir verdammt schlechten Zeiten entgegengehen, ist es für jeden Unternehmer von entscheidender Bedeutung, jene Grundregeln gesunden Menschenverstandes zu beherzigen, die seit Urzeiten gutes und erfolgreiches Unternehmertum von durchschnittlichem oder gar schlechtem trennen.

Ich habe in meiner langjährigen Arbeit mit erfolgreichen Unternehmern festgestellt, dass sie im Grunde genommen sieben einfachen Regeln folgen. Egal ob sie Albrecht (Aldi) heißen oder Kamprad (Ikea), Walton (Walmart) oder Toeller (Fressnapf), Porsche oder Erco – es sind stets die gleichen Grundprinzipien, denen sie ihren Erfolg verdanken.

Und auch wenn alle genannten Unternehmer Familienunternehmer sind, gelten ihre Erfolgsgeheimnisse doch nicht nur für sie. Als Ausprägungen des gesunden Menschenverstandes gelten sie ebenso für Publikumsgesellschaften, Unternehmen im Besitz von Finanzinvestoren oder unter staatlicher Kontrolle.

1. Starke Werte und klare Ziele
Plötzlich sind sie wieder in aller Munde, die wahren Werte. Allzu bitter haben wir erfahren müssen, wohin es führt, wenn die Wirtschaft glaubt, ohne sie – oder richtiger: mit Geld als höchstem oder gar einzigem Wert – auskommen zu können. Nun sind sich wieder alle einig: Ohne die wahren Werte ist auch in der Wirtschaft kein dauerhafter Erfolg möglich.

Der neue amerikanische Präsident Barack Obama hat es in seiner Antrittsrede auf den Punkt gebracht: „Our challenges may be new. The instruments with which we meet them may be new. But those values upon which our success depends – hard work and honesty, courage and fair play, tolerance and curiosity, loyalty and patriotism – these things are old. These things are true."

Die starken Familienunternehmen haben das immer schon gewusst und auf den ökonomischen Nutzen eines wertebasierten Verhaltens vertraut. „In einer Welt, in der die Menschen Unternehmen mit Argwohn begegnen, belohnen die Märkte es mit einem Aufschlag, wenn ein Unternehmensname für ein ethisches und wertebasiertes Verhalten steht", betont der indische Familienunternehmer Anand Mahindra stellvertretend für viele. Sie waren auch in den Hochzeiten des Gier-Kapitalismus nicht bereit, ihre immateriellen Grundwerte dem Götzen des Shareholder Value zu opfern. Selbst dann nicht, wenn ihre Aktien an der Börse gehandelt wurden. „We answer to a higher authority than the stock market – that higher authority being family values", heißt es bei Levi Strauss.

Und es ist gewiss kein Zufall, dass die zentralen Werte führender Familienunternehmen fast bis aufs Wort jenen Werten gleichen, die Barack Obama für die politische Weltmacht Nr. 1 reklamiert – harte Arbeit und Rechtschaffenheit, Neugier und Mut, Fairness und Toleranz und Neugier, Loyalität und ein unbedingtes Bekenntnis zur gemeinsamen Sache. Unternehmen, die diesem inneren Kompass folgen, haben einen unschätzbaren Vorteil im Wettbewerb. Vor allem dann, wenn sie diese Leitplanken mit klaren, gleichermaßen herausfordernden wie erreichbaren Zielen kombinieren und durch geeignete Systeme sicherstellen, dass alle im Unternehmen im Sinne des gemeinsamen Werte- und Zielsystems an einem Strang ziehen.

2. Übereinstimmung von Inhabern und Führung
Starke Familienunternehmen haben nicht nur starke Werte und klare Ziele. Mindestens ebenso wichtig ist, dass diese aufgrund der dominanten Inhaberschaft der Unternehmerfamilie auch durchgesetzt werden können.

Der Principal-Agent-Konflikt, das Krebsgeschwür der Publikumsgesellschaft, der aus der Shareholder-Value-Lehre im Ergebnis eine Manager-Value-Lehre gemacht hat, findet in Familienunternehmen nicht oder nur äußerst reduziert statt. Solange der oder die Inhaber selbst die Geschäfte führen, sind die Interessen von Inhabern und Management automatisch deckungsgleich. Aber selbst wenn die Familie als Ergebnis kluger Selbstbeschränkung in späteren Generationen die Führung an ein fremdes Management delegiert, führt die dominierende Inhaberstellung der Eigentümerfamilie doch dazu, dass diese Manager niemals straflos vergessen dürfen, dass sie Treuhänder der Inhaberinteressen sind. Was sich mit Übereinstimmung von Inhabern und Management zum beiderseitigen Nutzen erreichen lässt, zeigen die Beispiele großer Gründer ebenso wie das Beispiel Porsche, das unter der Führung des Fremdmanagers Wendelin Wiedeking binnen weniger Jahre zum rentabelsten Automobilhersteller der Welt aufsteigen und den vielfach größeren Wettbewerber VW angreifen und übernehmen konnte.

Wenn Publikumsgesellschaften von Familienunternehmen etwas lernen können, dann was möglich ist, wenn es gelingt, den Principal-Agent-Konflikt auszuschalten oder zu reduzieren.

3. Mut zum Regelbruch

Wo zwischen Inhaberschaft und Führung eine derart hohe Übereinstimmung und ein derart guter Draht besteht, wachsen automatisch auch die Chancen, mit unkonventionellen Ideen und dem Mut zum Risiko ihrer Durchsetzung außergewöhnliche Erfolge zu feiern.

„Don't learn the tricks of the trade, learn the trade", heißt eine Grundregel des gesunden Menschenverstandes für Erfolgstypen. Wer tut, was alle tun, kann sich bestenfalls an die Spitze des Hauptfeldes setzen. Die Medici, die Fugger, die Rothschilds, die Carnegies und Rockefellers, die Daimlers und Benz', die Aldis, Ikeas, Gates' und Googles – sie alle waren nur deshalb so erfolgreich, weil sie ihre Märkte nicht bespielten, sondern veränderten. Die wirklich großen Erfolge sind immer das Resultat von Regelbrüchen. Und die Regelbrecher, die schöpferischen Zerstörer im Schumpeter'schen Sinne, sind fast immer Unternehmer, niemals Staatsbeamtete und eher selten angestellte Manager anonymer Publikumsgesellschaften. Denn Mut zum Regelbruch braucht ein Umfeld, in dem er gedeihen kann.

4. Kundenprobleme lösen

Wie aber wird man zum Regelbrecher? Antwort: Indem man Kundenprobleme löst. Und zwar nicht irgendwelche, sondern die richtigen. Es gibt eine simple Formel: „Wer kleine Probleme löst, verdient kleines Geld. Wer große Probleme löst, verdient großes Geld. Wer die Probleme weniger löst, verdient wenig Geld. Und wer die Probleme vieler löst, verdient viel Geld."

Die daraus resultierende zentrale Fragestellung für Unternehmenserfolg ist denkbar einfach: „Welches zentrale Problem unserer Kunden lösen wir sichtbar besser als der Wettbewerb?" Wer diese Frage mit einem simplen Satz beantworten kann, verfügt über die Gewinnerlizenz. Und sagen Sie niemals, das wäre in Ihrem Markt nicht möglich. Denken Sie stattdessen wie Ikea-Gründer Ingvar Kamprad. Sein Credo lautet: „Das meiste ist noch nicht getan – wunderbare Welt." Unsere Welt steckt voller ungelöster Probleme. Denken Sie an das Automobil und den Discounteinzelhandel, an PCs und Internet-Suchmaschinen, an CDs und iPods, an Handys und Navigationssysteme, an Papiertaschentücher oder -kaffeefilter, an Wasserfilter oder Solarenergie, an Backpulver und Tiefkühlpizza ... Und jede neue Lösung bringt zugleich mindestens ein neues Problem hervor. Das meiste ist noch nicht getan – wunderbare Welt. Wann fangen Sie an, die wirklich großen Probleme Ihrer Kunden zu lösen?

5. Vertrauenskapital bilden
Gestatten Sie mir eine simple Frage: „Was hat Vertrauen mit Klosterfrau Melissengeist gemeinsam?" Antwort: „Nie war es so wertvoll wie heute." Vertrauen ist Geld wert. Die Finanzkrise zeigt unwiderlegbar: Wo das Vertrauen stirbt, versiegt der Geldfluss, der Blutkreislauf im System des Kapitalismus.

Erfolgreiche Familienunternehmen haben das längst erkannt. Ihre Unternehmenspolitik ist nicht nur langfristig auf die Schaffung nachhaltiger Vertrauensbeziehungen zu allen wesentlichen Stakeholdern (Inhabern, Mitarbeitern, Kunden, Lieferanten und Gesellschaft) ausgerichtet. Sie geben diesem Vertrauen auch ein Gesicht. Wenn Unternehmer wie Steven Jobs, Claus Hipp oder Alfred Darboven ihr Gesicht, ihren guten Namen, mit ihrem Produkt und ihrem Unternehmen verbinden, bauen sie ein Vertrauenskapital auf, das zwar nicht das schnelle Geld, dafür aber eine langfristig wirksame Steigerung des Unternehmenswertes verspricht.

Dieses Vertrauenskapital wirkt umso stärker, je länger die Vertrauen generierende Person in ihrem Amt verbleibt. Insofern ist es ein unschätzbarer Wettbewerbsvorteil der Familienunternehmen, dass die Amtszeit etwa bei den Hidden Champions in Familienbesitz häufig 20 oder gar 25 Jahre erreicht, während sie in der durchschnittlichen Publikumsgesellschaft auf weniger als eine Amtszeit zurückgegangen ist. Auch in diesem Punkt lässt sich also manches von den erfolgreichen Familienunternehmen lernen. Nicht zuletzt, dass man die Sache mit der Amtsdauer nicht übertreiben sollte. Patriarchen, die weit über jede vernünftige Altersgrenze hinaus an ihren Sesseln kleben, zerstören oft in wenigen Jahren, was sie zuvor in vielen aufgebaut haben, weshalb die charismatische Unternehmerpersönlichkeit langfristig durch professionelle Governance-Systeme ergänzt oder ersetzt werden muss.

Nicht vergessen sollten wir auch, dass jeder Unternehmer, der auf diese Weise Vertrauen kapitalisiert, ein hohes Risiko eingeht. Wenn er den Erwartungen, die er geweckt hat, nicht entspricht, beschädigt er sein Unternehmen und seinen guten Ruf. Die Bildung von Vertrauenskapital ist ohne Integrität nicht zu haben.

6. Die richtigen Märkte wählen

Und noch eine Weisheit aus dem Fundus erfolgreicher Familienunternehmen: „Lieber ein großer Fisch in einem kleinen Teich, als ein kleiner Fisch in einem großen Teich." Deutschland ist die Heimat der Hidden Champions. Hierzulande gibt es mehr als 1.000 Unternehmen, die mit ihren Produkten und Dienstleistungen welt- oder europaweit an der Spitze stehen. Die meisten von ihnen sind Familienunternehmen. Das ist alles andere als ein Zufall. Das ist das Ergebnis kluger Managementkunst.

Die Lektion ist einfach. Wirtschaft ist Wettbewerb und Wettbewerb ist ein Ausleseprozess, bei dem nur der Marktführer eine Überlebensgarantie hat. Familienunternehmen verfügen aufgrund ihrer dynastischen Intention über einen begrenzten Zugang zu finanziellen Ressourcen. Wer mit knappen Ressourcen Marktführer werden will, muss sich zuallererst einen Markt suchen, den er mit eben diesen knappen Ressourcen beherrschen kann. Deshalb sind so viele erfolgreiche Familienunternehmen Marktführer in der Nische, beherrschen Märkte wie Motorsägen, Fischfutter, Industrienadeln oder Textmarker. Gewiss, es muss nicht unbedingt die Nische sein, auch der Handel, ein in der Tat volumenträchtiges Geschäft, wird von Familienunternehmen beherrscht. Warum? Weil es dem Handel gelungen ist, seinen Finanzierungsbedarf auf seine Lieferanten zu überwälzen. Oder weil er es mit klugen Konzepten, wie etwa dem Franchising, verstanden hat, unternehmerisches Wachstum mit begrenztem Kapitaleinsatz zu organisieren.

Was wir davon lernen können? Jedes Unternehmen muss sich immer wieder fragen: Sind wir im richtigen Markt? Sind wir in einem Markt, der unseren spezifischen Stärken und Begrenzungen entspricht? Sind wir in einem Markt, in dem wir Marktführerschaft erreichen und verteidigen können? Und wenn die Antwort Nein lautet, wird es höchste Zeit, über andere Märkte nachzudenken. Schließlich sind wir nicht Droschkenbauer, Zeitungsverleger oder Bierbrauer, sondern Unternehmer. Langfristig erfolgreiche Unternehmen wie Haniel haben ihr unternehmerisches Betätigungsfeld im Laufe ihrer langen Geschichte mehr als einmal gewechselt.

7. Solide bleiben

Die wahrscheinlich wichtigste und nachhaltigste Lektion der großen Krise lautet: Gier ist keine gesunde Geschäftsgrundlage. Der Traum vom schnellen Geld endet allzu schnell auf dem harten Boden von Schulden und Bankrott.

Die Kunst des nahezu unbegrenzten Leverage ist zwar unbestreitbar der einfachere Weg zur Steigerung der Kapitalrendite. Er ist aber auch der Weg in ein häufig nicht mehr beherrschbares unternehmerisches Risiko. Die erfolgreichen Familienunternehmen haben dies immer verstanden und mit Eigenkapitalquoten zwischen 35 und 50 Prozent operiert. Sie haben lieber an der Verbesserung ihrer Problemlösungen für die Kunden gearbeitet als am Financial Engineering. Auch wenn es in den letzten Jahren zunehmend Mut erforderte, gegen den Strom der allgemeinen Meinung zu schwimmen. Familienunternehmer wie Adolf Merckle oder Maria-Elisabeth Schaeffler, die diesen Grundsatz auch nur ein einziges Mal aus den Augen verloren haben, haben bitter dafür bezahlen müssen, von den Finanzinvestoren ganz zu schweigen. Merken Sie sich deshalb bitte: Kurzfristiger Erfolg ist mit Bilanz- und Finanzierungstricks zu haben. Langfristig Erfolg hat nur, wer solide bleibt. Zur Solidität gehört übrigens nicht nur ein äußerst konservatives Finanzgebaren. Zur Solidität gehören auch Rechtschaffenheit und Integrität, Bescheidenheit und Sparsamkeit. Erfolgreiche Familienunternehmer wissen: Geld, das man nicht ausgegeben hat, muss man sich bei niemandem leihen. Sie folgen dem Vorbild Ingvar Kamprads, der einmal auf eine Journalistenfrage antwortete: „Warum ich nur Economy fliege? Warum ich in der Bahn nur 2. Klasse reise? Wie zum Teufel soll ich von meinen Leuten Sparsamkeit verlangen, wenn ich selbst im Luxus schwelge?" Welch ein Vorbild für andere Familienunternehmer und erst recht für viele angestellte Manager. Nehmen wir uns nicht so wichtig. Machen wir uns klar, dass wir im Dienste einer Sache stehen, die wichtiger ist als wir. Und nur wenn wir diese Sache erfolgreich machen, sind wir es auch.

Was wäre möglich, wenn diese einfachen Grundsätze zum Leitfaden für gutes Management in allen Unternehmen würden? Wann fangen wir an?

Erschienen in: INTES Unternehmer-Brief, Ausgabe 2/2009, sowie unter dem Titel „Der Wert alter Tugenden" in: Süddeutsche Zeitung vom 09.04.2009
© 2009 Peter May

Der Familien-Kodex

Ein Leitfaden insbesondere in schwierigen Zeiten

Von Peter May und Karin Ebel

Kennen Sie die Ziele Ihrer Mitgesellschafter und wissen Sie, was ihnen wichtig ist? Ist es der Erhalt als Familienunternehmen oder der möglichst schnelle Verkauf der Beteiligung? Oder ärgern Sie sich nur über die langen und sich inhaltlich wiederholenden Diskussionen in den Gesellschafterversammlungen?

Solange sich das Unternehmen in ruhigen Fahrwassern befindet, ist dies allenfalls ärgerlich und lästig. Gefährlich wird es jedoch, wenn das Unternehmen in Schieflage gerät und dessen Zukunft ungewiss ist. In diesen Situationen kann ein Familienkodex eine wertvolle Unterstützung sein, da hier die gemeinsamen Leitlinien der Unternehmerfamilie festgelegt werden. Ausgehend von den gemeinsamen Werten und Zielen der Unternehmerfamilie und des Unternehmens werden die Aufgaben bzw. Rollen verteilt und Regeln für den Umgang mit der Beteiligung und innerhalb der Unternehmerfamilie verabschiedet.

Was ist zu tun?
Hier sind die drei „V" zu beachten: Voraussetzungen, Vorgehen und Verfahren. Ein Familien-Kodex ist nach unserer Erfahrung nur dann hilfreich, wenn:

- alle Beteiligten den grundsätzlichen Wunsch nach einer gemeinsamen Zukunft als Unternehmerfamilie haben („Wir bleiben zusammen."),
- ein Mindestmaß an Gemeinsamkeiten im Hinblick auf das Unternehmen besteht und
- die Bereitschaft vorliegt, sich an die eigenen Regeln zu halten.

Sind diese Voraussetzungen gegeben, können die Inhalte mit allen Beteiligten diskutiert und das Ergebnis gemeinsam verabschiedet werden (Vorgehen). Zu klären sind:

- gemeinsame Werte und Ziele der Unternehmerfamilie,
- gemeinsame Werte und Ziele des Unternehmens,
- mögliche Rollen im Unternehmen (z.B. Geschäftsführung, Beirat) und deren Anforderungen,

- Regeln im Umgang mit der Beteiligung (z.B. Führung und Kontrolle, Entnahmen, Informationen, Corporate Governance) sowie
- Regeln innerhalb der Unternehmerfamilie (Family Governance).

Danach ist der Familien-Kodex schriftlich festzuhalten und mit Leben zu füllen.

Werte der Unternehmerfamilie

Im ersten Schritt werden die Werte der Unternehmerfamilie im Hinblick auf das Unternehmen festgelegt. Was geben wir dem Unternehmen? Wofür stehen wir? Und wofür stehen wir nicht? Wollen wir Familienunternehmen bleiben? Heißt unser Wert „Kontinuität" oder „Professionalität im Umgang mit der Beteiligung"? Diese Werte bestimmen das weitere Vorgehen. Hier kommen alle Beteiligten zu Wort und nach einer vertieften, moderierten Diskussion werden die wichtigsten gemeinsamen Werte verabschiedet. Hierbei sollte sich die Unternehmerfamilie auf drei bis vier Werte beschränken. Dadurch wird jeder gezwungen, sich zu entscheiden, was ihm am wichtigsten ist. Wenn mehr Werte festgelegt werden, besteht die Gefahr, auf zu viele verschiedene Interessen Rücksicht nehmen zu müssen. Das Wertegerüst ist dann nicht mehr klar und aussagekräftig.

Allein durch die Diskussion wird manchem Gesellschafter deutlich, weshalb er und die anderen Gesellschafter in der Vergangenheit unterschiedlicher Meinung und die Entscheidungsfindungen ermüdend waren. Denn wenn der eigene Wert „Familienunternehmen bleiben" lautet, die anderen allerdings diesem Wert keinerlei Bedeutung beimessen, sondern eher an einem schnellen Ausstieg interessiert sind, ist ein gemeinsames Ergebnis schwer zu erzielen. In den meisten Fällen ist die Unternehmerfamilie jedoch überrascht, wie ähnlich sie sich in den grundlegenden Fragen ist. Oftmals finden wir in den Unternehmerfamilien als Wert „Bescheidenheit", „Professionalität" oder „Kontinuität". Offensichtlich ist die Prägung durch die vorherige Generation in vielen Unternehmerfamilien ähnlich. Das Feststellen dieser Gemeinsamkeiten gibt Mut und einen Ansporn, die Werte zu konkretisieren (Ziele der Unternehmerfamilie).

Ziele zur Konkretisierung dieser Werte

Um die gemeinsamen Werte zu konkretisieren, werden Ziele und Maßnahmen formuliert. Was bedeutet z.B. „Familienunternehmen bleiben"? Muss die Familie in der Führung vertreten sein oder ist auch eine reine Fremdgeschäftsführung denkbar? Sind wir nur dann ein Familienunternehmen, wenn alle Anteile in Familienhand liegen? Oder reicht die (qualifizierte) Mehrheit in Familienhand? Allein an diesem Beispiel zeigt sich, dass es verschiedene Modelle eines Familienunternehmens gibt und das eigene Modell individuell und gemeinsam festzulegen ist.

Der Wert „Bescheidenheit" wird häufig nicht nur auf eine zurückhaltende Ausschüttung bezogen, sondern meint auch Unauffälligkeit im Umfeld des Familienunternehmens. So werden teure Sportwagen vor der Firmenzentrale ungern gesehen, und auch gegenüber der Presse halten sich die Gesellschafter – mit Ausnahme des Geschäftsführenden Gesellschafters – in der Regel zurück.

Werte und Ziele des Unternehmens
Nachdem die Unternehmerfamilie mit ihren Werten und Zielen definiert hat, was das Familienunternehmen von ihr erwarten kann, werden jetzt die Erwartungen an das Unternehmen formuliert. Hier wird in der Regel zwischen Leistungswerten und Verhaltenswerten unterschieden. Bei den Leistungswerten werden z.B. „dauerhafte Unternehmenswertsteigerung", „angemessene Rendite" oder „Marktführer in unserem Bereich" formuliert. Als Verhaltenswerte können „Fairness gegenüber den Mitarbeitern", „sorgfältiger Umgang mit Ressourcen" oder andere soft facts wie z.B. „soziale Verantwortung" festgelegt werden. Die anschließende Konkretisierung durch Ziele und Maßnahmen gibt der Unternehmerfamilie Gelegenheit, sich z.B. über ihre individuellen Renditeerwartungen auszutauschen. Was für den einen „ein ganz gutes Ergebnis" ist, ist für den anderen noch gerade akzeptabel. Soll dabei ein Kennzahlensystem eingeführt oder aktualisiert werden, ist allerdings darauf zu achten, dass dieses in Abstimmung mit der Geschäftsführung erarbeitet wird; dies gilt insbesondere für Unternehmen mit Fremdgeschäftsführung. Diese Werte – konkretisiert durch Ziele – sind Ausdruck der Kultur der Unternehmerfamilie und bilden die Leitplanken für zukünftige Entscheidungen.

Rollen und Aufgaben
Sind nun Werte und Ziele definiert, ist festzulegen, welche Rollen bzw. Aufgaben Familienmitglieder grundsätzlich im Unternehmen übernehmen können. Hier geht es darum, Zugangsvoraussetzungen für Geschäftsführung, Beirat und Gesellschafter zu definieren, und zwar für Familienmitglieder und Familienfremde. So können Familienmitglieder in der Regel ohne weitere Voraussetzungen Gesellschafter werden; hier reicht die Familienzugehörigkeit. Weitaus mehr ist aber zu erfüllen beim Anstreben einer Geschäftsführungsposition. Welche fachlichen und persönlichen Anforderungen muss ein Kandidat aus dem Kreis der Familie erfüllen? Gelten dieselben Anforderungen auch für Familienfremde? Wie sind die Anforderungen an unsere (Fami-

lien-)Beiräte? Da zwischen Mitgliedern der Familie und Familienfremden unterschieden wird – insbesondere bei der Gesellschafterposition –, sollte ebenfalls der Begriff der Familie in diesem Sinn festgelegt werde. Gehören zur Familie in diesem Sinn nur leibliche und/oder eheliche Kinder? Oder auch nichteheliche Kinder? Was ist mit Angeheirateten?

Corporate Governance
Im Anschluss an die Grundlagen (Werte, Ziele, Rollen) werden Regeln für den Umgang mit der Beteiligung festgelegt, die sich aus diesen Grundlagen ableiten. Ist z.B. „Familienunternehmen bleiben" ein gemeinsamer Wert, ist die Übertragung der Beteiligung auf Familienangehörige beschränkt.

Die Regeln sollen sicherstellen, dass

- das Unternehmen handlungsfähig bleibt (keine Pattsituationen),
- kein übermäßiger bzw. ungeplanter Liquiditätsabfluss erfolgt und
- Streit unter den Gesellschaftern vermieden wird.

Hierzu sollten Regeln zu Führung und Kontrolle sowie zu Mitgliedschafts- und Vermögensrechten getroffen werden.

Führung und Kontrolle
Nachdem bereits die fachlichen und persönlichen Anforderungen für Geschäftsführung und Beiräte festgelegt worden sind, müssen an dieser Stelle die Zusammensetzung und das Auswahlverfahren besprochen werden. Wie viele Geschäftsführer brauchen wir? Wie viele dürfen aus der Familie kommen? Sind Doppelspitzen erwünscht? Außerdem sollte das bestehende Procedere überdacht werden. Streit provozieren oft Auswahlverfahren, bei denen die Unternehmerfamilie über eigene Kandidaten entscheiden soll. Denn wer ist schon objektiv, wenn es um eigene Kinder, Nichten oder Neffen geht? Außerdem besteht die Gefahr, dass die Gesellschafter zu unterschiedlichen Zeitpunkten informiert werden. Objektivität und Transparenz gehören allerdings bei diesen Fragen zu den Erfolgsfaktoren.

Vor diesem Hintergrund beziehen viele Unternehmerfamilien, insbesondere ab der dritten Generation, Familienfremde in diesen Entscheidungsprozess mit ein. Hier kann die Empfehlung von Dritten eingeholt (z.B. Assessmentcenter) oder die Entscheidung auf den Beirat verlagert werden. In anderen Fällen wird die Entscheidung über die Bestellung eines Familienmitglieds zum Geschäftsführer ausschließlich von den externen Beiräten getroffen. Die Familienbeiräte haben hierbei kein Stimmrecht.

Die Kontrolle der Geschäftsführung sollte – insbesondere wenn ein Familienmitglied in der Führung ist – so ausgestaltet sein, dass ein ausreichender Freiraum für die Geschäftsführung verbleibt, um die Eigenverantwortung und die Handlungsfähigkeit sicherzustellen. Andererseits sollten wesentliche Maßnahmen der vorherigen Zustimmung des Kontrollgremiums unterliegen. Soll das Kontrollgremium ein Beirat oder ein Gesellschafterausschuss sein oder doch lieber die Gesellschafterversammlung? Sollen Dritte mitwirken? In allen Fällen ist die Zusammensetzung des Kontrollorgans festzulegen (Gesamtzahl, davon Familienfremde) sowie die Art der Bestellung. Hier sind Entsendungsrechte denkbar; vorteilhafter sind jedoch – zumindest für die Einbeziehung Externer – Wahlen durch die Gesellschafterversammlung mit einer hohen Mehrheit. Dadurch wird der Externe nicht als Interessenvertreter einzelner Gesellschafter(gruppen) wahrgenommen, sondern genießt das Vertrauen der großen Mehrheit der Gesellschafter.

Information der Gesellschafter
Im nächsten Schritt ist zu klären, welche Rechte und Erwartungen der Gesellschafter bestehen. Hier ist insbesondere auf die ausreichende Information der Gesellschafter zu achten. Eine (manchmal vermeintlich) mangelnde Information ist der Grund für viele Missverständnisse und Konflikte. Andererseits dürfen der Geschäftsführer und das Controlling nicht außerordentlich belastet werden. Ein eigenes Gesellschafterinformations-System kann hier Abhilfe schaffen.

Mitarbeit von Familienmitgliedern unterhalb der Führung
An dieser Stelle besteht vielleicht die größte Diskrepanz zwischen dem, was für das Unternehmen gut ist, und dem, was die Familie (insbesondere der Gründer) wünscht. Dürfen Familienmitglieder unterhalb der Geschäftsführung arbeiten? Und wenn ja, wie viele? Haben sie einen Anspruch auf Tätigkeit im Unternehmen? Diese Fragen sollten geklärt werden, bevor die ersten Familienmitglieder ihre Tätigkeit im Unternehmen aufnehmen. Dabei ist zu berücksichtigen, dass sie als Angestellte/Untergebene gleichzeitig Gesellschafter und damit Entscheidungsträger sind. Diese Situation ist insbesondere für familienfremde Vorgesetzte ein Dilemma. Ebenso konfliktträchtig ist ein Vorgesetzter-Untergebener-Verhältnis zweier Familienmitglieder, die sich aufgrund ihrer Verwandtschaft ansonsten auf Augenhöhe begegnen (zumindest als Mitglieder einer Generationsstufe). Falls eine Mitarbeit in diesem Sinn von der Familie weiterhin gewünscht ist, sollten die Voraussetzungen für die Aufnahme der Tätigkeit und die Beendigung des Arbeitsverhältnisses geklärt sein.

Gewinnausschüttung und Entnahmen
Hier gibt es unterschiedliche Erwartungshaltungen. Während der Geschäftsführende Gesellschafter eher die Gewinne im Unternehmen lassen möchte, um hieraus das Wachstum zu finanzieren, tendieren nicht im Unternehmen tätige Gesellschafter eher dazu, höhere Ausschüttungen bzw. Entnahmen zu fordern. Um die jährliche Diskussion über die Verwendung des Gewinns zu vermeiden, sollte ein Ausschüttungs- bzw. Entnahmeschema in Erwägung gezogen werden. Falls die Unternehmerfamilie in ihrem Wertegerüst „Familienunternehmen bleiben" oder „Unabhängigkeit von Banken" verankert hat, ergibt sich daraus, dass ein wesentlicher Teil des Gewinns (nach Steuern) im Unternehmen verbleibt (z.B. 60 Prozent in die Rücklagen, 20 Prozent Ausschüttung/Entnahme, und über die verbleibenden 20 Prozent wird durch Gesellschafterbeschluss entschieden). Die Ausschüttungs- und Entnahmequoten können auch von der Eigenkapitalquote abhängen. Je höher die Eigenkapitalquote, desto höher auch die Ausschüttung bzw. Entnahme. Von der festgelegten Ausschüttungs- bzw. Entnahmeregel kann durch Gesellschafterbeschluss abgewichen werden. Dieser sollte einer hohen Mehrheit bedürfen.

Übertragung der Beteiligung
Auch an dieser Stelle ist auf die Werte und Ziele zurückzugreifen. „Familienunternehmen bleiben" bedeutet, dass die Anteile nicht ohne Weiteres auf Dritte übertragen werden können. Außerdem ist die Beteiligung vor den Einflüssen einer Scheidung (etwaiger Zugewinnausgleich) oder eines Erbfalls (Ehegattenpflichtteil) zu schützen, da persönliche Hintergründe eines Gesellschafters das Familienunternehmen nicht beeinträchtigen sollten. Gleichzeitig sollten für das Ausscheiden eines Gesellschafters Regelungen gefunden werden, die für das Unternehmen tragbar und für den ausscheidenden Gesellschafter zumutbar sind. Buchwertklauseln etc. wären auf den Prüfstand zu stellen. Allein das Wissen, dass eine Kündigung der Beteiligung in regelmäßigen Abständen mit einer angemessenen Abfindung möglich ist, hat manchen ausscheidungswilligen Gesellschafter veranlasst, es noch einmal „zu versuchen" – und weiter im Gesellschafterkreis zu bleiben.

Family Governance
Schließlich soll der Zusammenhalt der Unternehmerfamilie gestärkt werden. Ziel ist es, eine gemeinsame Wissens- und Verhaltensbasis zu haben, die für alle Beteiligten nicht nur ein sachliches, sondern auch ein angenehmes Klima schafft. Damit der Zusammenhalt gestärkt wird, sollten

- gemeinsame Aktivitäten außerhalb der Gesellschafterversammlung (Family Activities),
- spezielle Fortbildungen für die Unternehmerfamilie (Family Education) sowie
- Regeln für den Umgang miteinander und für den Konfliktfall

angesprochen werden.

Family Activities
Mit zunehmender Zahl der Gesellschafter werden die familiären Bindungen lockerer. Teilweise treffen sich die Gesellschafter nur noch zu Gesellschafterversammlungen. Die Angeheirateten werden dann nicht mehr eingebunden und die nachfolgende Generation hat kaum noch einen Bezug zum eigenen Unternehmen. Hier können gemeinsame Aktivitäten außerhalb der Gesellschafterversammlung, allerdings mit Bezug zum Unternehmen, äußerst hilfreich sein. Ein gemeinsames Wochenende pro Jahr mit Firmenbesuch und Vortrag des Beiratsvorsitzenden, gefolgt von einem gemeinsamen Ausflug, bringt die Unternehmerfamilie wieder näher zusammen. Außerdem können auf diese Art die Ehegatten eingebunden und die junge Generation herangeführt werden, ohne dass die Grenze zwischen Gesellschaftern (und deren Rechten) sowie der weiteren Unternehmerfamilie (Ehegatten und zukünftige Gesellschafter) verwischt wird. Insbesondere ab der dritten Generation sollten solche gemeinsamen Aktivitäten in Betracht gezogen werden, da meistens keine gemeinsamen Familienfeste mehr gefeiert werden und Begegnungen sonst nur im Gesellschafterkreis stattfinden. Hier können feste Termine vereinbart werden, damit möglichst alle teilnehmen können (z.B. letztes Wochenende im September oder das Wochenende nach dem Geburtstag des Gründers).

Family Education
Um verantwortungsvolle Entscheidungen als Gesellschafter zu treffen und die Stimmrechte entsprechend auszuüben, ist ein Mindestwissen über das Unternehmen und seine Zusammenhänge erforderlich. So sollte eine Bilanz kein Buch mit sieben Siegeln sein, sondern von jedem Gesellschafter im Grundsatz verstanden werden. Ansonsten bleibt ein Gefühl der Abhängigkeit, und eine eigene Meinungsbildung ist nicht möglich. Außerdem werden Entscheidungen ungleich schwieriger, wenn der Kenntnisstand der Gesellschafter sehr unterschiedlich ist. Grundkenntnisse des eigenen Unternehmens und des Marktes sowie der Gesellschaftsvertrag sollten daher allen geläufig sein. Hierzu können Seminare besucht oder eigene Seminare veran-

staltet werden (Inhouse-Seminare), bei denen z.B. die eigene Bilanz erklärt wird. Eine gezielte Unterstützung in diesem Bereich sorgt für Sicherheit im Kreis der Unternehmerfamilie.

Regeln für den Umgang miteinander und für den Konfliktfall
An dieser Stelle können bestehende „irritierende" Verhaltensformen aufgebrochen werden. In vielen Familien haben sich Rituale eingeschlichen, die als störend empfunden werden. Es gibt Tabu-Themen, die nicht angesprochen werden dürfen. Entscheidungen werden erst nach mehreren „Drohungen" getroffen; die Beteiligten sprechen übereinander – nicht miteinander. „Dominante" Gesellschafter lassen andere nicht zu Wort kommen. Einige kommen penetrant unpünktlich. Die Beispiele ließen sich noch weiter ergänzen. Für den Zusammenhalt einer Unternehmerfamilie sind jedoch ein angemessenes Verhalten sowie eine offene Kommunikation unumgänglich. Zu diesem Zweck sollten Grundsätze für den Umgang miteinander aufgestellt werden. Dies können z.B. sein: Offenheit, Vertrauen, Kritikfähigkeit oder Gelassenheit („auch einmal verzeihen und vergessen können"). Im nächsten Schritt werden Grundsätze für die Kommunikation aufgestellt, d.h. „was tun wir und was tun wir nicht?". Danach sollten auch Verhaltensweisen festgelegt werden, z.B. pünktlicher Anfang und pünktliches Ende von Besprechungen oder keine Handys während einer Gesellschafterversammlung. Doch was passiert, wenn auch diese Maßnahmen einen Konflikt nicht verhindern können? Sitzen gleich die Anwälte am Tisch? Oder soll erst eine Mediation stattfinden? Wird die Presse informiert oder dürfen nur enge Vertraute eingeweiht werden? All diese Fragen sollten diskutiert werden, solange der „Ernstfall" noch nicht eingetreten ist.

Organisation innerhalb der Unternehmerfamilie
Je nach Größe der Unternehmerfamilie und des Familienunternehmens können noch Grundlagen für das Fördern gemeinsamer wohltätiger Zwecke (Family Philanthropy) oder der gemeinsamen Vermögensverwaltung (Family Office) diskutiert und verabschiedet werden. Allen Unternehmerfamilien ist jedoch gemeinsam, dass sie mindestens einen Verantwortlichen benennen sollten, der sich um die Organisation der beschlossenen Punkte kümmert, z.B. die jährlichen gemeinsamen Veranstaltungen oder das Vorschlagen einzelner Seminare. Diese Aufgaben können auch auf mehrere Personen übertragen werden, sofern die Bereiche klar abgegrenzt sind (z.B. Family Office, Family Education). Verantwortlichkeiten können auch unter den Beteiligten rotieren. Andere Mitglieder der Unternehmerfamilie können – in Abstimmung mit dem Verantwortlichen – Teilbereiche übernehmen.

Der Familien-Kodex als Ergebnis
Alle Werte, Ziele, Rollen, Regeln und gemeinsamen Aktivitäten werden in einem moderierten Prozess gemeinsam mit der Unternehmerfamilie erarbeitet. Die Ergebnisse werden anschließend in einem Familien-Kodex zusammengefasst. Dieser wird von der Unternehmerfamilie selbst oder von einzelnen beauftragten Mitgliedern geschrieben und anschließend von allen gemeinsam verabschiedet. Die Inhalte des Familien-Kodex sind moralisch bindend, aber nicht einklagbar. In der Praxis hat ein Familien-Kodex einen hohen Stellenwert für die Unternehmerfamilie, denn er wurde gemeinsam erarbeitet, um die Zukunft des Unternehmens und der Familie zu sichern. Verstöße werden nicht gerichtlich, sondern familiär „geahndet". Einige Inhalte des Familien-Kodex fließen zusätzlich in den Gesellschaftsvertrag ein. Dies sind die Grundsätze zur Corporate Governance (z.B. Führung und Kontrolle, Ausschüttungen bzw. Entnahmen). Andere Punkte sollten in letztwilligen Verfügungen (nur „berechtigte" Personen dürfen die Unternehmensbeteiligung erben) oder Eheverträgen Eingang finden. Zukünftige Mitglieder der Unternehmerfamilie können dem Familien-Kodex später beitreten und ihn damit inhaltlich anerkennen. In regelmäßigen Abständen (ca. alle zehn bis 15 Jahre) sollte der Familien-Kodex auf den Prüfstand gestellt und ggf. aktualisiert werden.

Erschienen in: INTES Unternehmer-Brief, Ausgabe 4/2009
© 2009 Peter May und Karin Ebel

Der Governance Kodex für Familienunternehmen – Eine Bestandsaufnahme

Von Andreas Hack

Die erhebliche Wertvernichtung von Kapital an den Börsen, mangelnde Kontrolle und spektakuläre Pleiten haben Anfang des Jahrtausends eine intensive Debatte um die soziale und gesellschaftliche Verantwortung von Unternehmen angestoßen. Diese Debatte führte zu der Erkenntnis, dass Unternehmen einen Leitfaden zur Selbstkontrolle benötigen. Eine unabhängige Regierungskommission erarbeitete daraufhin den Deutschen Corporate Governance Kodex, der das deutsche Corporate-Governance-System transparent und nachvollziehbar machen sowie das Vertrauen der Anleger, der Kunden, der Mitarbeiter und der Öffentlichkeit in die Leitung und Überwachung deutscher börsennotierter Gesellschaften fördern sollte.

Im Februar 2002 wurde der Deutsche Governance Kodex erstmals der Öffentlichkeit vorgestellt. Die folgende positive öffentliche Diskussion führte zu einer breiten Akzeptanz des Kodex. Die angestoßene öffentliche Diskussion verkannte aber, dass der Kodex speziell für börsennotierte Unternehmen und damit nur für eine Minderheit der deutschen Unternehmen entwickelt worden war. Die überwältigende Mehrzahl deutscher Unternehmen befindet sich jedoch nicht im Besitz eines wechselnden Publikums, sondern wird dauerhaft von einem Unternehmer oder einer Unternehmerfamilie geführt und kontrolliert.

Familienunternehmen können die Empfehlungen des Deutschen Corporate Governance Kodex aufgrund ihrer engen Verknüpfung von Führung und Eigentum nicht ohne Weiteres übernehmen. Zudem entstehen in Familienunternehmen Problemstellungen, die in diesem Kodex gar nicht angesprochen werden, wie beispielsweise Probleme der Führungsnachfolge oder familieninterne Gesellschafterkonflikte. Ziel einer von INTES und der „Welt am Sonntag" initiierten Kommission war es daher, einen auf die speziellen Belange deutscher Familienunternehmen ausgerichteten Governance Kodex zu erarbeiten. Im September 2004 stellte diese Kommission, in der unter dem Vorsitz von Prof. Dr. Peter May sehr erfolgreiche deutsche Familienunternehmer wie Dieter Ammer, Stefan Dräger, Klaus Greinert, Franz Haniel, Karl-Erivan Haub, Christoph Henkel, Dr. Jürgen Heraeus, Dr. Klaus Murmann und Dr. Reinhard Zinkann vertreten waren, den erarbeiteten Kodex der Öffentlichkeit vor.

Der Governance Kodex für Familienunternehmen greift die spezifischen Fragen guter Governance in Familienunternehmen auf, die eng mit den Fragen der Eigentümerfamilien (Family Governance) verbunden sind. Good Governance umfasst alle Regelungsbereiche, die es einer Unternehmerfamilie ermöglichen, professionelle und objektive Entscheidungsprozesse zu etablieren und letztendlich das Vermögen der Familie zu erhalten. Dabei sollen die bestehende Familienkultur und das Wertesystem der Familie Berücksichtigung finden.

Der Governance Kodex für Familienunternehmen gliedert sich in acht wesentliche Regelungsbereiche. Im ersten Regelungsbereich wird für ein uneingeschränktes Bekenntnis zu verantwortungsvollem Unternehmertum plädiert. Nicht allein unternehmerische Leistung steht dabei im Vordergrund, sondern die Sicherung eines eindeutigen Bekenntnisses der Unternehmerfamilie zum Familienunternehmen und der damit verbundenen unternehmerischen Verantwortung. Der zweite Regelungsbereich betrifft die Transparenz der Unternehmensstrukturen, die es allen Stakeholdern ermöglichen soll, die wesentlichen Aktivitäten des Unternehmens zutreffend beurteilen und richtige Schlussfolgerungen ziehen zu können. Der dritte Regelungsbereich behandelt die wesentlichen Prozesse zur Sicherung einer qualifizierten Führung und Führungsnachfolge. Hierzu zählen beispielsweise die Auswahl der Geschäftsführer, die Sicherung der reibungslosen Führungsnachfolge oder die Aufgabenverteilung innerhalb der Geschäftsführung. Die Sicherung einer qualifizierten Kontrolle der Unternehmensführung ist Inhalt des Regelungsbereichs vier. Hier werden beispielsweise gute Praktiken zur Zusammensetzung der Kontrollorgane formuliert sowie deren Rechte und Pflichten definiert. Regelungsbereich fünf beschäftigt sich mit den Mitwirkungsrechten der Gesellschafter, der reibungslosen Entscheidungsfindung und der Zusammenarbeit mit Familienmitgliedern als Angestellte, Lieferanten oder Kunden des Familienunternehmens. Zur Rechnungslegung und insbesondere Gewinnverwendung finden sich grundlegende Empfehlungen im Regelungsbereich sechs. Daran schließen sich im Regelungsbereich sieben einige Grundsätze zum Erhalt des Unternehmens im Familienbesitz an. Abschließend weist Regelungsbereich acht auf die Notwendigkeit einer separaten Family Governance zur Ergänzung der Corporate-Governance-Regelungen hin. Nur der Zusammenhalt und das Bekenntnis der einzelnen Familienmitglieder zum Familienunternehmen können einen dauerhaften Erfolg garantieren.

Natürlich unterscheiden sich Familienunternehmen in wesentlichen Aspekten sehr deutlich voneinander. Jedes Unternehmen pflegt seine eigene Kultur und wirtschaftet auf Basis eines individuellen Wertesystems. Der

Kodex kann nicht alle individuellen Facetten gleichermaßen berücksichtigen. Ziel bei der Entwicklung des Governance Kodex für Familienunternehmen war es daher, einen allgemeinen Leitfaden für gute Governance zu erarbeiten, mit dessen Hilfe Familienunternehmen ihre Leitungs- und Kontrollstrukturen verbessern können.

Fünf Jahre sind nun seit Veröffentlichung des Governance Kodex für Familienunternehmen vergangen, und es ist an der Zeit, eine kritische Bestandsaufnahme vorzunehmen. Diese sollte sich an drei wesentlichen Fragestellungen orientieren:

- Haben die Empfehlungen des Governance Kodex für Familienunternehmen Eingang in die Praxis der Familienunternehmen gefunden?
- Wie bewerten die Unternehmen, die den Kodex kennen und anwenden, die einzelnen Empfehlungen?
- Wirken sich die Empfehlungen positiv auf die Unternehmensentwicklung aus?

Eine Befragung von 136 Familienunternehmen durch den INTES Stiftungslehrstuhl für Familienunternehmen der WHU – Otto Beisheim School of Management im Februar 2009 hat diese Fragen erörtert und kommt zu interessanten Ergebnissen.

Die 136 befragten Unternehmen verteilen sich über alle Größenklassen, wobei es sich in der Mehrzahl um mittlere bis große Familienunternehmen handelt. Über 40 Prozent der befragten Unternehmen beschäftigen mehr als 250 Mitarbeiter. Die Anzahl familieninterner Gesellschafter liegt zwischen einem Gesellschafter (45 Prozent) und mehr als 20 Gesellschaftern (32,5 Prozent). Auch die Struktur der Geschäftsführung zeigt eine weite Bandbreite. Werden knapp 17 Prozent der Unternehmen von einem Geschäftsführer geleitet, der meist aus der Familie entstammt, so steigt die Zahl der leitenden Geschäftsführer bei über 40 Prozent der Unternehmen auf zwei, und in knapp 40 Prozent der Fälle leiten sogar drei oder mehr Geschäftsführer das Unternehmen. Mit zunehmender Anzahl der Geschäftsführer steigt zudem der Anteil der familienexternen Geschäftsführer an. Insgesamt 98 Prozent der befragten Unternehmen sind nicht an einer Börse notiert. Die Unternehmen der Stichprobe entsprechen damit sehr gut der Zielgruppe, für die der Governance Kodex für Familienunternehmen seinerzeit erarbeitet wurde, nämlich größere, nicht börsennotierte Familienunternehmen mit einer breiten Gesellschafterstruktur und externen wie internen Geschäftsführern.

Eine der wesentlichen Fragen der Untersuchung war, wie viele Familienunternehmen den Governance Kodex für Familienunternehmen kennen und anwenden. Nach nur fünf Jahren seit Veröffentlichung geben über 60 Prozent der befragten Unternehmen an, den Kodex zu kennen und auch in Teilen anzuwenden. Dieser hohe Wert ist umso erfreulicher, als dass die Regelungen des Kodex keinen bindenden gesetzlichen Charakter aufweisen, sondern lediglich Handlungsempfehlungen darstellen. Die generelle Akzeptanz freiwilliger Regelungen ist unter anderem auf das positive Echo zurückzuführen, das es nach der Veröffentlichung des deutschen Corporate Governance Kodex gab. Die meisten der befragten Unternehmen (90 Prozent) stimmen grundsätzlich darin überein, dass eine gute Corporate Governance die Unternehmensentwicklung positiv beeinflussen kann. Was viele Familienunternehmen aber noch nicht erkennen ist, dass auch spezielle Probleme in Familienunternehmen durch eine gute Governance vermindert werden können. So geben nur knapp 70 Prozent der befragten Unternehmen an, dass Governance-Mechanismen Konflikte zwischen familieninternen Gesellschaftern minimieren können. Von einem positiven Einfluss auf die Konflikte mit einer Fremdgeschäftsführung gehen sogar nur noch 53 Prozent der Befragten aus. Und nur knapp 50 Prozent sprechen guter Governance die Kompetenz zu, Nachfolgeprobleme lösen zu können. Insgesamt wird Corporate Governance also recht positiv bewertet, das Potenzial zur Lösung spezieller Probleme in Familienunternehmen sehen aber weit weniger Unternehmen.

Eine Unterteilung der Bewertung in solche Familienunternehmen, die den Governance Kodex kennen und solche, die ihn nicht kennen, zeigt ein differenzierteres Bild. So schätzen diejenigen Unternehmen, die den Kodex kennen und anwenden, dessen Leistungsfähigkeit deutlich höher ein als diejenigen, die ihn nicht kennen. Fast 80 Prozent der Befragten sehen in den Empfehlungen des Governance Kodex für Familienunternehmen eine gute Möglichkeit, Konflikte mit familieninternen Gesellschaftern zu minimieren. Auch Probleme mit Geschäftsführern und Nachfolgeprobleme können ihrer Meinung nach durch die Regelungen des Kodex gemindert werden. Zusammenfassend wird der Governance Kodex für Familienunternehmen von den Unternehmen, die ihn bereits anwenden, gut bewertet.

Doch nicht nur die subjektive Bewertung des Kodex durch die Befragten fällt recht positiv aus. In einer weiteren Analysestufe setzt sich die Untersuchung der WHU mit den objektiven Erfolgswirkungen der Einzelmaßnahmen auseinander. Hier zeigt sich die positive Wirkung der Empfehlungen des Kodex auf die Probleme von Familienunternehmen. So wurde beispielsweise erhoben, inwieweit die befragten Unternehmen bereits einzelne Maßnahmen des Kodex zur Minimierung familieninterner Gesellschafterkonflikte umgesetzt haben und wie sich diese Umsetzung auf das Problem und die Unternehmenswertentwicklung auswirkt. Der Kodex empfiehlt zur

Lösung interner Gesellschafterkonflikte beispielsweise, die Interessen des Unternehmens im Kollisionsfall über die Einzelinteressen der Gesellschafter zu stellen. Des Weiteren wird es als wichtig angesehen, allen Gesellschaftern die gleiche Informationsbasis zur Verfügung zu stellen und keine Informationsasymmetrien zuzulassen. Zudem wird eine schriftlich festgelegte Familienverfassung empfohlen, in der Regelungen zum Umgang der einzelnen Familienmitglieder miteinander festgelegt werden. Letztendlich sollten formale Konfliktlösungsmechanismen festgelegt werden, die im Falle von Familienkonflikten eine schnelle und effiziente Problemlösung gewährleisten.

Die Analyse der Ergebnisse zeigt, dass einige Empfehlungen zur Vermeidung und Lösung familieninterner Gesellschafterprobleme (z.B. Informationstransparenz) von den meisten Unternehmen schon sehr gut umgesetzt worden sind, andere Empfehlungen dagegen (z.B. Familienverfassung) noch nicht bei allen Befragten Eingang gefunden haben.

Erste statistische Ableitungen zum Zusammenhang zwischen den einzelnen Governance-Maßnahmen und der Stärke vorliegender Probleme in den befragten Familienunternehmen zeigen, dass die umfassende Einführung der vorgeschlagenen Regelungen tatsächlich zu einer Minimierung der familienspezifischen Probleme führt. Die Unternehmen, die die Regelungen des Governance Kodex für Familienunternehmen bereits umfassend anwenden, berichten über deutlich weniger Konflikte als diejenigen, die noch nicht oder nur in geringem Maße auf die Empfehlungen zurückgreifen. Weiterhin kann gezeigt werden, dass die Minimierung der einzelnen Problemfelder von Familienunternehmen zu einer Verbesserung der Unternehmensleistung führt. So steigt der Unternehmenswert mit einer Minimierung der Probleme signifikant an.

Zusammenfassend werden die beiden wesentlichen Ziele des Governance Kodex für Familienunternehmen, zum einen die Minimierung spezifischer Probleme von Familienunternehmen und zum anderen die Sicherung des langfristigen Erfolgs von Familienunternehmen, gut erreicht. Die subjektive Beurteilung der Befragten unterstreicht diese Ergebnisse nochmals deutlich. Auch wenn der Kodex bereits eine weite Verbreitung gefunden hat, gilt es, diesen in Zukunft als feste Größe bei allen Familienunternehmen zu etablieren.

Erschienen in: INTES Unternehmer-Brief, Ausgabe 3/2009
© 2009 Andreas Hack

Aufgaben von Familienrepräsentanzen

Von Alexander Koeberle-Schmid

Große Familienunternehmen mit zahlreichen Familienmitgliedern brauchen neben einem Aufsichtsrat eine Familienrepräsentanz zur Sicherung des Zusammenhalts der Familie, zur Sicherung der Eigentumsübertragung sowie zur Beeinflussung des Unternehmens im Sinne der Familie. Dieser Beitrag leitet aus den Motiven der Einführung einer Familienrepräsentanz deren Aufgaben ab, um sie anschließend zu konzeptionalisieren. Ergänzend werden Empfehlungen zur optimalen Zusammensetzung einer Familienrepräsentanz gegeben.

I. Definition von Familienrepräsentanzen

Innerhalb des Systems der Family Business Governance kommt in großen Familienunternehmen mit zahlreichen Familieneigentümern neben den üblichen Organen wie Aktionärs- bzw. Gesellschafterversammlung, Vorstand, Geschäftsführung bzw. Top-Management und Aufsichtsrat bzw. Beirat einer Familienrepräsentanz (oft auch Familienrat oder Gesellschafterausschuss genannt) eine bedeutende Rolle zu. Denn bei einer steigenden Anzahl von Familieneigentümern nimmt deren Bindung an das Familienunternehmen aufgrund unterschiedlicher Interessen ab.

Eine Familienrepräsentanz kann in zwei Ausprägungen vorkommen: einerseits als ausschließliches Informations- und Kommunikationsgremium – in diesem Fall würde die Familienrepräsentanz primär die Aufgabe der Sicherung des Zusammenhalts der Familie übernehmen –, andererseits kann die Familienrepräsentanz auch als Organ eingerichtet werden. Aufgaben der Aktionärsversammlung würden dann auf die Familienrepräsentanz übertragen werden. Demzufolge kämen zur Sicherung des Zusammenhalts der Familie noch die Aufgaben Beeinflussung des Familienunternehmens und Sicherung des Familieneigentums hinzu.

Hier wird die Familienrepräsentanz als Organ betrachtet. Sie setzt sich aus Familieneigentümern zusammen und führt die unterschiedlichen Aspekte der Familie, zum Beispiel die Generationen, die Meinungen und Einstellungen der Familienmitglieder sowie die im Unternehmen aktiven und inaktiven Familieneigentümer, zusammen. Bildet sie sich eine Meinung über einen bestimmten Sachverhalt, dann hat sie diese gegenüber dem Unternehmen und dem Aufsichtsrat, aber auch gegenüber dem Rest der Familie einstimmig zu vertreten. So organisiert die Familienrepräsentanz die Familie und verbindet diese gleichzeitig mit dem Unternehmen, indem sie den Zusammenhalt der Familie sichert, das Familieneigentum bewahrt und das Unternehmen im Sinne der Familie beeinflusst.

Ausführungen der strategischen Managementliteratur und Ergebnisse von Expertengesprächen mit renommierten Familienunternehmen ermöglichen es, die Aufgaben der Familienrepräsentanz zu konzeptionalisieren. Dabei stehen jene Familienunternehmen im Fokus, an denen zahlreiche Familienmitglieder in mehreren Generationen mit unterschiedlich großen Anteilspaketen beteiligt sind. In diesem Zusammenhang ist ein Familienunternehmen definiert als ein Unternehmen, bei dem die Anteile zu mehr als 50 Prozent in der Hand einer oder mehrerer Familien liegen und die Familieneigentümer einen maßgeblichen Einfluss auf Vision und Strategie des Unternehmens haben.

II. Motive zur Einführung einer Familienrepräsentanz

Für die Einführung einer Familienrepräsentanz als Organ sprechen folgende Überlegungen: Eine Familienrepräsentanz ist dann einzuführen, wenn die Familie zahlreiche Familienmitglieder hat und sich das Familienunternehmen in einer älteren Generation befindet. So besteht ein positiver Zusammenhang zwischen der Einführung einer Familienrepräsentanz und der Generation, der Größe der Familie bzw. des Familienunternehmens, dem Vermögen der Familie sowie der Anzahl der im Unternehmen aktiven Familienmitglieder. Die Familie gibt sich durch eine Familienrepräsentanz einen formalen Rahmen. Denn informelle Treffen der Familie reichen ab einer bestimmten Anzahl von Familienmitgliedern (laut den Expertengesprächen ab 50 Familienmitgliedern bzw. ab der dritten bis vierten Generation) nicht mehr aus, um die Probleme und Meinungen der Familienmitglieder zu diskutieren.

Aus den Expertengesprächen leiten sich Motive der Einführung ab: Ein befragtes Unternehmen nennt Kommunikationsprobleme innerhalb der Familie und die Sicherung des Familieneinflusses auf das Familienunternehmen. Ein anderes Unternehmen erwähnt die Distanz der Familienmitglieder zum Familienunternehmen und Konflikte zwischen den Familienmitgliedern. Es lassen sich folgende vier Motive zusammenfassen: komplexe Kommunikation, Gefahr von Konflikten innerhalb der Familie, zunehmende Distanz zwischen den Familienmitgliedern und die Sicherstellung des Familieneinflusses auf das Familienunternehmen. Aufgrund dieser Motive hat die Familienrepräsentanz eine Reihe von Aufgaben zu erfüllen, die hier konzeptionalisiert werden sollen.

III. Konzeptionalisierung der Aufgaben einer Familienrepräsentanz

1. Überblick über die Aufgaben

Die Familienrepräsentanz als Organ sollte sich mit drei Beziehungen beschäftigen: Die Beziehung der Familienmitglieder zum Unternehmen, die Beziehungen der Familienmitglieder untereinander und die Beziehung der Familienmitglieder zum Unternehmenseigentum. Daraus lassen sich drei zentrale Aufgaben der Familienrepräsentanz ableiten, die von ihr effektiv zu erfüllen sind: Beeinflussung des Familienunternehmens, Sicherung des Zusammenhalts der Familie und Sicherung des Familieneigentums.

Die Aufgaben der Familienrepräsentanz können durch Fokus und Perspektive klassifiziert werden. Unter dem Fokus versteht man die Ausrichtung der Aufgabe, die sich entweder auf das Unternehmen oder die Familie richtet. Bei der Perspektive wird unterschieden zwischen der externen Unternehmens-Perspektive und der internen Familien-Perspektive. Aus der Unternehmens-Perspektive beeinflusst die Familienrepräsentanz Top-Management und Aufsichtsrat, also sowohl das Unternehmen generell als auch die Familienmitglieder im Unternehmen (Unternehmens- und Familien-Fokus). Aus der Familien-Perspektive konzentriert die Familienrepräsentanz ihre Aufgaben auf die Familie oder das Unternehmen, sichert also den Zusammenhalt der Familie oder das Familieneigentum.

2. Beeinflussung des Familienunternehmens

Die Familienrepräsentanz als Organ steuert die Beziehungen zwischen der Familie und dem Unternehmen. Doch zuvor muss sie eine Familienstrategie definieren. Auf deren Basis erfüllen die Mitglieder der Familienrepräsentanz die Aufgabe der Beeinflussung des Familienunternehmens, um Familie und Unternehmen miteinander zu verbinden. So ist die Familienrepräsentanz das Sprachrohr der Familie. Sie übt auf das Top-Management und den Aufsichtsrat einen aus den Familienmeinungen gebündelten Einfluss aus. Damit dieser Einfluss auf einem einstimmigen Votum beruht, sind Kommunikationsregeln zu definieren. Familienmitglieder können dann nicht willkürlich in das Familienunternehmen eingreifen. Dennoch ermöglicht die Erfüllung dieser Aufgabe, dass die Familienmitglieder, die nicht im Unternehmen tätig sind, intensiver als nur auf der Aktionärsversammlung gehört werden.

Aus der Unternehmens-Perspektive mit Unternehmens- und Familien-Fokus gibt es drei konkrete Aspekte der Beeinflussung des Familienunternehmens: Erstens diskutiert die Familienrepräsentanz Vision, Strategien und Ziele der Familie in Bezug auf das Unternehmen. Die Ergebnisse der Diskussionen sind an Aufsichtsrat und Top-Management heranzutragen. Zweitens spielt bei der Auswahl der Mitglieder des Aufsichtsrats die Familienrepräsentanz eine bedeutende Rolle. So werden der Aktionärsversammlung die Aufsichtsräte häufig von der Familienrepräsentanz zur Wahl vorgeschlagen. Drittens beeinflusst die Familienrepräsentanz auch die Entscheidung über die Managementnachfolge. Zum Beispiel kann sie das Ziel haben, dass ein Familienmitglied den Vorsitz des Top-Managements übernimmt. Um dies zu erreichen, kann sie die besten und motiviertesten Familienmitglieder für diese Position fördern.

3. Sicherung des Zusammenhalts der Familie

Die Familienrepräsentanz spielt als Organ sowie als Informations- und Kommunikationsgremium eine Schlüsselrolle in der Sicherung des Zusammenhalts der Familie. Die Mitglieder der Familienrepräsentanz wirken aus der Familien-Perspektive mit Familien-Fokus darauf ein, die Familie zu erhalten und zu vereinen, um die Bedeutung des Familienunternehmens im Bewusstsein der Familienmitglieder zu verankern und dadurch ihre Bindung an das Familienunternehmen zu festigen. Das Resultat ist: Jedes Familienmitglied leistet etwas für die Familiengemeinschaft, und jedes Familienmitglied profitiert von mehr Informationen, Einfluss, Solidarität und Großzügigkeit, sofern keine schwerwiegenden Konflikte bestehen.

Die Aufgabe konzentriert sich auf die Förderung von Familienbeziehungen, sodass die Familienmitglieder einstimmig auf der Aktionärsversammlung auftreten und die Familie zusammengehalten wird. Zur Aufgabe zählen auch die Organisation von Familientreffen und die Fortbildung der Familienmitglieder, damit die Familieneigentümer den Bezug zum Unternehmen nicht verlieren und über ihre Rechte und Pflichten als Familienmitglied und Eigentümer Bescheid wissen. Außerdem zählt zur Förderung der Familienbeziehungen und damit zur Aufgabe „Sicherung des Zusammenhalts der Familie" die Integration aller Familienmitglieder. Dies gelingt nur, wenn die Mitglieder der Familienrepräsentanz die restlichen Familienmitglieder über kontrovers diskutierte Themen informieren und deren Meinungen aufnehmen. Dadurch übernimmt die Familienrepräsentanz eine Filterfunktion und stellt Zusammenhalt her, damit die Familie auf der Aktionärsversammlung mit einer Stimme auftritt. Neben den informellen Sitzungen der einzelnen Mitglieder der Familienrepräsentanz und der ihnen besonders nahe stehenden Familienmitgliedern ist der regelmäßige Versand von Rundschreiben eine weitere Möglichkeit, die Familienmitglieder zu informieren. Zur Förderung von Familienbeziehungen gehört weiterhin, dass die Familienrepräsentanz Konflikte in der Familie frühzeitig erkennt, damit diese nicht eskalieren und negativ auf das Unternehmen wirken. Wenn Konflikte entstanden sind, müssen die Mitglieder der Familienrepräsentanz zu deren Abschwächung bzw. Lösung beitragen. Die Familienrepräsentanz muss Konflikte offen ansprechen, denn so können Konflikte auch zu positiven Effekten für Familie und Unternehmen führen.

Des Weiteren zählt zur Aufgabe „Sicherung des Zusammenhalts der Familie" die Organisation von Familientreffen (Familienfesten, Familienreisen oder Familientagen), insbesondere von Jugendtreffen, sowie die Fortbildung der Altfamilienmitglieder. Die Organisation der Förderung junger Eigentümer durch sogenannte Jugendtreffen dient dem Aufbau und der Pflege von Netzwerken in der Familie, der Identifikation von nachwachsendem Führungspotenzial innerhalb des Kreises der jungen Familienmitglieder, der Verankerung des Wertesystems und der Übernahme von Verantwortung. Durch Jugendtreffen vermeiden die Altfamilienmitglieder, dass sich die jungen Familienmitglieder dem Familienunternehmen entfremden. Außerdem werden die jungen Familieneigentümer dadurch auf die Aufgaben eines verantwortungsbewussten Familieneigentümers vorbereitet. Aber auch die Altfamilienmitglieder, die nicht mehr aktiv im Familienunternehmen tätig sind, aber noch Eigentumsrechte halten, können durch Seminare weitergebildet werden. Sie brauchen aktuelles Wissen, um zum Beispiel die Finanzsituation des Familienunternehmens verstehen zu können.

4. Sicherung des Familieneigentums

Familienunternehmen haben das Ziel, das Familieneigentum an die nächste Generation zu übergeben. Es ist deshalb wichtig, das Familieneigentum vor einem Anteilsverkauf an Dritte zu schützen. Aus der Familien-Perspektive mit Unternehmens-Fokus sichert die Familienrepräsentanz als Organ die Fortdauer des Familienunternehmens. Sie setzt Eigentumsübertragungsregeln verbindlich fest und bestimmt dadurch, wer Familieneigentümer werden darf. Die Eigentumsübertragungsregeln beinhalten Aspekte zum Ausstieg aus dem Unternehmen, zur Bewertung des Unternehmens sowie zu den Rechten und Pflichten der Eigentümer. Außerdem überwacht die Familienrepräsentanz die Eigentumsübertragung und trifft Entscheidungen in kritischen Fällen. Familienunternehmen mit einem erweiterten Familieneigentümerkreis haben in vielen Fällen eine interne Börse installiert, die es den Familieneigentümern ermöglicht, Eigentumsrechte zu handeln. Diese interne Börse, insbesondere die Bewertung der einzelnen Eigentumsrechte, muss die Familienrepräsentanz überwachen.

IV. Zusammensetzung

Für die effektive Erfüllung der drei Aufgaben sind folgende Aspekte bezüglich der optimalen Zusammensetzung einer Familienrepräsentanz zu berücksichtigen: Größe, Stimmrechte, Heterogenität, Wissen, Sitzungen, Engagement, Zusammenarbeit und Entscheidungen.

- **Zahlreiche Mitglieder:** Die Größe der Familienrepräsentanz hängt von der Größe der Familie ab. Mehr Mitglieder ermöglichen es, tiefer in die Familie hineinzuhorchen und Meinungen aus der Familie in die Familienrepräsentanz zu bringen oder mehr Familienmitglieder in informellen Sitzungen über die Entwicklungen im Unternehmen zu informieren.
- **Großteil der Stimmrechte in Familienrepräsentanz vertreten:** Vereinen die Mitglieder der Familienrepräsentanz den Großteil der Stimmrechte auf der Aktionärsversammlung auf sich, haben sie mehr Macht und können die Zusammensetzung von Aufsichtsrat und Top-Management beeinflussen sowie strategische Themen, die der Familienrepräsentanz wichtig sind, auf deren Agenden setzen.
- **Ausreichend Heterogenität und Wissen:** Die Familienrepräsentanz sollte sich aus Vertretern unterschiedlicher Generationen und Stämme mit verschiedenen Bildungshintergründen zusammensetzen. Eine hohe Qualifikation ist wichtig, um konstruktive Diskussionen mit dem Aufsichtsrat und dem Top-Management führen zu können. Die Mitgliedergruppe der Familienrepräsentanz sollte heterogen sein, um die Kommunikation außerhalb und innerhalb der Familie zu fördern. Dadurch hat sie einen besseren Kontakt zum Rest der Familie und kann darüber hinaus frühzeitig zum Beispiel vom geplanten Ausstieg eines Familienmitglieds erfahren.
- **Jährlich zwei bis vier ganztägige Sitzungen:** Regelmäßige Sitzungen bilden den formalen Rahmen zur effektiven Erfüllung der Aufgaben. Die Sitzungen ermöglichen eine offene Diskussion der relevanten Themen im Unternehmen und in der Familie.
- **Hohes Engagement und gute Zusammenarbeit:** Engagierte Familienrepräsentanz-Mitglieder sollten aktiv, kritisch, offen und innovativ sein, wodurch sie ihre Aufgaben effektiver erfüllen. Durch eine gute Zusammenarbeit gelingt es der Familienrepräsentanz, dass sich die Familie als Team mit gleichen Einstellungen sieht und dass sowohl Familienrepräsentanz als auch Familie einstimmig handeln.
- **Entscheidungen treffen:** Als Organ sollte die Familienrepräsentanz Entscheidungen treffen. Dadurch können die Mitglieder auf das Unternehmen und die Arbeit von Aufsichtsrat und Top-Management Einfluss nehmen.

V. Fazit

In diesem Beitrag werden die Familienrepräsentanz als weiteres Gremium des Family-Business-Governance-Systems definiert und die Motive für deren

Einführung aus Expertengesprächen abgeleitet. Nach der hier entwickelten Konzeptionalisierung sind von einer Familienrepräsentanz als Organ betrachtet die Aufgaben „Beeinflussung des Familienunternehmens", „Sicherung des Zusammenhalts der Familie" sowie „Sicherung des Familieneigentums" effektiv zu erfüllen. Dadurch kann die Familienrepräsentanz, unter der Voraussetzung ihrer optimalen Zusammensetzung, zum Erfolg des Familienunternehmens beitragen, insbesondere zur Harmonie in der Familie und zur harmonischeren Beziehung zwischen Unternehmen und Familie.

Erschienen in: Der Aufsichtsrat, Ausgabe 02/2009
© 2009 Alexander Koeberle-Schmid

Professionalisierung der Arbeit von Beiräten in Familienunternehmen

Von Christoph Achenbach, Peter May und Gerold Rieder

Die Professionalisierung der Arbeit von Beiräten in deutschen Familienunternehmen schreitet voran: Immer mehr Unternehmen haben einen Beirat eingerichtet, zudem werden die Kompetenzstrukturen der Beiratsgremien stetig erweitert. Darüber hinaus werden die Beiräte mehr und mehr mit familienexternen Experten besetzt. Familienunternehmen sind also dabei, den nächsten konsequenten Schritt der Professionalisierung zu absolvieren. Ihre Beiräte sind nicht länger dekorative Elemente, sondern vielmehr aktives Instrument gelebter Good Governance – so die Ergebnisse einer aktuellen Studie.

I. Aktuelle Herausforderungen und Untersuchungsgrundlagen

Die aktive Kontrolle von Unternehmen ist ein hochaktuelles Thema. Angesichts der Wirtschafts- und Finanzmarktkrise sowie deren Aufarbeitung ist hierbei insbesondere das Stichwort Risikomanagement zu nennen. Aber auch vor dem Hintergrund der Corporate Governance kommt den Kontrollgremien in Unternehmen zentrale Bedeutung zu. Zwar haben die meisten Familienunternehmen – sofern sie nicht in der Rechtsform der Aktiengesellschaft bzw. der großen GmbH agieren oder den Zugang zum Kapitalmarkt suchen – keine juristische Verpflichtung, eine aktive Kontrollinstanz im Unternehmen zu etablieren. Dennoch setzt sich immer mehr die Erkenntnis durch, dass eine Good Governance als Kern einer zukunftssichernden Unternehmensführung nahezu untrennbar mit der Einführung und aktiven Nutzung eines Kontrollgremiums verbunden ist. Und wer die Governance-Strukturen verbessert, dient letztlich der Zukunftsfähigkeit des Unternehmens.

Bereits im Jahr 2002 haben die Autoren eine erste umfassende empirische Erhebung bei deutschen Familienunternehmen vorgenommen. In dieser Studie wurden bereits erste Ansätze einer zunehmenden Professionalisierung der Arbeit von Beiräten in Familienunternehmen sichtbar. Der von der „Kommission Governance Kodex für Familienunternehmen" im September 2004 veröffentlichte Governance Kodex für Familienunternehmen lieferte unter anderem zusätzliche Impulse für die Professionalisierung der Beiratsarbeit in Familienunternehmen. Ob sich dieser Trend weiter verfestigt hat, war eine der Ausgangsfragen der neuen Studie. Anders formuliert: Wie wichtig ist deutschen

Familienunternehmern dieses Thema? Welche Rolle spielen Beiräte in Familienunternehmen heute? Welche Bedeutung kommt ihnen in Zukunft zu?

Zusammen mit der WHU in Vallendar und dem Verband „Die Familienunternehmer – ASU" wurden über 4.000 Unternehmer aus deutschen Familienunternehmen befragt. Der Rücklauf lag bei knapp 500 auswertbaren Fragebögen. Die beteiligten Unternehmen entstammen hauptsächlich den Bereichen Industriegüter (40 Prozent), Handel (20 Prozent), Dienstleistungen (19 Prozent) und Konsumgüter (12 Prozent). Knapp jedes Fünfte der befragten Unternehmen erzielt einen Jahresumsatz bis 10 Mio. Euro, 34 Prozent liegen im Bereich von 10 Mio. bis 50 Mio. Euro, weitere 37 Prozent erzielen einen Umsatz von 50 Mio. bis 500 Mio. Euro und immerhin noch 9 Prozent einen Umsatz von mehr als 500 Mio. Euro. Die Studie ist damit die umfangreichste Erhebung empirischer Daten zum Thema Beiräte in Familienunternehmen.

II. Ergebnisse der Studie

1. Bedeutung von Beiräten in Familienunternehmen

Beiräte sind heute fest als Instrument der Corporate Governance in deutschen Familienunternehmen etabliert. Über die Hälfte der befragten Unternehmen gaben an, in ihrem Unternehmen einen Beirat eingerichtet zu haben. In der Studie aus dem Jahr 2002 lag der Wert noch bei unter 40 Prozent. Klar erkennbar ist dabei der Trend, mit steigender Umsatzgröße einen Beirat einzurichten. Während in der Umsatzklasse bis 25 Mio. Euro Jahresumsatz nur 26,1 Prozent der Unternehmen einen Beirat haben, liegt der Wert bei den Unternehmen mit mehr als 125 Mio. Euro Umsatz hingegen bei fast 80 Prozent. Unternehmen mit mehr als 500 Mio. Euro Umsatz haben in neun von zehn Fällen einen Beirat installiert.

2. Kompetenzen, Zusammensetzung und Arbeitsweise

Inhaltlich zeigt die Studie, dass nahezu jeder zweite Beirat heute über Kontrollkompetenzen verfügt. Somit kommen dem Gremium nicht nur Beratungsfunktionen, sondern auch direkte Kontroll- und Entscheidungsfunktionen zu. Die Bedeutung der Kontrollkompetenz hat damit im Vergleich zur Studie aus dem Jahr 2002 deutlich zugenommen. 2002 lag der Anteil der Beiratsgremien mit ausschließlich entscheidenden Kompetenzen bei 7 Prozent. Seitdem hat sich der Wert nahezu verdreifacht und erreicht heute rund 21 Prozent. Damit verfügt bereits jedes fünfte Gremium über eine aufsichtsratsähnliche Kompetenzstruktur (vgl. Abb. 1).

Zur Erfüllung ihrer Aufgaben halten 75 Prozent der Beiräte drei bis vier Sitzungen jährlich ab. Damit liegt die Zahl der Sitzungen nahe an dem vom

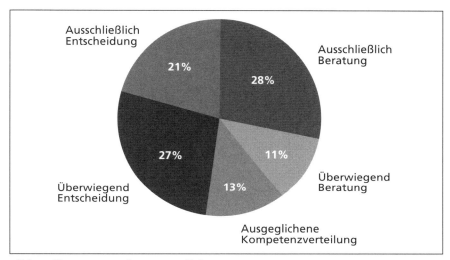

Abb. 1: Kompetenzstrukturen von Beiräten

Aktiengesetz für Aufsichtsräte von börsennotierten Unternehmen vorgeschriebenen Wert von mindestens vier Sitzungen jährlich (§ 110 Abs. 3 AktG). Bei den Beiräten mit ausschließlich beratenden Funktionen ist die Sitzungshäufigkeit dabei aber erkennbar niedriger als bei den kontrollierenden Gremien. Etwa einem Viertel der beratenden Gremien reichen ein bis zwei Sitzungen im Jahr aus; bei den Gremien mit Entscheidungskompetenzen sind dies nur 7,4 Prozent. Zudem halten nur etwa 2 Prozent der beratenden Beiräte mehr als vier Sitzungen ab. Für die Beiräte mit Kontrollfunktion ist dies dagegen in knapp 15 Prozent der befragten Unternehmen der Fall.

Unter den in den Beiräten vertretenen Berufsgruppen finden sich zunehmend Personen, die in unternehmerischer Verantwortung stehen. Sie stellen insgesamt über ein Viertel aller Beiratsmitglieder, wobei sich ihr Anteil auf Unternehmer respektive Geschäftsführende Gesellschafter (21,8 Prozent) und Fremdgeschäftsführer in Familienunternehmen (4,8 Prozent) verteilt. Hier wird die Bedeutung unternehmerischen Denkens und Handelns bei der Besetzung von Beiräten in Familienunternehmen besonders deutlich. So ist es den Befragten überaus wichtig, mindestens eine Persönlichkeit im Beirat vertreten zu haben, die über aktive unternehmerische Erfahrung verfügt. Nach den Daten der aktuellen Befragung ist dies in über 75 Prozent aller Beiratsgremien der Fall.

Nach wie vor ist knapp jedes vierte Beiratsmitglied ein Gesellschafter bzw. Mitglied der Inhaberfamilie. Der Anteil der Berater, Bankiers und Hochschullehrer ist dagegen mit insgesamt 15,6 Prozent gegenüber der Studie aus 2002 deutlich gesunken. Damals erreichte diese Gruppe noch einen Anteil von 25,9 Prozent. Seniorunternehmer aus dem eigenen Unternehmen stellen 7,5 Prozent aller Beiratsmitglieder. Dies mag auf den ersten Blick gering erscheinen. Bezogen auf die Gesamtzahl der Beiratsgremien ist jedoch in etwa 40 Prozent aller Gremien ein Seniorunternehmer zu finden.

Es überrascht nicht, dass in den Beiräten neben familienfremden Personen nach wie vor auch Gesellschafter des Unternehmens anzutreffen sind. Der Anteil der externen Beiratsmitglieder hat allerdings zugenommen. Inzwischen ist nahezu jedes dritte Gremium ausschließlich mit externen Mitgliedern besetzt; umgekehrt liegt der Anteil der ausschließlich familienintern besetzten Beiräte bei nur 3 Prozent. Insgesamt sind zwei von drei Beiräten ausschließlich oder überwiegend mit familienfremden Personen besetzt. Dabei stellt in 56 Prozent der Fälle ein familienfremdes Mitglied den Vorsitz des Beirats. Insofern ist auch hier eine deutliche Professionalisierung der Beiratsarbeit in deutschen Familienunternehmen erkennbar, da zunehmend externe Experten zu Rate gezogen werden und somit zusätzliche Kompetenz von außerhalb des Gesellschafter- und Familienkreises für das Unternehmen eingesetzt wird (vgl. Abb. 2).

Bezüglich der Auswahlkriterien für Beiratsmitglieder dominiert bei den gewünschten fachlichen Qualifikationen die strategische Kompetenz (75 Prozent) mit deutlichem Abstand vor besonderen Kenntnissen in Finanzen und Controlling. Immerhin noch rund 40 Prozent aller Befragten halten

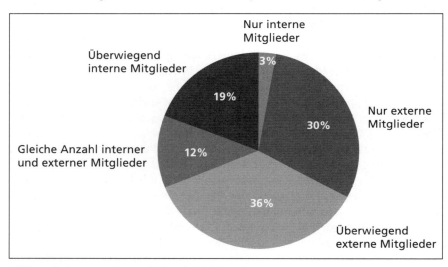

Abb. 2: Beiratsgremien nach Zugehörigkeit

Erfahrung in der Branche, in der das eigene Unternehmen schwerpunktmäßig aktiv ist, für wichtig. Erfahrung in einer anderen Branche, das Management der Unternehmerfamilie sowie Qualifikationen in Marketing und Vertrieb waren noch rund jedem dritten Befragten wichtig.

Die Auswahl geeigneter Beiratsmitglieder wird nach wie vor überwiegend durch die Suche im Bekanntenkreis des Unternehmers bestimmt. Vier von fünf Befragten nutzen diese Möglichkeit. Unternehmens- und Personalberater spielen mit 8 Prozent bzw. 9 Prozent nur eine untergeordnete Rolle. Noch weniger relevant sind in diesem Zusammenhang Verbände oder die IHK als Vermittler. Immerhin bereits knapp jeder zehnte Befragte nutzt das von INTES etablierte Beiratsnetzwerk, um geeignete Mitglieder für seinen Beirat zu finden.

3. Vergütung von Beiräten in Familienunternehmen

Bei der Höhe der Vergütung ergibt sich im Durchschnitt eine zunächst homogene Übersicht. Jeweils rund ein Viertel der Beiratsmitglieder erhält bis 5.000 Euro, zwischen 5.000 und 10.000 Euro, zwischen 10.000 und 20.000 Euro oder mehr als 20.000 Euro (vgl. Abb. 3).

Im Detail ergeben sich bei der Vergütungshöhe jedoch gewichtige Unterschiede:
- So werden Beiratsvorsitzende (in vielen Fällen auch der stellvertretende Vorsitzende) deutlich besser bezahlt als „einfache" Beiratsmitglieder. Nach

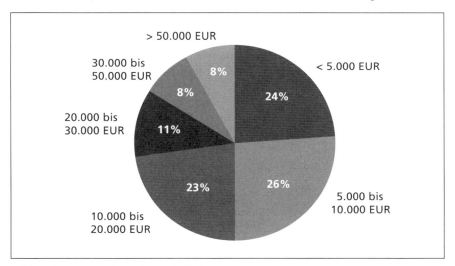

Abb. 3: Vergütung der Beiratsmitglieder

den Ergebnissen der Studie und auch nach unserer praktischen Erfahrung erhalten Vorsitzende durchschnittlich das 1,5- bis 2,5-Fache der „einfachen" Beiratsmitglieder.
- Auch werden Beiräte mit Kontrollkompetenzen höher honoriert als Beiräte in Beratungsgremien. Etwa drei von vier Beiratsmitgliedern aus beratenden Gremien erhalten nur bis maximal 10.000 Euro. Beiräte mit Kontrollfunktion erhalten dagegen in über 55 Prozent der Gremien eine höhere Vergütung.
- Eine weitere Differenzierung ergibt sich aus der Unternehmensgröße. Während über drei von vier Unternehmen mit einem Jahresumsatz von bis zu 10 Mio. Euro für ein Beiratsmitglied nur bis maximal 5.000 Euro ausgeben, ist dieser Betrag bei den Unternehmen mit über 500 Mio. Euro Jahresumsatz signifikant höher: Jeweils etwa 25 Prozent dieser Unternehmen entlohnen ihre Beiratsmitglieder in den Bereichen 10.000 bis 20.000 Euro, 20.000 bis 30.000 Euro sowie 30.000 bis 50.000 Euro. Und noch in knapp jedem fünften Fall werden sogar über 50.000 Euro gezahlt. Für die Beiratsvorsitzenden werden bei Unternehmen dieser Umsatzgröße sogar in insgesamt über 80 Prozent der Fälle mehr als 30.000 Euro als Entlohnung vereinbart.

III. Fazit

Trotz der Notwendigkeit der Bereitstellung zusätzlicher zeitlicher und finanzieller Ressourcen für einen Beirat wird in der eigenen Gesamtbeurteilung durch die befragten Familienunternehmer selbst ein überaus positives Fazit gezogen. Im Durchschnitt ist der Unternehmer mit seinem Beirat zufrieden. Auf einer Schulnotenskala lag der durchschnittliche Zufriedenheitsgrad bei 2,1. Fast drei Viertel aller Befragten beurteilen die Arbeit ihres Beirats als „gut" oder sogar „sehr gut". In nur knapp 4 Prozent der Fälle werden die Noten „mangelhaft" oder „ungenügend" vergeben. Insgesamt zeigt das Urteil der Befragten klar, dass die Familienunternehmer die weitreichenden Vorteile eines kompetenten Beirats schätzen und nutzen. Eine Einschränkung gilt jedoch an dieser Stelle: Dieses Urteil kommt weit überwiegend nicht aufgrund professionell durchgeführter Effizienzprüfungen, sondern nach wie vor stark anhand subjektiver Einschätzungen zustande. Nur knapp jeder fünfte Befragte gibt an, zumindest alle zwei Jahre eine Effizienzprüfung des Beirats seines Unternehmens durchzuführen. Und hiervon nutzt der weit überwiegende Teil in fast 90 Prozent der Fälle eine rein subjektive Selbsteinschätzung.

Mit Blick auf die eingangs gestellte Frage, ob sich der im Jahr 2002 festgestellte Trend zur Professionalisierung der Beiratsarbeit in deutschen Familienunternehmen weiter bestätigt hat, lässt sich eindeutig festhalten: Die

Familienunternehmen haben weiter intensiv an ihrer Aufstellung gearbeitet und sind nochmals deutlich professioneller geworden.

Zwar lassen sich in den Ergebnissen einige Punkte finden, die einer gänzlich professionellen Beiratsarbeit entgegenstehen. So ist rund ein Viertel der Gremien ausschließlich oder überwiegend mit Familienmitgliedern besetzt. Auch die in einigen Beiräten vorzufindenden Ausnahmeregelungen für Familienmitglieder hinsichtlich der Altersgrenze sprechen zunächst gegen die Regeln einer Good Governance. Bei der Auswahl der Beiratsmitglieder wird zudem weit überwiegend auf den eigenen Bekanntenkreis zurückgegriffen, was im Vergleich zu einer Besetzung mit externen, objektiven Experten die Gefahr von Interessenkonflikten aufgrund fehlender Neutralität erhöht. Schließlich ist auch der geringe Anteil an Effizienzprüfungen mit Hilfe von neutralen, externen Personen – wie sie bei Publikumsgesellschaften bereits Standard sind – kritisch zu beurteilen.

In der Gesamtbetrachtung belegen die Ergebnisse der Studie jedoch, dass heute von einer überwiegend professionellen Aufstellung von Familienunternehmen hinsichtlich ihrer Corporate Governance gesprochen werden kann – auch wenn in Teilen noch Verbesserungspotenziale sichtbar werden. Aus einem Trend im Jahr 2002 sind mit diesen Ergebnissen klare Fakten geworden. Die wichtigsten Indikatoren dabei lauten wie folgt:

- Es werden mehr Beiratsgremien eingerichtet.
- Es werden mehr externe Mitglieder in die Beiratsgremien berufen.
- Die Beiratsgremien sind häufiger mit Entscheidungs- und Kontrollkompetenzen ausgestattet, anstatt nur ausschließlich beratend tätig zu sein.

Seit 2002 haben viele Familienunternehmen also wesentliche Schritte der Professionalisierung absolviert. Insbesondere die Good-Governance-Champions müssen den Vergleich mit Publikumsgesellschaften nicht scheuen – im Gegenteil! Grundsätzlich lässt sich die Existenz einer evolutionären Entwicklung bei den Beiratsgremien in Familienunternehmen konstatieren. Kurz gefasst: Je älter ein Familienunternehmen ist und je mehr Umsatz erzielt wird, desto mehr entwickelt sich der Beirat von einem beratenden hin zu einem aufsichtsratsähnlichen Gremium mit überwiegend externen, neutralen Mitgliedern. Die zunehmende Ausweitung der Kompetenzen der Beiräte macht vor allem eines deutlich: Die Beiräte in Familienunternehmen haben ihre dekorative Funktion mehr und mehr abgelegt.

Erschienen in: Der Aufsichtsrat, Ausgabe 04/2009
© 2009 Christoph Achenbach, Peter May und Gerold Rieder

Auch für Beiräte in Familienunternehmen gilt: Selbstkontrolle muss sein!

VON CHRISTOPH ACHENBACH

Die Institution „Aufsichtsrat" ist in den letzten Jahren zunehmend in die Kritik geraten. Seit die Öffentlichkeit immer neue Meldungen über zweifelhafte Geldflüsse in Großunternehmen, abenteuerliche Verlustgeschäfte von Großbanken und die generelle Unfähigkeit des Managements dieser Konglomerate lesen muss, stehen Aufsichtsratsgremien und deren Mitglieder häufig direkt oder zumindest indirekt ebenfalls unter Beschuss. Ihnen werden Mängel und Verfehlungen bei der Wahrnehmung ihrer „Aufsichts"-Funktion vorgehalten: „Der Aufsichtsrat hat versagt", sagte Ex-Wirtschaftsminister Michael Glos zum Fall IKB, schrieb die „Börsen-Zeitung" über die Vorgänge im Hause Siemens und notierte gleichlautend die „Süddeutsche Zeitung" über RWE. Auch der frühere BDI-Präsident Hans-Olaf Henkel stimmte mit ein. Werner Josef Gartner wiederholte den Vorwurf in seinem Buch „Die hemmungslose Machtelite". Und da die öffentliche Diskussion hin und wieder gerne schon mal über Feinheiten hinwegsieht, stehen mit den Aufsichtsräten von Aktiengesellschaften häufig gleich auch Beiräte von Familienunternehmen unter Generalverdacht.

Es entwickelte sich in letzter Zeit eine intensive Diskussion darüber, ob und in welcher Form ein guter Aufsichtsrat oder Beirat dem betreuten Unternehmen überhaupt Schutz vor Krisen bieten kann. Denn die ganze Arbeit dieser Gremien ist letztlich darauf ausgerichtet, Schaden von den Unternehmen abzuwenden und Weichen für eine gedeihliche Entwicklung zu stellen. Wenn dieses Ziel aber mit anscheinend zunehmender Häufigkeit verfehlt wird – was ist zu tun? Das fragen sich insbesondere diejenigen Kreise, welche die finanziellen Ausfälle im Gefolge von Aufsichts-Defiziten zu tragen haben: die Eigentümer.

Die Antwort ist im betriebswirtschaftlichen Instrumentenkasten zu finden: Zur unerlässlichen Aufgabe guten Managements gehört das Controlling. Und so wie dieses „Werkzeug" im operativen Geschäft eines jeden erfolgreich geführten Unternehmens ganz selbstverständlich angewendet wird, so sollte es auch für die Tätigkeit der Aufsichts- und Beiräte zum Einsatz gelangen.

Nun könnte man annehmen, dass die Selbstreflexion dieser Gremien – „Werde ich der mir gestellten Aufgabe gerecht?" – eigentlich eher selbstverständlich sein sollte. Solche Eigenkontrolle ist aber nicht ohne Weiteres zu erwarten. Aus zwei Gründen. Zunächst ist mit der Übertragung eines Beiratsmandats ein hohes Renommee verbunden; von daher sind die Mandatsträger eigentlich über jeden Zweifel erhaben – eine Notwendigkeit, das eigene Wirken kritisch zu analysieren, fehlt daher oftmals. Und zum Zweiten ist das Sich-selbst-in-Frage-Stellen grundsätzlich nicht beliebt.

Dennoch: Die Formel „Eine Kontrolle der Kontrolleure findet nicht statt" ist gefährlich. Wenn man vermeiden will, dass das Unternehmen im Markt aufgrund mangelnder Akribie von Kontrollgremien mit Umsatz- und Ergebnisrückgängen zu kämpfen hat, dann sollte man diese Gremien regelmäßig auf den Prüfstand stellen. Folgerichtig ist denn auch im Deutschen Corporate Governance Kodex (Fassung vom 6. Juni 2008) unter Punkt 5.6 festgeschrieben: „Der Aufsichtsrat soll regelmäßig die Effizienz seiner Tätigkeit überprüfen." Dieser Kodex der sogenannten Cromme-Kommission gilt bekanntlich allgemein für börsennotierte deutsche Unternehmen. Der von einer Kommission unter Vorsitz von INTES-Gründer Professor Dr. Peter May formulierte Kodex für Familienunternehmen enthält im Punkt 8.2.3 eine ähnliche Vorgabe: „Die Einführung von Kontrollinstrumenten zur Fortschrittsmessung wird empfohlen."

Der Hintergrund dieser Empfehlungen ist bei beiden Kodizes der gleiche. Er lässt sich an sechs Zielsetzungen festmachen:

- Der Corporate Governance Kodex und der Governance Kodex für Familienunternehmen definieren den rechtlichen und faktischen Ordnungsrahmen für die Leitung und Überwachung eines Unternehmens.
- Spezifische Regelungen sollen eine Mindestgarantie der Leitungs- und Überwachungsaktivitäten sicherstellen.
- Die Aufsichts- und Beiratsarbeit sollen effektiver gestaltet werden.
- Teamdynamik und Kommunikation sollen verbessert werden.
- Die Beratungs- und Kontrollfunktion gegenüber der Geschäftsführung soll effektiver werden.
- Die jeweilige Rolle des Einzelnen und seine Verantwortung sollen klarer verdeutlicht werden.

Die im Kodex für Familienunternehmen formulierten Empfehlungen zur Kontrolle der Beiratsarbeit stellen allerdings nur eine Art Rahmenrichtlinie dar. Sie regt an, dass eine Überprüfung stattfinden soll. Mehr nicht. Die Details – sozusagen die Ausführungsbestimmungen – muss jeder Beirat für sich selbst festlegen. Dazu gehören insbesondere:

- Wie wird die Überprüfung durchgeführt?
- Was wird überprüft?

- Woran werden Soll und Ist – also der erreichte Effizienzgrad – festgemacht?
- Wie oft findet die Überprüfung statt?
- Wann findet sie statt?
- Wer nimmt die Überprüfung vor?
- Welche Konsequenzen werden aus der Überprüfung gezogen?

Hier eröffnet sich für die Beiräte offenkundig ein großer Ermessensspielraum. Sie können die Kontrollgrundsätze und deren Details so gestalten, wie es zu ihrer individuellen Situation am besten passt. Das ist einerseits ein Vorteil. Andererseits kann die Kontrolle nur dann wirkungsvoll sein, wenn dieser Spielraum auch ausgeschöpft wird – alles, was zu regeln ist, muss auch geregelt sein. Denn Regelungslücken können großes Unsicherheits- und Konfliktpotenzial in sich bergen.

Der Corporate Governance Kodex wendet sich zum Thema Effizienzprüfung direkt an den Aufsichtsrat als Adressaten. Man spricht deshalb auch von der sogenannten Selbstevaluation des Aufsichtsrates. Das bedeutet zunächst, dass die Einsicht in die Notwendigkeit und der Anstoß zur eigenen Effizienzkontrolle vom Aufsichtsgremium selbst kommen soll.

Der Kodex für Familienunternehmen hält dagegen offen, wer den Anstoß zur Effizienzüberprüfung der Beiratsarbeit geben sollte. Und das aus meiner Sicht aus gutem Grund. Der Beirat wird als Gremium von den Gesellschaftern eines Familienunternehmens eingerichtet, und auch die Entscheidung über die personelle Besetzung erfolgt durch die Inhaber selbst. Einrichtung wie Besetzung sind in aller Regel mit einer klaren Erwartungshaltung der Gesellschafter an den Beirat verbunden. Insoweit kann und sollte der Anstoß zu einer regelmäßigen Überprüfung der Beiratsarbeit nicht nur vom Beiratsgremium selbst ausgehen, sondern auch und gerade von den Gesellschaftern selbst eingefordert werden.

Der Beirat sollte in Abstimmung mit den Gesellschaftern dann die oben erwähnten Ausführungsbestimmungen formulieren und folgende Punkte festlegen:

- die Inhalte der Überprüfung,
- das Verfahren der Überprüfung und
- die Konsequenzen der Überprüfung.

Die einzelnen Modalitäten sollte der Beirat idealerweise in Abstimmung mit den Gesellschaftern festlegen. Diesem Votum sollten sich dann auch alle Mitglieder des Beirats unterwerfen. Wer partout nicht damit leben kann, dass seine Tätigkeit aufgrund dieses Beschlusses konstruktiv kritisch regelmäßig analysiert wird, muss dann konsequenterweise sein Mandat aufgeben.

In einer exklusiven Untersuchung hat INTES unlängst die aktuelle Praxis der Beiratsarbeit in deutschen Familienunternehmen analysiert. Ein Kernergebnis: Nur 38 Prozent der Beiräte in deutschen Familienunternehmen praktizieren derzeit eine Effizienzkontrolle. Entsprechend verzichten 62 Prozent auf dieses Instrument (vgl. Abb. 1). Es besteht insoweit also noch erheblicher Handlungsbedarf.

Bei der praktischen Durchführung der Effizienzkontrolle kann der Beirat auf die Unterstützung externer Berater zurückgreifen. Diese sollten aber ausschließlich eine Funktion als Zuarbeiter des Beirats erhalten. Diese Zuarbeit kann sich auf das Führen der Interviews, die Auswertung und Besprechung der Ergebnisse der Effizienzprüfung und die Erarbeitung von Maßnahmen erstrecken. Die Entscheidungskompetenz über ggf. daraus abzuleitende Maßnahmen müssen aber für den Beirat selbst reserviert bleiben und dürfen nicht auf einen Dritten übertragen werden.

Der Beirat muss auch darüber befinden, welche Methoden er bei der Selbstevaluation anwenden möchte. Hier bieten sich verschiedenste Alternativen an.

- Die Aussprache in einer intensiven Diskussion. Das kann im Beirat selbst geschehen oder zum Beispiel auch im gemeinsamen Gespräch zwischen Beirat und Gesellschaftern.

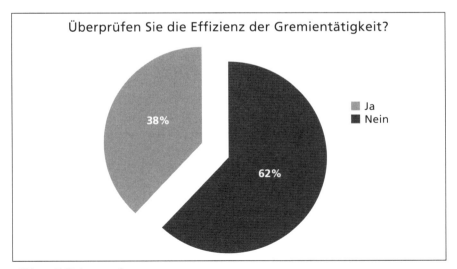

Abb. 1: Effizienzprüfung

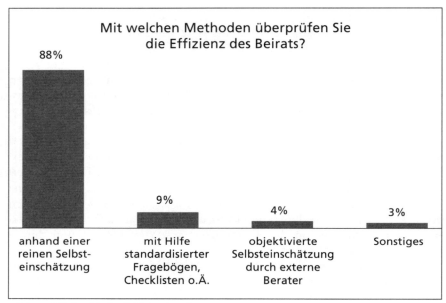

Abb. 2: Methodik der Effizienzprüfung

- Mit standardisierten Fragebögen oder Checklisten kann der Beirat seine eigene Arbeit und die seiner Kollegen analysieren und bewerten. Auch Scoringsysteme gehören zu dieser Instrumentengruppe.
- Durch Hinzuziehung eines externen Beraters kann die reine Selbsteinschätzung gemäß Ziffer 1 und 2 in gewissem Umfang objektiviert werden. Dieses Modell führt erfahrungsgemäß eindeutig zu besseren Ergebnissen und verdient daher den Vorzug.

An dieser Stelle lohnt ein kleiner Exkurs zu der Frage, warum die Arbeit von Beiräten überhaupt in ihrer Effizienz beeinträchtigt werden kann. Denn bei sorgfältiger Auswahl der Persönlichkeiten sollte normalerweise einer perfekten Ausübung der Beiratstätigkeit nichts im Wege stehen. Bei genauem Hinsehen jedoch zeigen sich zahlreiche mögliche Effizienzhindernisse, die das Erreichen des Optimums verhindern können. Das geht von fehlender Qualifikation und fehlender Motivation über Zeitmangel und Strukturmängel bis hin zu Defiziten im Informationsfluss.

An diese möglichen Effizienzhindernisse knüpft dann die inhaltliche Gestaltung der Effizienzprüfung an. Hier sind zwei große Bereiche abzuarbeiten: die strukturellen und die verhaltensorientierten Prüfpunkte. Bei den

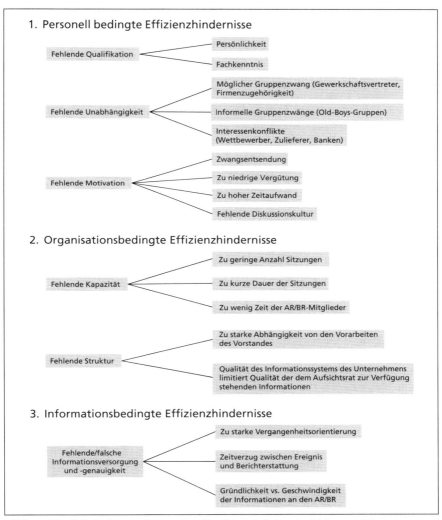

Abb. 3: Mögliche Effizienzhindernisse für die Arbeit des Aufsichtsrates/Beirates

strukturorientierten Kriterien werden beispielsweise Fakten über die Zusammensetzung des Beirats sowie die Tagungshäufigkeit und Tagungszeit zusammengetragen und bewertet. Auch die aus dem Plenum heraus formierten Ausschüsse gehören hierher. Ebenso die Vorlaufzeiten, mit denen der Beirat Informationen erhält – laufende Informationen über die Entwicklung einzelner Kenngrößen des Unternehmens wie auch Zahlen, Daten und Fakten zur Vorbereitung anstehender Beiratssitzungen.

Im verhaltensorientierten Teil des Prüfkatalogs geht es um die eher qualitativen Aspekte wie die Diskussions- und Streitkultur innerhalb des Gremiums und in der Beziehung zur Unternehmensleitung. Stichworte wie gegenseitiges Vertrauen, offener Informationsaustausch, Selbstverständnis des Beirats, Sorgfaltspflichten, Interaktion und Kollegialität des Gremiums sind hier angesprochen.

Nun kann man aus Gründen der Praktikabilität möglicherweise nicht bei jeder Effizienzprüfung den gesamten Katalog der zu evaluierenden Kriterien durcharbeiten. Es gibt aber einen Kernbereich der Effizienzprüfung, der unverzichtbar ist, wenn der ganze Prozess einen Sinn haben soll. Zu diesem Mindestinhalt gehören die folgenden Punkte:

- Organisation des Beirats und der ggf. gebildeten Ausschüsse sowie des Sitzungsablaufs
- Langzeitüberprüfung von Entscheidungen des Beirats
- Informationsfluss zwischen Gesellschaftern und Beirat
- Informationsfluss zwischen Beirat und Unternehmensleitung
- Personelle Voraussetzungen und Auswahlprozesse von Beirat und Unternehmensleitung (Personalkompetenz)
- Selbstverständnis der Beiratsmitglieder
- Kontroll- und Überwachungsfunktion des Beirats

Auf jeden Fall sollten aber auch bei dieser Mindestversion der Effizienzprüfung die Prinzipien einer ökonomischen Vorgehensweise beachtet werden: Die spezifische Situation des Unternehmens steht im Fokus; jeder überdimensionierte Prüfungsaufwand ist fehl am Platz und schadet eher. Als Motto sollten die Beteiligten wählen: So viel Vertrauen wie möglich, so viel Kontrolle wie nötig.

Die Aufgaben und Kompetenzen eines Beiratsgremiums, die Arbeit des Beirates selbst und seine personelle Besetzung müssen kontinuierlich mit dem Unternehmensumfeld, den Rahmenbedingungen und marktseitigen Herausforderungen Schritt halten und ggf. an diese angepasst werden. Nur dann kann ein Beirat letztlich den Nutzen und Erfolg entfalten, den die Unternehmer und Gesellschafter auch zu Recht erwarten.

Erschienen in: INTES Unternehmer-Brief, Ausgabe 3/2009
© 2009 Christoph Achenbach

Finanzierung und Beteiligungen von Familienunternehmen

Ergebnisse einer aktuellen INTES-Studie

VON CHRISTOPH ACHENBACH UND FREDERIK GOTTSCHALCK

1. Einleitung

Eine der zentralen Fragestellungen, mit denen sich Unternehmen derzeit beschäftigen, ist die Frage nach der Art und Weise ihrer Finanzierung. In Folge der Finanzkrise sind bestehende Finanzierungsmodelle nicht mehr tragfähig oder umsetzbar. Aktuelle Finanzierungen müssen angepasst werden, und für Anschluss- und Refinanzierungen gelten zum Teil völlig neue Rahmenbedingungen. Vor diesem Hintergrund hat sich die Finanzierungssituation vieler Unternehmen deutlich zugespitzt. Insbesondere Unternehmen, die in der Vergangenheit riskante Finanzierungsmittel auf dem Kapitalmarkt genutzt haben, kämpfen heute mit erheblichen Auswirkungen dieser risikoreichen Transaktionen wie Liquiditätsengpässen oder einer dramatischen Verschuldung. Die Erhöhung von Kreditvergaberisiken und steigende Finanzierungskosten sowie die zurückhaltende Vergabepolitik vieler Finanzinstitute verschärfen die Situation zusätzlich.

Wie aber stellt sich die Situation von Familienunternehmen dar? Viele Familienunternehmen haben in der Vergangenheit hinsichtlich ihrer Finanzierung sehr konservative Vorgehensweisen genutzt, welche in ihrem Streben nach Unabhängigkeit sowie einer grundsätzlichen Risikoaversion begründet waren. Diese Risikoaversion ist gekennzeichnet durch Nachhaltigkeit, langfristige Finanzierungsbeziehungen und eben keinem kurzfristigen Renditestreben. Die Finanzierung erfolgte überwiegend durch Bankkredite und Leasinggeschäfte. Daher ist es besonders spannend, wie sich die Wirtschafts- und Finanzkrise auf die Entwicklungen von Familienunternehmen auswirkt. Führt das konservative Vorgehen zu weniger drastischen Folgen? Oder haben sich die Familienunternehmen zuletzt auch auf zunehmend riskante Finanzierungsformen gestützt und sind daher ebenfalls stark von der Krise betroffen?

Nachdem bereits 2006 eine erste umfassende Studie von INTES veröffentlicht wurde, liegen nun die Ergebnisse der erweiterten Befragung zur Finanzierungssituation und dem Beteiligungsverhalten von Familienunternehmen vor, im Sommer 2009 von der INTES Akademie für Familienunternehmen, dem INTES-Stiftungslehrstuhl für Familienunternehmen an der WHU – Otto Beisheim School of Management und der Ernst & Young GmbH durchgeführt. Anlass für diese erneute Untersuchung war die Frage, ob sich die

Finanzierungs- und Beteiligungssituation von Familienunternehmen in Folge der weltweiten Wirtschafts- und Finanzkrise verändert hat. Konkret: Wie finanzieren sich Familienunternehmen heute? Wie sieht das Investitionsverhalten von Familienunternehmen heute aus? Und welche Trends lassen sich beschreiben?

2. Zufriedenheit der Familienunternehmen mit ihrer Finanzierungssituation

Die Zufriedenheit der Familienunternehmen bezüglich ihrer Finanzierungssituation wurde bereits in der Studie von 2006 ermittelt. Aktuell stellt sich die Frage, ob es durch die weltweite Wirtschafts- und Finanzkrise zu Veränderungen in diesem Bereich gekommen ist. Vergleicht man die Ergebnisse der aktuellen und der vorangegangenen Studie, so wird deutlich, dass die Einschätzungen relativ konstant sind. Familienunternehmen sind nach wie vor zufrieden mit ihrer Finanzierungssituation und den verwendeten Finanzierungsmitteln. So beurteilen derzeit (wie auch in der Studie von 2006) knapp 70 Prozent der Befragten ihre Finanzierungssituation als „sehr gut" oder „gut". Der prozentuale Anteil der Bestnote hat sich sogar um vier Prozent erhöht. Die Mittelwerte sind mit den Noten 2,28 (im Jahr 2006) und 2,24 (im Jahr 2009) nahezu identisch.

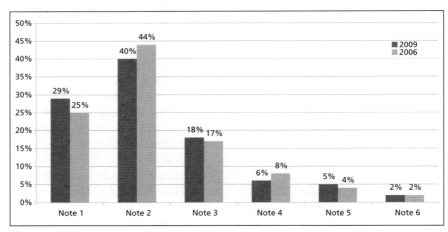

Abb. 1: Zufriedenheit mit der Finanzierungssituation

Wenig überraschend ist der Zusammenhang von operativer Ertragskraft (EBIT) und Zufriedenheit, d.h. je höher der EBIT, desto höher ist die Zufriedenheit mit der Finanzierungssituation. Überraschend dagegen ist die Zufriedenheit der Unternehmer mit einem eher schwachen oder sogar negativen

EBIT: Selbst hier vergeben noch über 60 Prozent der Befragten die Noten „sehr gut" oder „gut". Dies zeigt, dass die Finanzierungssituation von Familienunternehmen selbst bei schlecht laufendem operativen Geschäft in der Mehrzahl der Fälle zufriedenstellend oder sogar gut ist. Gleichzeitig unterstreicht dies auch, dass die Familienunternehmen weniger unter einem kurzfristigen Liquiditätsdruck stehen.

3. Die Bedeutung des Themas Kapitalbeschaffung

Das Thema Kapitalbeschaffung, d.h. die Maßnahmen zur Bereitstellung von liquiden Mitteln, wurde in der Vergangenheit von der Mehrheit der Familienunternehmen in einem mittleren Bereich der Bewertungsskala eingestuft. Vergleicht man diese Einstufung nun aktuell im Zuge der Finanz- und Wirtschaftskrise mit der Einstufung der letzten fünf Jahre, erkennt man eine zunehmende Bedeutung des Themas Kapitalbeschaffung, die jedoch angesichts einer der größten wirtschaftlichen Krisensituationen der jüngeren Vergangenheit weniger stark ausfällt, als dies zu vermuten gewesen ist. Anhand des in den letzten Jahren zu beobachtenden Aufbaus von Liquidität und traditionell hoher Eigenkapitalquoten in Familienunternehmen ist dieser nur moderate Anstieg jedoch gut zu erklären. 86 Prozent der Familienunternehmer kennen zudem ihr externes Unternehmensrating. Anhand dieses Ratings beurteilen insbesondere Banken die Kreditwürdigkeit und Verlässlichkeit des Unternehmens als Geschäftspartner. Damit ist es ein wesentlicher Faktor für Höhe, Umfang und Preis von Krediten.

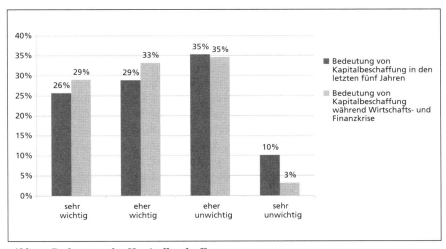

Abb. 2: Bedeutung der Kapitalbeschaffung

Ein wichtiges Element der Zusammenarbeit mit Finanzierungspartnern ist auch die Art der Kommunikation. Eine klare und offene Kommunikation trägt zu einer soliden Zusammenarbeit bei. Insbesondere in Krisenzeiten ist dies wichtig, um Finanzierungszusagen zu halten bzw. zu erhalten. Den Familienunternehmern ist dies bewusst. Über drei Viertel aller Befragten weist der Kommunikation mit den Kapitalpartnern eine hohe Bedeutung zu.

4. Kriterien zur Auswahl von Finanzierungs- und Beteiligungspartnern

Hinsichtlich der Bedeutung der Kriterien, die für Familienunternehmen bei der Auswahl von Finanzierungs- und Beteiligungspartnern von Bedeutung sind, ergibt sich eine klare Rangfolge:

1. Hohe Flexibilität bei der Inanspruchnahme von Finanzierungsmitteln/ individuelle Lösungen
2. Niedrige Kosten der Finanzierung
3. Geringe Mitwirkungsrechte der Kapital-/Kreditgeber
4. Gute Kenntnis des Unternehmens
5. Guter Ruf/gutes Image

Auffällig ist bei der aktuellen Befragung, dass eine Flexibilität bei der Inanspruchnahme von Finanzierungsmitteln als wichtigstes Kriterium eingestuft wurde, dessen Bedeutung im Vergleich zur Studie von 2006 stark zugenommen hat. Dies ist im Zuge der Wirtschafts- und Finanzkrise nicht überraschend, da vermehrt kurzfristige Liquiditätsengpässe gedeckt werden müssen. Ein flexibler Finanzierungspartner, der individuelle und spezialisierte Lösungen bereitstellen kann, ist dabei von entscheidender Bedeutung. Zudem ist ein guter Ruf bzw. ein gutes Image der Finanzierungs- und Beteiligungspartner von zunehmender Wichtigkeit. Beide Kriterien sind in die Top-5-Kriterien aufgestiegen. Hier spielen vermutlich auch die Konkurse, Fusionen und Verstaatlichungen von Banken eine Rolle. Sicherheit bzw. Stabilität des Finanzierungspartners und eine langfristige Zusammenarbeit stehen ganz erkennbar auch weiterhin im Fokus der Familienunternehmen.

Das Ergebnis der aktuellen Studie zeigt weiterhin, dass Familienunternehmen auch im Zuge der Wirtschafts- und Finanzkrise auf Banken setzen, wenn Finanzierungs- und Investitionslösungen gesucht werden. Abhängig vom jeweiligen Zweck werden aber unterschiedliche Partner bevorzugt. Banken sind hierbei, mit Ausnahme von Unternehmensverkäufen, immer der erste Ansprechpartner. Spitzenwerte erzielen Banken bei Investitionen in eigenes Wachstum (81 Prozent), bei der Finanzierung des laufenden operativen Geschäfts (80 Prozent) und beim Zukauf von anderen Unternehmen (65 Prozent). Bei der Suche nach Partnern für Unternehmensverkäufe oder -teilverkäufe wird dagegen bevorzugt auf einzelne Unternehmer (37 Prozent) und Beteiligungsgesellschaften eines oder mehrerer Unternehmer (31 Prozent) zurückgegriffen.

Die Ergebnisse der Studie und auch die Arbeit von INTES im Rahmen der Vermittlung von Beteiligungskapital lassen verstärkt erkennen, dass als zweiter starker Partner hinter den Banken einzelne Unternehmer oder Beteiligungsgesellschaften von Unternehmern als Investoren in Frage kommen. Familienunternehmen sind also durchaus bereit, Beteiligungen mit anderen Unternehmern einzugehen, um so die Existenz des eigenen Unternehmens sicherzustellen. Diese Tendenz spiegelt insbesondere auch die Bereitschaft zur gegenseitigen Unterstützung wider. Aufgrund identischer Wertvorstellungen entfallen in diesen Kooperationen häufig langwierige Diskussionsprozesse um Ziele und Vorgehen; sie sind damit erkennbar erfolgreicher.

Darüber hinaus ist zu erkennen, dass für Familienunternehmen zunehmend auch Finanzierungspartner außerhalb der Hausbank in Frage kommen. Abgesehen von der Finanzierung des laufenden operativen Geschäfts, bei dem sich nur rund jeder fünfte Befragte einen anderen Partner vorstellen kann, liegen die Werte für die weiteren Finanzierungszwecke bei knapp unter bis deutlich über 50 Prozent, d.h. mindestens jeder zweite Befragte zieht auch andere Finanzierungspartner in Betracht.

5. Zukäufe von Unternehmen und Unternehmensanteilen

Während Familienunternehmen in der Zeit vor der Wirtschaftskrise, in der viele Publikumsgesellschaften auf den Kapitalmärkten verstärkt riskante Geschäfte abgeschlossen haben, vergleichsweise vorsichtig bei Zukäufen von Unternehmen und Unternehmensanteilen waren (38 Prozent haben Zukäufe getätigt), wollen nun genau die Hälfte der Befragten in den kommenden

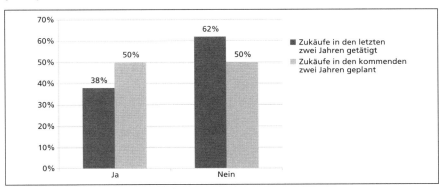

Abb. 3: Entwicklung der Zukäufe

zwei Jahren Zukäufe tätigen. Das zunehmende Interesse von Zukäufen durch Familienunternehmen kann als Indikator für ihr Streben nach Wachstum und ihre starke Finanzkraft gewertet werden. Dies gilt auch in Zeiten der Wirtschafts- und Finanzkrise. Ganz offensichtlich machen sinkende Preise die Zukäufe interessanter, leichter finanzierbar und weniger risikoreich.

Beim Zukauf von Unternehmensanteilen streben die befragten Familienunternehmen mit der weit überwiegenden Mehrheit von 70 Prozent eine unbefristete Beteiligung an. Beim Umfang der Beteiligung, der für die befragten Familienunternehmen bei einem Zukauf in Betracht käme, ist auffällig, dass sich Familienunternehmen überwiegend mit Mehrheitsbeteiligungen engagieren möchten. Für knapp zwei Drittel der Familienunternehmen kommt nur eine Beteiligungsquote von mehr als 50 Prozent in Frage, um sich ausreichende Entscheidungskompetenzen zu sichern. Dieses Ergebnis passt auch zur Beobachtung, dass Familienunternehmen in aller Regel als strategische Investoren auftreten und aktiv in die Unternehmensentwicklung eingreifen.

Bei der Finanzierung von geplanten Zukäufen werden mehrheitlich Banken präferiert. Einzelne Unternehmer und Beteiligungsgesellschaften eines oder mehrerer Unternehmer kommen jedoch verstärkt als Finanzierungspartner in Frage. Finanzinvestoren und Staatsfonds hingegen werden nur von wenigen Familienunternehmen als Finanzierungspartner geschätzt.

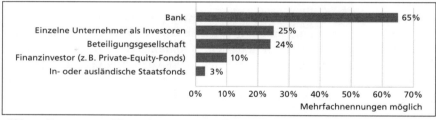

Abb. 4: Bevorzugter Finanzierungspartner bei Zukäufen

Weiterhin auffällig ist in diesem Zusammenhang erneut ein strukturell vorsichtiges Vorgehen. Sofern Zukäufe durchgeführt wurden oder geplant sind, bleibt die überwiegende Mehrheit der Unternehmer ausschließlich in der eigenen Branche aktiv. Dies gilt für über 77 Prozent der Befragten, die so ihre Branchenkenntnis und ihre Erfahrung bei der Steuerung von Zukäufen nutzen können. Deutlich wird damit an dieser Stelle erneut das risikominimierende Vorgehen von Familienunternehmen (Schaffung von Synergien, Reduktion des Integrationsaufwands) selbst im Bereich der systembedingt risikobehafteten Zukäufe.

Bei der Frage, über welchen Kontakt nach einem Investor gesucht wird, zeigt sich ein deutliches Bild. Auch hier ist die Hausbank der erste Ansprechpartner. Knapp jeder zweite Befragte nutzt diese Möglichkeit. Gleichzeitig werden aber auch alternative Kanäle in Anspruch genommen: Bereits vier von zehn Befragten greifen bei Zukäufen auf das INTES Beteiligungsnetzwerk zurück. Eigene bekannte Kapitalpartner werden noch von gut einem Drittel aller Befragten genutzt. Spezialisierte Mergers&Acquisitions-Berater und -Banken werden von 31 respektive knapp 21 Prozent der Befragten bevorzugt.

6. Verkäufe von Unternehmensanteilen

Betrachtet man im Gegensatz zu den Zukäufen nun die Verkäufe von eigenen Unternehmensanteilen des Familienunternehmens, sieht man sehr deutlich, dass nur sehr wenige Familienunternehmen in den letzten zwei Jahren hiervon Gebrauch gemacht haben. Lediglich fünf Prozent der befragten Familienunternehmen haben in den letzten zwei Jahren Anteile an ihrem Unternehmen verkauft. Bei 91 Prozent der befragten Familienunternehmen sind auch keine Anteilsverkäufe geplant. Dieses Ergebnis zeigt, dass Familienunternehmer auch in schweren Zeiten an ihrem Unternehmen festhalten. Die Fortführung des Unternehmens soll aus eigener Kraft geleistet werden und hat oberste Priorität. Die solide und konservative Aufstellung der Familienunternehmen führt ganz offensichtlich zu einer stabilen Unternehmenssituation auch in Krisenzeiten, und nur wenige Unternehmer müssen über einen Verkauf nachdenken. Die Familienunternehmen sind also – abgesehen von Einzelfällen – nicht von der Krise getrieben.

Sollte ein Familienunternehmen zu Anteilsverkäufen als Finanzierungsmittel greifen müssen, so werden einzelne Unternehmer und Beteiligungsgesellschaften eines oder mehrerer Unternehmer als Investoren bevorzugt ausgewählt. Auch hier zeigt sich erneut, dass Unternehmer eher bereit sind, Partnerschaften mit Gleichgesinnten einzugehen, da man sich hier eine loyale und langfristige Beziehung erhofft. Finanzinvestoren, deren Ziele und Werte oft nicht kompatibel mit denen der Familienunternehmen sind, würden nur von wenigen Familienunternehmen als Investor gewählt werden.

Die langfristige Zusammenarbeit zwischen dem Familienunternehmen und seinem Finanzpartner wird auch durch die gewünschte Beteiligungsdauer bestätigt. Rund 44 Prozent der befragten Unternehmer geben an, dass sie eine unbefristete Beteiligungsdauer in Betracht ziehen.

Die erwünschte Höhe des Beteiligungsumfangs variiert. 29 Prozent der befragten Familienunternehmen sind bereit, bis zu 24,9 Prozent an Anteilen zu verkaufen. Knapp jeder Fünfte wäre sogar bereit, 25 bis 49,9 Prozent der Anteile einem Investor zu überlassen, um selbst nur noch eine knappe Mehrheit der Anteile zu halten. Der Anteil der Familienunternehmen, die Mehrheiten von 50 bis 74,9 Prozent verkaufen würde, ist mit 3,1 Prozent sehr gering. Dagegen stehen 19 Prozent der befragten Familienunternehmen, die mehr als 74,9 Prozent ihrer Anteile verkaufen würden. Dies zeigt, dass Familienunternehmen, wenn sie nicht die Mehrheit am Unternehmen halten können, eher einen Komplettverkauf anstreben, als mit Minderheiten am Unternehmen beteiligt zu bleiben. Ist die Unabhängigkeit der Eigentümer nicht mehr gewährleistet, ziehen Familienunternehmen somit den Verkauf des Unternehmens in Betracht.

Vergleicht man die Ergebnisse aller Befragten, denen die Höhe der Beteiligungsveräußerung nicht unwichtig war, zeigt sich, dass vor drei Jahren insgesamt nur 15 Prozent der Familienunternehmer bereit waren, mehr als 50 Prozent zu veräußern. In der aktuellen Untersuchung ist dagegen eine größere Bereitschaft zu erkennen, auch Mehrheitsanteile zu veräußern. Knapp jeder dritte Befragte, der sich grundsätzlich eine Anteilsveräußerung vorstellen kann, würde auch eine Abgabe von mehr als 50 Prozent der Anteile bis hin zum Komplettverkauf in Betracht ziehen. Eine mögliche Begründung hierfür könnte die schwierige Nachfolgesituation in vielen Familienunternehmen sein. Häufig fehlt ein (qualifizierter) Nachfolger aus der Familie. Als Alternative zum Fremdmanagement bleibt dann häufig nur noch der Verkauf.

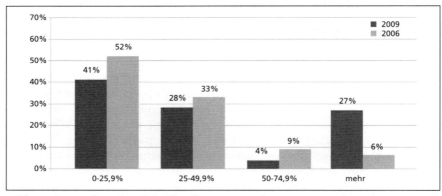

Abb. 5: Angestrebter Anteil der Beteiligungsveräußerung 2009 und 2006

7. Fazit

Grundsätzlich zeigen die Ergebnisse, dass die befragten Familienunternehmer hochaufmerksam, aber im Grundsatz gelassen mit den schwierigen wirtschaftlichen Rahmenbedingungen umgehen und sehr zufrieden mit ihrer Finanzierungssituation sind. Die Studie zeigt eindeutig, dass die Familienunternehmen sich entsprechend ihrer „Werte-DNA" nicht nur risikoavers verhalten, sondern davon auch in schwierigen Zeiten profitieren.

Unabhängig von der Wirtschafts- und Finanzkrise blicken sie aufgrund der Nutzung traditioneller und risikoarmer Finanzierungsmittel relativ zuversichtlich in die Zukunft. Dies gilt in besonderem Maße für Familienunternehmen, die ein stabiles operatives Geschäft aufweisen können.

Gleichzeitig hat die Bedeutung des Themas Kapitalbeschaffung erkennbar zugenommen. Familienunternehmer sind sich also bewusst, dass sie sich zukünftig finanziellen Fragestellungen verstärkt stellen müssen. Bei der Konzeption der Finanzierungsmodelle wie auch bei der Umsetzung werden heute mehrere Partner einbezogen. Als wichtiges Entscheidungskriterium bei der Auswahl eines Finanzierungspartners ist eine hohe Flexibilität bei der Inanspruchnahme von Finanzierungsmitteln maßgebend. Bei den Beteiligungszukäufen durch Familienunternehmen ist eine steigende Tendenz zu erkennen. Mehr und mehr Familienunternehmen planen, sich in langfristigen Beteiligungen zu engagieren bzw. ganze Unternehmen zu kaufen Offenbar verfügen die deutschen Familienunternehmen aufgrund der konservativen Ausrichtung der vergangenen Jahre über eine hohe Liquidität und wollen das aktuelle Umfeld für Unternehmenskäufe nutzen. Bei einem Zukauf setzen Familienunternehmer als Finanzierungspartner nach wie vor schwerpunktmäßig auf Banken. Die Studie lässt aber den Trend erkennen, dass Familienunternehmen zunehmend auch einzelne Unternehmen und Beteiligungsgesellschaften eines oder mehrerer Unternehmer als Partner in Betracht ziehen. Dies gilt insbesondere für unternehmerische Partner – seien sie nun Unternehmer oder auch Beteiligungsgesellschaften von Unternehmern.

Ein zentrales Ergebnis der Studie ist, dass sich das Verhalten der Familienunternehmer hinsichtlich des Verkaufs von Anteilen im Zuge der Wirtschafts- und Finanzkrise nur geringfügig verändert hat. Familienunternehmer sind nicht von der Krise getrieben. Der Großteil der Befragten plant keine Anteilsverkäufe innerhalb der nächsten zwei Jahre. Durch die enge Bindung der Familie zum Unternehmen werden Anteile nur sehr ungern verkauft, um eine Abhängigkeit von familienexternen Gesellschaftern zu vermeiden. Sollte es zu Anteilsverkäufen kommen, ziehen Familienunternehmen einzelne Unternehmer und Beteiligungsgesellschaften eines oder mehrerer Unternehmen als Investoren vor. Die Mehrheit der befragten Familienunternehmen ist dabei nur bereit, Minderheitsanteile zu veräußern. Dabei soll sich der Partner vor allem durch soziale Verantwortung und ein positives Image auszeichnen. Dies unterstreicht das klare Bekenntnis der Familienunternehmer zu ihrer gesellschaftlichen Verantwortung.

Erschienen in: INTES Unternehmer-Brief, Ausgabe 5/2009
© 2009 Christoph Achenbach und Frederik Gottschalck

Von der Kunst des rechtzeitigen Loslassens – Das Management in Familienunternehmen

Von Klaus Schweinsberg

Noch nie zuvor standen Familienunternehmen so im Fokus des öffentlichen Interesses wie derzeit. Grund dafür ist einerseits das furiose Scheitern von Familien wie Oppenheim oder Schickedanz. Andererseits aber die Erkenntnis, dass cum grano salis gut geführte Familienunternehmen vielleicht doch die gesellschaftlich wünschenswertere und nachhaltig erfolgreichere Variante des Kapitalismus sind als die nur auf Umsatzrendite fixierten börsennotierten Publikumsgesellschaften. In jedem Fall werden Familienunternehmen in der Regel älter als vergleichbare Publikumsgesellschaften. Allerdings unter einer Bedingung: Sie setzen nicht darauf, dass in jeder Generation ein Familienmitglied willens und fähig ist, das Unternehmen zu führen, sondern öffnen sich für familienfremde Manager.

In der klassischen Betriebswirtschaftslehre gelten bis auf den heutigen Tag Publikumsgesellschaften, und nicht familiendominierte Unternehmen, als das Maß aller Dinge. Die meisten Experten stehen immer noch in der Tradition des amerikanischen Ökonomen Alfred Chandler, der Familienunternehmen 1977 als unvollkommene Vorstufe auf dem Weg zur managergeführten Publikumsgesellschaft bezeichnet hat. Die Realität hat aber die Sicht der Wissenschaft in diesem Punkt sichtbar überholt. Das Paradigma der angeblichen Unterlegenheit der Familienunternehmen ist ins Wanken geraten. So zeigt ein Vergleich der langfristigen Wertentwicklung der im Standard&Poor's 500 notierten Unternehmen, dass die Firmen, in denen die Gründer oder Familien eine starke Position haben, deutlich höhere Wertsteigerungen realisieren als ihre Wettbewerber, denen der „family factor" fehlt. Auch für Deutschland gab es entsprechende Untersuchungen, die zu ähnlichen Ergebnissen kamen.

Weit instruktiver als reines Zahlenwerk ist in diesem Zusammenhang allerdings der Blick auf die Unternehmen selbst. Das Familienunternehmen ist die älteste und am stärksten verbreitete Organisationsform unternehmerischen Handelns. Das Gros der großen deutschen Unternehmen wird wesentlich von einzelnen Unternehmern oder Unternehmerfamilien bestimmt. Genannt seien hier Namen wie Haniel, Lidl, BMW, Aldi, Tengelmann, Bertelsmann, Boehringer, Henkel oder Merck.

Die Frage, ob und unter welchen Voraussetzungen Familienunternehmen gegenüber Nicht-Familienunternehmen im Vorteil sind, ist wissenschaftlich nicht abschließend geklärt. Und wird vielleicht auch nie letztlich zu klären sein. Weithin anerkannt ist jedoch die Sicht, wonach die Konzentration von Eigentum in den Händen einer Unternehmerfamilie sich für eine Firma vorteilhaft auswirken kann, da sie die Gefahr eines Interessenkonflikts zwischen Unternehmensführung und Inhabern, wie sie bei Publikumsgesellschaften mit Streubesitz typisch ist („Die Manager machen doch was sie wollen"), das sogenannte Principal-Agent-Problem also, verringert. Der renommierte Familienunternehmerexperte Professor Peter May betont in diesem Zusammenhang, „dass die Vorteile aus der Reduktion des Principal-Agent-Konfliktes bei Familienunternehmen unter gewissen Voraussetzungen schwerer wiegen als die möglichen Nachteile aus dem Zusammentreffen von Unternehmens- und Familiensphäre".

Aus der praktischen Erfahrungen lässt sich diese Aussage weiter präzisieren: Überdurchschnittlich erfolgreich sind Unternehmen, die einen dominierenden Inhaber haben, der in der Gründergeneration die Zügel der Unternehmensführung selbst stramm in der Hand hält, dem Unternehmen seine persönliche Prägung verleiht. Hervorragende Beispiele sind hier Reinhold Würth, Erich Sixt oder Günther Fielmann. Schon in der zweiten Generation muss aber ein strukturierter Nachdenkensprozess einsetzen, ob es sinnvoll ist, weiterhin ein Familienmitglied mit der operativen Führung des Unternehmens zu betrauen, oder ob es besser ist, sich auf die Rolle des aktiven Inhabers zurückzuziehen. Langfristig, hier sprechen wir über Unternehmen ab der dritten Generation, muss eine Familie sicherstellen, dass das Unternehmen auch Phasen überbrücken kann, in dem es im Familienkreis keine geeigneten Nachfolger gibt. Und klar festlegen, welche Kriterien ein Kandidat zu erfüllen hat, der aus der Familie in die Unternehmensleitung berufen werden will. Sehr alte und weit verzweigte Dynastien gehen sogar so weit, ab einem gewissen Punkt ganz auszuschließen, dass Familienmitglieder das Unternehmen operativ leiten. Diese Familien konzentrieren sich ganz und gar auf ihre Inhaberrolle. Dies aber höchst professionell. Höchst erfolgreiche Beispiele für dieses Modell sind alte Familienunternehmen wie Haniel, Henkel oder Merck.

Grundsätzlich aber gilt: Was für das eine Familienunternehmen gut ist, muss für das andere längst nicht die beste Lösung sein. Richtige Lösungen per se gibt es nicht. Was aber sehr wohl gilt: Es gibt Führungsstrukturen, die ganz gewiss nicht oder zumindest nur in absoluten Ausnahmefällen funktionieren. So ist es hoch riskant, fix davon auszugehen, in jeder Generation im Familienkreis einen geeigneten Kandidaten für die operative Geschäftsführung zu finden. Nur jedes sechste Familienunternehmen schafft es in die dritte Generation. Und das hat wesentlich damit zu tun, dass viele Familien auf Biegen und Brechen die Geschäftsleitung in Familienhand behalten wollen.

Die Welt der Familienunternehmen ist bunt. Eine gute Möglichkeit, verschiedene Führungsmodelle zu systematisieren, bietet aber das von INTES entwickelte Mehr-Dimensionen-Modell, in dem jedes Familienunternehmen verortet werden kann, indem man die Inhaberstruktur (wem gehört das Unternehmen?), die Governance-Struktur (wer führt das Unternehmen?) und das Geschäftsmodell (in welcher Lebensphase befindet sich das Unternehmen?) kombiniert.

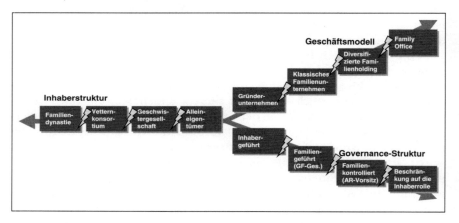

Ein Unternehmen wie die Fielmann AG ist demnach eine Kombination aus Alleineigentümer, inhabergeführt und Gründerunternehmen. Hier ist es fast zwingend, dass der Gründer auch dominanter Inhaber und Geschäftsführer ist. In dieser Phase das richtige Modell. Was aber kommt danach? Dieser Übergang ist einer der anspruchsvollsten in Familienunternehmen. Insbesondere, wenn kein geeigneter Nachfolger im Kreis der Söhne oder Töchter zu finden ist. Oder wie im Falle Fielmann noch deutlich zu jung ist, um in operative Verantwortung zu gehen. Die Implementierung eines familienfremden Managers in einem Unternehmen, das von einer starken Unternehmerpersönlichkeit aufgebaut oder geprägt wurde, ist extrem schwierig. Und scheitert häufig. So nimmt es nicht wunder, dass sich beispielsweise bei Theo Müller die Fremdmanager gewissermaßen im Halbjahrestakt die Klinke in die Hand geben. Problematisch sind auch Kombinationen aus Familiendynastien als Inhaber, einer Mischung aus familienfremden und familieneigenen Managern in einem reifen klassischen Familienunternehmen. Das führt auf der Ebene der Geschäftsführung fast automatisch zu Konflikten, da die familienfremden Manager häufig zu Geschäftsführern zweiter Klasse degradiert werden. Schließlich sind die Familienmitglieder gleichzeitig auch Inhaber. Noch schwieriger sind Modelle, in denen einzelne Familienstämme autonom eigene Gewährsleute in die Geschäftsführung entsenden. Damit werden Familienkonflikte in die Geschäftsführung verlagert. Dies ist fast immer ein Modell, das zum Scheitern verurteilt ist. Eine Mischung von Fremdmanagern und familieninternen Managern kann aber funktionieren, wenn es für das Zusammenspiel klare Spielregeln gibt. Ein hervorragendes Beispiel hierfür ist Miele, wo jeweils ein Spross der Gründerfamilien Miele und Zinkann in der Geschäftsführung sitzt – neben einigen familienfremden Managern.

Was langfristig funktioniert, enthüllt ein Blick auf sehr alte Dynastien wie die Haniels oder Mercks, deren Unternehmen schon mehrere hundert Jahre florieren. Hier gibt es eine klare Trennung zwischen Inhaberrolle und Geschäftsführungsrolle. Bei Haniel ist gänzlich ausgeschlossen, dass Familienmitglieder, in welcher Rolle auch immer, im Unternehmen tätig sind. Die Steuerung des Unternehmens erfolgt einzig und allein aus dem Gesellschafterausschuss bzw. Aufsichtsrat heraus. Auch im Ausland setzen alte Dynastien konsequent auf Fremdmanager. Im Mehr-Dimensionen-Modell verortet heißt das, dass in einer Kombination aus Familiendynastie als Inhaber und einer diversifizierten Familienholding als Geschäftsmodell fast zwingend eine Beschränkung auf die Inhaberrolle in der Governance-Struktur folgen muss.

Zusammengefasst ist die hohe Kunst der Führung eines Familienunternehmens über Generationen hinweg die Fähigkeit des Loslassens. Bereits nach der ersten, der Gründergeneration, ist es die vornehmste Aufgabe der Inhaber, ins Kalkül zu ziehen, dass es in der Familie keinen geeigneten Nachfolger für die Leitungsaufgabe geben könnte, und entsprechend Vorkehrungen zu treffen. Entscheidet sich die Familie dann für einen Fremdmanager, so muss sie, bevor sie sich an die Kandidatensuche macht, ihre Inhaberrolle genau klären. Der Fremdmanager wird Leitplanken, die sich aus Werten und ökonomischen Interessen der Familie zusammensetzen, akzeptieren, Vorgaben hingegen nicht. Nachhaltig erfolgreiche Familienunternehmen wie Haniel, Henkel oder Merck haben eine ausdifferenzierte Family-Governance-Struktur, die Willkür seitens der Familie so gut wie ausschließt, eine starkes Wertegerüst, gleichzeitig aber einen großen Handlungsspielraum für die angestellten Top-Manager. Das ist das Erfolgsgeheimnis alter Familienunternehmen.

Erschienen in: Wirtschaftspsychologie aktuell, Ausgabe 4/2009
© 2009 Klaus Schweinsberg

Nachfolge im Familienunternehmen

Von Jörg Mittelsten Scheid

Natürlich denkt man bei diesem Thema zunächst an die Nachfolge der nächsten Generation, also Töchter oder Söhne, die in die Unternehmensführung eintreten. Damit hat man aber nur einen Aspekt der Nachfolge im Familienunternehmen herausgegriffen. Zunächst einmal muss die gesamte nächste Generation in die Fußstapfen ihrer Altvorderen treten und Gesellschafter werden (wollen), ohne dass eine aktive Mitarbeit im Unternehmen überhaupt zur Debatte steht. Damit stellt sich die Frage der Heranführung der nächsten Generation an das Unternehmen. Erst in zweiter Linie kann man sich mit einer Mitarbeit im Unternehmen oder sogar einer Führungsposition darin befassen.

Betrachten wir also zunächst einmal mit dem ersten Schritt der Heranführung der nächsten Generation an das Unternehmen, das Hineinwachsen in die Stellung eines Familiengesellschafters. Ist das so unproblematisch wie ein Aktionärswechsel bei Siemens oder der Deutschen Bank? Den Kapitalgesellschaften kann es gleichgültig sein, wer ihre Aktionäre sind, solange nicht einer durch die hohe Zahl seiner Aktien Einfluss in der Hauptversammlung gewinnt.

Familiengesellschaften aber wollen ja gerade unter sich bleiben und keine fremden Aktionäre oder Gesellschafter aufnehmen. Deshalb sind Familiengesellschaften darauf angewiesen, dass die Familie zusammenhält und das Unternehmen trägt, seine Ziele bejaht und Vertrauen zum Management hat. Nachfolge im Familienunternehmen bezieht sich also nicht nur auf die Führung des Unternehmens, sie bezieht sich auch auf die Nachfolge in die Gesellschafterstellung von Vater oder Mutter.

Das Heranführen der jungen Generation an das Unternehmen ist ein äußerst schwieriger und diffiziler Prozess: Auf der einen Seite möchte das Familienunternehmen Interesse und eine emotionale Bindung bei der jungen Generation wecken, und das geht nur, wenn man das Unternehmen allmählich kennen lernt. Mit dem Kennenlernen wachsen aber vielleicht auch Hoffnungen auf eine mögliche eigene Mitarbeit. Hoffnungen, die sich möglicherweise später nicht erfüllen werden. Hoffnungen, die aber nicht nur von der jungen Generation, sondern ebenso von der älteren Generation gehegt werden. Jeder Unternehmer hat den höchst verständlichen Wunsch, sein

Lebenswerk durch seine Nachkommen fortgesetzt zu sehen. Das übt selbst dann Druck auf die Kinder aus, wenn es nicht ausgesprochen wird. Was aber, wenn das Kind nicht geeignet ist? Was, wenn ein ungeeigneter Nachkomme die Unternehmensführung übernimmt oder ein Geeigneter durch andere Familienmitglieder von der Unternehmensführung ausgeschlossen wird? Im einen Fall wird das Unternehmen leiden – im anderen Fall die Familie.

Das Heranführen der nächsten Generation an das Unternehmen birgt die Gefahr, Prinzen- oder Prinzessinnensyndrome zu erzeugen, eine Anspruchshaltung nicht nur gegenüber der Familie, sondern auch gegenüber der Umwelt, in der das Kind aufwächst. All das beeinträchtigt die freie Entwicklung eines jungen Menschen zu dem, was in ihm einerseits angelegt ist und andererseits, was er oder sie daraus machen können.

Der oder die Patriarchen, die neben der Firmenführung die Verantwortung für den Familienfrieden und die Unternehmensführung haben, wandeln auf einem sehr dünnen Pfad. Sie müssen auf der einen Seite das Interesse der nächsten Generation an dem Unternehmen wachsen lassen, ohne dass eine Anspruchshaltung entstehen kann. Ziele und Werte des Unternehmens müssen von den jungen Leuten aufgenommen, verstanden und mitgetragen werden. Das bedeutet (eventuell) eigene Wünsche zurückzustellen, sich unterzuordnen und Disziplin zu üben als Kehrseite der Gesellschaftereigenschaft. Wie kann das aber geschehen?

In früherer Zeit, als die Unternehmer noch als Patriarchen herrschten, war dies kein Problem. Mit Zucht und Strenge wurde der Familie eingebläut, dass sie sich unterzuordnen habe und dass die Familienmitglieder dem Unternehmen zu dienen hätten und nicht umgekehrt. „Das Unternehmensinteresse geht vor!" So lautete der Befehl, dem man sich unterzuordnen hatte.

Nun haben sich freilich die Zeiten geändert. Individualinteressen haben an Gewicht gewonnen, und die junge Generation ist nicht mehr bereit, ihr eigenes Interesse ohne Weiteres einem Gemeinschaftsinteresse, oder in diesem Fall dem Firmeninteresse, unterzuordnen.

Andererseits liegt es auf der Hand, dass in einer Gruppe nicht jedes Eigeninteresse berücksichtigt werden kann. Wenn es nicht gelingt, die Zustimmung zu einem gemeinsamen Gruppeninteresse zu finden, geht die Gruppe auseinander. Auch im Falle des Familienunternehmens muss es gelingen, ein gemeinsames Interesse zu finden; sonst wird die Familie auseinanderlaufen und das Unternehmen nicht als Familienunternehmen fortgeführt werden können.

Was aber ist dies gemeinsame Interesse?

Nun, in erster Linie wohl der Erfolg des Unternehmens und die Erwartung, das Unternehmen an die nächste Generation weiterreichen zu können.

Damit aber kommt man sehr schnell an den ursprünglichen Ausgangspunkt zurück: Das gemeinsame Interesse aller Familiengesellschafter ist das Interesse an einem langfristigen erfolgreichen Leben des Unternehmens. Das hört sich wie eine Platitude an, aber der Begriff der Langfristigkeit beinhaltet viele Werte des Familienunternehmens in Beziehung zum Gewinn, Mitarbeiterbeziehung, Investitionen, Risiko etc.

Neben dem Wunsch, das Unternehmen an die zukünftige Generation weitergeben zu können, tritt ein dreifaches Interesse der gegenwärtigen.

Zum einen – natürlich – der finanzielle Aspekt; denn ein wirtschaftlicher Erfolg des Unternehmens bedeutet immer einen Vermögenszuwachs der Gesellschafter in Form von Dividenden oder Werterhöhung des Unternehmens.

Das Unternehmen bildet darüber hinaus eine Basis für den Zusammenhalt der Familienmitglieder. Durch die jährlichen Treffen in Gesellschafterversammlungen und das Teilen von Sorgen, Nöten und Freuden des Unternehmens werden die Gemeinsamkeit und ein gegenseitiges Verständnis gefördert. Geht das Unternehmen unter oder wird es verkauft, zerstreut sich auch bald die Familie in alle Winde, wie viele Beispiele aus der Praxis gezeigt haben.

Schließlich bildet das Unternehmen aber nicht nur eine Klammer für die Familie. Es bestimmt auch in hohem Maße das Ansehen der Familie in der Gesellschaft und im sozialen Umfeld. Ein erfolgreiches und angesehenes Unternehmen erzeugt Respekt und Achtung auch für die das Unternehmen tragende Familie, die ohne das Unternehmen nicht bestünde. Freilich gilt umgekehrt auch: ein Unternehmen, das negative Schlagzeilen macht, färbt mit einem schlechten Image auch auf die Familie ab.

Wird das Unternehmensinteresse als primär gemeinsames Interesse verstanden, weil das Wohl des Unternehmens zugleich das Wohl der Mehrheit der Gesellschafter bedeutet, können Individualinteressen nur noch so weit berücksichtigt werden, als sie das Unternehmensinteresse nicht ernsthaft beeinträchtigen. Der Unterschied zu früher besteht einfach darin, dass die Unternehmensführung dieses gemeinsame Interesse bei der jungen Generation bewusst machen muss, um es bejaht zu bekommen. Es bedarf einer freiwilligen Zustimmung der jungen Gesellschafter. Der Befehl „von oben" wie früher reicht nicht mehr aus.

Wenn aber verstanden ist, dass die Beteiligung am Unternehmen einen Reichtum darstellt, der mit Verantwortung gekoppelt ist und keinen späteren Führungsanspruch begründet, dann hätte man ein wichtiges Ziel erreicht.

Wie sollte man praktisch verfahren?

Es gibt eine Reihe von Antworten hierauf, die neben den Gesellschafterversammlungen Informationsveranstaltungen, Gesellschaftergespräche, gemeinsame Unternehmungen etc. vorsehen, wobei die informellen Veranstaltungen eine viel größere Bindungswirkung erzielen als eine offizielle Gesellschafterversammlung. Es geht dabei nicht nur um Interesse und damit um Bindung der jungen Generation an die Firma, sondern mindestens ebensosehr um eine Bindung innerhalb der Familie. Familienmitglieder, die zusammen heranwachsen, weil sie sich regelmäßig treffen, haben eine größere Chance, miteinander gut auszukommen. Die London Business School hat kürzlich in einer herausgegebenen Studie mit dem Titel „Emotional Ownership – The Critical Pathway Between the Next Generation and the Family Firm" die Bedeutung von informellen Begegnungen herausgestellt.

Soweit die Heranführung der nächsten Generation an die Stellung als Familiengesellschafter.

Wie aber steht es nun mit der Heranführung der nächsten Generation an die Firmenführung? Ich vertrete die Auffassung, Kinder sollten sich fern vom Unternehmen frei entwickeln können. Auch wenn dies in der Praxis häufig nicht möglich ist, weil die familiäre Nähe zum Unternehmen dies nicht zulässt, so sollte man doch versuchen, diesem Ideal so weit als möglich nahe zu kommen. Jeder Mensch wird mit unterschiedlichen Anlagen geboren. Und wenn wir uns wünschen, dass unsere Kinder in ihrem Beruf erfüllt – vielleicht sogar glücklich – werden, so ist dies nur möglich, wenn ihre Anlagen und Fähigkeiten im gewählten Beruf erfolgreich eingesetzt werden können. Es gibt leider zu viele Beispiele, wo Söhne dem Vater nacheifern; einmal, weil es einfacher ist, sich in ein gemachtes Bett zu legen, zum anderen, weil das ganze Umfeld Familie/Eltern/Freunde davon ausgeht, dass man das erfolgreiche Unternehmen fortführen werde. Wenn dieser Beruf aber den eigentlichen Begabungen nicht entspricht, drängt man den Nachkommen in eine Zwangsjacke, die ihn und das Unternehmen nicht glücklich werden lässt.

Deshalb sollten Kinder sich außerhalb des Unternehmens entwickeln und ihren Lebensweg suchen dürfen.

Hat nun aber einer oder mehrere Nachkommen Interesse, im Bereich der Wirtschaft tätig zu werden, ist es außerordentlich wichtig, dass die Familie im Vorfeld eine Reihe von Fragen ausdiskutiert und geklärt hat. Denn nur wenn der oder die Nachkommen ausreichend qualifiziert sind, werden sie auch das Unternehmen erfolgreich weiterführen können.

Die ersten Fragen lauten daher: „Wo muss der Nachkomme seine Qualifikation beweisen? Innerhalb oder außerhalb des Unternehmens?"

„Wie muss die fachliche, aber auch menschliche Qualifikation beschaffen sein?"

Die dritte Frage lautet: „Wer beurteilt die Qualifikation, und zwar sowohl die fachliche wie die menschliche?" Es ist eher selten, dass die Familie die fachliche Qualifikation beurteilen kann, und ebenso ist es eher selten, dass alle einer Meinung sind, was die menschliche Seite anlangt.

Hier sollten klare Vorstellungen entwickelt werden, worin die Qualifikation zu bestehen hat und wer sie beurteilen soll. Es ist sehr sinnvoll, mit der Entscheidung dieser Frage neben der Familie externe Fachleute zu betrauen, beispielsweise im Beirat oder im Aufsichtsrat. Ohne emotionale Verwicklung und historische Nähe zur Familie muss sachlich abgewogen und empfohlen werden. Nur wenn externer Sachverstand die Berufung des Nachwuchses befürwortet, sollte die Familie eine solche Berufung auch durchführen.

Ist hierzu eine Wahl erforderlich, sollte man überlegen, ob die Gesellschafterversammlung über den oder die Kandidaten in gemeinsamer Sitzung überhaupt diskutieren soll. Es ist sehr schwer, innerhalb einer Familie über Familienmitglieder zu diskutieren. Entweder besteht eine Scheu, offen die eigene Meinung zu vertreten, oder die Gefahr, Gefühle anderer tief und vielleicht nachhaltig zu verletzen. Wir haben es in unserem Unternehmen so gelöst, dass ohne Diskussion über die Empfehlung des Beirates abgestimmt wird, und zwar geheim. Der Leiter der Gesellschafterversammlung gibt das Ergebnis der Abstimmung lediglich pauschal bekannt; entweder ist die erforderliche Mehrheit erreicht oder nicht. Dies schien uns der relativ beste Weg zu sein, um Familienzwist, der uns sonst unausweichlich schiene, zu vermeiden.

Ein Familienunternehmen kann auch durch Familienfremde geführt werden. Der familienfremde Unternehmer hat den Vorteil, dass er außerhalb der Familie aufgewachsen ist und damit außerhalb familiärer Verstrickungen und Erwartungen steht. Er hat eine unbelastete, neutrale Position. Wer ein Familienunternehmen führt, muss ja nicht nur das Unternehmen im Auge behalten. Häufig erstreckt sich seine Führungsaufgabe auch auf die Führung der Familie. Zumindest muss ein enges Vertrauensverhältnis zwischen Familie und Geschäftsführer bestehen. Er muss sich der Unterstützung der Familie vergewissern, Ziele mit der Familie gemeinsam erarbeiten, vor allem aber dafür sorgen, dass sein Handeln nicht zu Streit zwischen Familienmitgliedern führt.

Um dieses Vertrauen zu gewinnen, muss er zweierlei deutlich machen: Einerseits, dass er sich dem Unternehmensinteresse unterordnet, dass er nicht eigene Ziele im Kopf hat, sondern die Ziele des Unternehmens. Zum anderen darf er nie in Konkurrenz zur Familie treten, sondern sich als Diener sowohl des Unternehmens als auch der Familie ausweisen, denn die Familie hat immer die letzte Entscheidungshoheit.

Gibt es Streit in der Familie, wird er sich bemühen, möglichst Sieger und Besiegte zu vermeiden, um nicht den Keim für weitere Auseinandersetzungen zu legen. Dazu gehört viel Geduld und ruhiges Ausdiskutieren der verschiedenen Standpunkte. Ein in der Diskussion Unterlegener kann seine Niederlage am Ende hinnehmen, wenn er sich ernstgenommen fühlt, man seinen Argumenten Gewicht verliehen und sie fair abgewogen hat.

Der familienfremde Manager muss verstehen, dass das Interesse der Familie langfristig orientiert ist. Man möchte das Unternehmen in gutem Zustand an die nächste Generation weitergeben. Das heißt, dass der langfristige Erfolg wichtiger ist als der kurzfristige oder dass Risiken nur in einem Maße hingenommen werden können, die die Existenz des Unternehmens nicht gefährden können. Auch ein fairer und offener Umgang mit den Mitarbeitern und den Familienmitgliedern gehört wie andere Werte zum Grundverständnis eines Familienunternehmens.

Letztlich aber muss jedem familienfremden Unternehmer klar sein, dass die Chemie zwischen ihm und der Familie stimmen muss. Das Familienleben ist immer stark emotional geprägt. Emotion ist etwas anderes als sachliche Überzeugung. Nur wenn es gelingt, eine emotionale Bindung zur Familie aufzubauen, wird der Familienfremde auf die Dauer Erfolg haben. Dies gelingt umso leichter, je stärker er die Ziele und Werte der Familie zu teilen in der Lage ist. Auch wird er in den Kreis der Familie nur dann einbezogen, wenn er die Distanz des Familienfremden wahrt. Wer sich in den Vordergrund spielen will, wird über kurz oder lang von der Familie ausgestoßen, denn die Familie will sich mit ihrem Unternehmen identifizieren, auch wenn es fremd geführt wird. Wenn kein Geflecht von gegenseitiger Sympathie entstehen kann, dann wird auch der qualifizierteste Unternehmensführer irgendwann in einem Familienunternehmen scheitern.

Erschienen in: INTES Unternehmer-Brief, Ausgabe 5/2009
© 2009 Jörg Mittelsten Scheid, Nachdruck mit freundlicher Genehmigung des Autors

Keine Krise durch Generationswechsel

Wie Sie ausreichend Vorsorge auch für den Notfall treffen

Von Karin Ebel

Damit es nicht zu einer Krise beim Generationswechsel kommt, sollte jeder Unternehmer ausreichend Vorsorge treffen, so dass im unerwarteten Erbfall oder bei Handlungsunfähigkeit das Unternehmen und die Familie des Unternehmers ausreichend geschützt sind. Was ist also zu tun? Es mag vielleicht verwundern, aber sowohl bei der geplanten Nachfolge als auch für den Notfall sind im Grunde die gleichen Vorkehrungen zu treffen. Es muss klar sein,

- wer die Führung übernimmt,
- wie das Vermögen verteilt wird und
- welche sonstigen Strukturen eingeführt werden müssen, um einen „ruhigen" Generationswechsel zu ermöglichen.

Außerdem muss Vorsorge für den Fall der Handlungsunfähigkeit getroffen werden. Der einzige Unterschied zwischen einer geplanten Nachfolge und einem plötzlichen Notfall besteht darin, dass bei einer geplanten Nachfolge der Unternehmer seine Nachfolger selbst an ihre Aufgaben heranführen kann. Im Notfall müssen andere Vertraute des Unternehmers diese Aufgabe erfüllen. Es braucht also ein Nachfolge- bzw. Notfallkonzept.

Wer übernimmt die Führung?
Hier muss – solange kein konkreter Nachfolger feststeht – klar sein, wer den Nachfolger bestimmt (z.B. Gesellschafterversammlung oder Beirat/Aufsichtsrat) und nach welchen Kriterien ein Nachfolger ausgewählt wird. Kommt es auf die fachliche und persönliche Qualifikation oder ausschließlich auf die Familienzugehörigkeit an? Die Anforderungen sollten allen Beteiligten im Auswahlprozess klar sein. Nach meiner Auffassung ist es heutzutage zwingend erforderlich, auf die entsprechende Qualifikation abzustellen. Lediglich bei vergleichbarer Qualifikation eines familieninternen Kandidaten mit einem fremden Dritten erhält das Familienmitglied den Zuschlag, da es aufgrund seines Status ein höheres Committment und eine längerfristige Bindung zum Unternehmen mitbringt.

Chancen und Risiken einer Geschwister-Doppelspitze
Geschwister-Doppelspitzen sind sehr streitanfällig und funktionieren erfahrungsgemäß nur dann, wenn beide Geschwister diese Spitze wollen und sich über deren Problematik bewusst sind. Darüber hinaus funktionieren Doppelspitzen in der Regel nur, wenn beide Geschwister unterschiedliche Stärken und Fähigkeiten haben und diese als notwendige Voraussetzung für den gemeinsamen Erfolg gesehen wird. Wird die Doppelspitze lediglich als notwendiges Übel in Kauf genommen, ist sie bereits am Anfang zum Scheitern verurteilt.

Was ist zu tun, wenn kein Nachfolger aus der Familie vorhanden ist?
In diesem Fall haben sich in der Praxis drei Alternativen herauskristallisiert:

- Suche nach einem Fremdgeschäftsführer (ohne Beteiligung),
- Suche nach einem Fremdunternehmer (Fremdgeschäftsführer mit Beteiligung am Unternehmen) oder
- Verkauf des gesamten Unternehmens.

Gerade der Übergang zur Fremdgeschäftsführung stellt die Unternehmerfamilie vor eine große Herausforderung. Insbesondere wenn der neue Geschäftsführer weder das Unternehmen noch die Unternehmerfamilie kennt, kann es zu Schwierigkeiten kommen, wenn die Werte und Ziele der Unternehmerfamilie für den Fremdgeschäftsführer nicht klar erkennbar sind. Deshalb ist es Teil des Nachfolgekonzepts, die gemeinsamen Werte und Ziele der Unternehmerfamilie zu formulieren. Wollen wir Familienunternehmen bleiben? Nehmen wir ein langsameres Wachstum in Kauf, weil wir bankenunabhängig bleiben wollen und deshalb nur begrenzte finanzielle Ressourcen zur Verfügung stehen? Oder können wir uns einen Verkauf von einzelnen Beteiligungen vorstellen, um das Kerngeschäft zu stärken?

Auswahlprozess
Der Auswahlprozess muss objektiv, transparent und – insbesondere im Notfall – schnell sein. Um die Objektivität zu stärken bzw. zu gewährleisten, hat es sich in der Praxis bewährt, Familienfremde in den Auswahlprozess einzubinden (z.B. über einen Beirat oder Gesellschafterausschuss). Sie sollten jedoch das Unternehmen gut kennen, um im Notfall schnell und richtig reagieren zu können. Vor diesem Hintergrund kann ein „Notfall-Beirat" sinnvoll sein, der die Unternehmerfamilie im Notfall bei den anstehenden Entscheidungen qualifiziert unterstützt.

Wie wird das Vermögen verteilt?
Auch hier muss es eindeutige Regelungen geben, denn in vielen Fällen wird erbittert um die Verteilung des Nachlasses gestritten. Ein solcher Streit innerhalb einer Unternehmerfamilie wird in der Regel immer im Unternehmen ausgetragen und beeinträchtigt damit die Zukunft des Unternehmens. Um Streit zu vermeiden, sollten die einzelnen Vermögensgegenstände möglichst direkt zugewiesen werden. Für das Nachfolgekonzept sollte der Unternehmer seine einzelnen Vermögenswerte auflisten und sie einzelnen Personen zuweisen, z.B. im Zuge eines Vermächtnisses. Eine solche Übersicht lässt außerdem erkennen, ob die gewünschte Aufteilung des Vermögens durch etwaige Pflichtteilsansprüche beeinträchtigt werden kann. Problematisch wird es meistens bei den „emotionalen Werten" wie z.B. dem Eltern- oder Ferienhaus. Hierbei handelt es sich um Vermögenswerte, die sich – im Gegensatz zu den sachlichen Werten wie z.B. ein Aktiendepot – nicht teilen lassen. Hier sollte die selbst genutzte Immobilie m.E. zuerst an den längstlebenden Ehegatten übertragen werden. Dies kann zu Lebzeiten sogar steuerfrei geschehen, ohne dass Freibeträge in Anspruch genommen werden müssen. Der längstlebende Ehegatte kann dann entscheiden, welches der Kinder das Haus bekommt.

Im Hinblick auf die Beteiligung am Unternehmen ist die spannende Frage zu klären, ob die Unternehmensbeteiligung auf ein Kind (Thronfolgerprinzip) oder ob sie zu gleichen Teilen auf alle Kinder übertragen wird (Zersplitterung). Der Unternehmer möchte alle Kinder fair – dies bedeutet nach meiner Erfahrung gleich – behandeln. Da er jedoch in der Regel sein Geld im Unternehmen lässt und kein entsprechendes Privatvermögen aufbaut, ist es ihm nicht möglich, die anderen Kinder entsprechend abzufinden. Vor diesem Hintergrund ist er gezwungen, die Beteiligung auf alle Kinder zu gleichen Teilen zu übertragen. Die Zersplitterung an sich ist unproblematisch, sofern die Strukturen für die nächste Generation im Hinblick auf Führung und Kontrolle entsprechend angepasst werden.

Was ist bei Minderjährigen zu beachten?
Steht nun fest, wie das Vermögen verteilt werden soll, sind besondere Regelungen für Minderjährige zu beachten. Gerade bei Unternehmern erben Kinder in der Regel erhebliches Vermögen, so dass eine Bindung über den Eintritt der Volljährigkeit hinaus in Betracht gezogen werden sollte. Hierfür eignet sich die Testamentsvollstreckung, deren Zulässigkeit bei Personengesellschaften allerdings ausdrücklich im Gesellschaftsvertrag verankert sein muss. Wird eine Testamentsvollstreckung angeordnet, sollte ebenfalls ein Ersatztestamentsvollstrecker benannt werden. Auch ist auf die Vergütung des

Testamentsvollstreckers einzugehen, da sie sich ansonsten nach dem Wert des aktiven Nachlasses (ohne Abzug von Schulden) richtet.

Ist der Ehegatte ausreichend abgesichert?
Eine der schwierigsten Fragen des Nachfolgekonzeptes eines Unternehmers ist die Absicherung des Ehegatten. Dies liegt daran, dass Anteile am Unternehmen grundsätzlich in gerader Linie vererbt werden und der Ehegatte laut Gesellschaftsvertrag nicht berechtigt ist, Gesellschafter zu werden. Wenn nun aber der größte Teil des Vermögens eines Unternehmers in der Unternehmensbeteiligung steckt, hat der Unternehmer Schwierigkeiten, seinen Ehegatten finanziell abzusichern. Eine Absicherung kann allenfalls über einen Nießbrauch an der Unternehmensbeteiligung bestehen, in vielen Fällen sieht der Gesellschaftsvertrag allerdings für eine solche Regelung die Zustimmung der Gesellschafterversammlung vor. Jeder Unternehmer sollte deshalb frühzeitig darauf achten, einen Mindestbetrag als Privatvermögen aufzubauen, damit er seinen Ehegatten unabhängig von der Unternehmensbeteiligung finanziell absichern kann. Ansonsten kann alternativ die Unternehmensbeteiligung gegen Zahlung einer Rente an den Ehegatten vererbt oder bereits zu Lebzeiten vom Unternehmer an die Nachfolger verkauft werden, um ausreichendes Privatvermögen zur Absicherung des Ehegatten zu schaffen.

Im Vorfeld sollte allerdings geprüft werden, wie hoch der Liquiditätsbedarf des Ehegatten (inkl. Puffer) voraussichtlich sein wird. Ausgangsbasis ist der gegenwärtige Lebensstandard. Wie hoch sind die jährlichen Kosten für Lebenshaltung, Haus, Versicherungen, Auto, Reisen, Geschenke etc.? Unternehmer sollten dabei beachten, dass zu ihren Lebzeiten einige dieser Kosten vom Unternehmen getragen werden (z.B. Firmen-Pkw), diese Vergünstigungen der Witwe jedoch nicht zustehen und deshalb ein höherer Liquiditätsbedarf eintritt. Parallel dazu sollten die (zukünftigen) Einnahmen gestellt werden. Die Einkommensteuer auf die Einnahmen ist zuerst abzuziehen; der verbleibende Betrag wird den jährlichen Kosten gegenübergestellt. In den meisten Fällen liegen die Kosten über den Einnahmen (nach Steuern), da kein ausreichendes Ertrag bringendes Privatvermögen vorhanden ist, das auf den Ehegatten vererbt werden kann. Hier ist die Lücke entsprechend über einen Nießbrauch oder eine Rentenzahlung der Unternehmenserben auszugleichen. Dem Ehegatten muss allerdings bewusst sein, dass seine Altersversorgung damit von der (weiteren) positiven Entwicklung des Unternehmens abhängig ist.

Erbschaftsteuerlast und Liquidität
Insbesondere bei Gesetzesänderungen – wie jetzt im Rahmen der Erbschaftsteuerrefom 2009 – sollte die potenzielle Erbschaftsteuer neu berechnet wer-

den, um im Notfall von deren Höhe nicht böse überrascht zu werden. Da nach der neuen Regelung das Betriebsvermögen zum größten Teil (in einigen Fällen sogar vollständig) steuerfrei erworben werden kann, wenn bestimmte Auflagen erfüllt werden, sollte verstärkt darauf geachtet werden, dass diese Bedingungen erfüllt werden (u.a. Lohnsummenklausel, Haltefrist). Eine regelmäßige Überprüfung der potenziellen Erbschaftsteuer lässt außerdem erkennen, ob eine vorweggenommene Erbfolge sinnvoll erscheint.

Ist die potenzielle Erbschaftsteuer berechnet, ist ein Abgleich mit dem bestehenden Vermögen erforderlich. Woraus wird die Erbschaftsteuer der einzelnen Erben bzw. Vermächtnisnehmer bezahlt? Insbesondere bei Übertragung von nicht liquidem Vermögen (z.B. Unternehmensbeteiligung, selbst genutzte Immobilien) entsteht die Schwierigkeit, dass der Erbe bzw. Vermächtnisnehmer möglicherweise nicht in der Lage ist, die entsprechende Erbschaftsteuer aufzubringen. Hier sollten Alternativen wie z.B. eine Erbschaftsteuerversicherung in Betracht gezogen werden. Sollte eine Vorsorge im konkreten Fall nicht möglich sein, muss dem Erben bzw. Vermächtnisnehmer bewusst sein, dass er sofort nach Eintritt des Erbfalls handeln muss. So könnte er sich zum Zwecke der Finanzierung der Erbschaftsteuer frühzeitig um eine Verpfändung seiner Unternehmensbeteiligung (mit Zustimmung der übrigen Gesellschafter) oder um die Beleihung einer Immobilie kümmern. Wichtig ist, dass alle Beteiligten in diesem Punkt Klarheit haben.

Testament oder Erbvertrag
Die vorgenannten Punkte sind die Basis für das Testament des Unternehmers, das in regelmäßigen Abständen auf Aktualität überprüft wird, am besten jährlich. Das Testament ist notariell zu beurkunden und wird in amtliche Verwahrung gegeben. Alternativ kann das Testament eigenhändig geschrieben und unterschrieben werden. In diesem Fall ist darauf zu achten, dass den Hinterbliebenen bekannt ist, wo sich das Testament befindet. Es sollte – aus Sicht des Unternehmers – sichergestellt sein, dass das Testament im Erbfall ordnungsgemäß an das Amtsgericht zwecks Erteilung eines Erbscheins weitergeleitet wird und nicht durch unberücksichtigte Erben „verschwindet". Vor diesem Hintergrund ist eine Beurkundung, in jedem Fall jedoch eine amtliche Verwahrung in Erwägung zu ziehen, denn in nicht wenigen Fällen scheitert eine ordnungsgemäße und ruhige Nachfolge an der Unauffindbarkeit des Testamentes.

Soll die Nachfolgeregelung nicht mehr ohne Zustimmung der Beteiligten geändert werden dürfen, bietet sich ein Erbvertrag an. Dieser wird notariell beurkundet und gibt allen Beteiligten Planungssicherheit. Der Erbvertrag sollte immer dann in Betracht kommen, wenn sich einzelne Familienmitglieder in ihrer Berufswahl festlegen oder ihre Karriere auf die Nachfolge zuschneiden im Vertrauen auf die Zusage des Unternehmers, dass sie Unternehmensanteile erben. Hier hat der auserkorene Nachfolger einen moralischen Anspruch darauf, dass die ihm gegenüber gemachten Zusagen eingehalten werden und nicht ohne seine Zustimmung geändert werden können.

Vorsorgevollmacht
Schließlich sei mir eine Ergänzung in diesem Zusammenhang erlaubt. Der Unternehmer sollte neben einem Testament auch eine Vorsorgevollmacht für den Vermögensbereich erteilen. Sie greift ein, wenn der Unternehmer handlungsunfähig wird. In diesem Fall wären ohne Vorsorgevollmacht z.B. die Stimmrechte aus seiner Unternehmensbeteiligung nicht vertreten und die Gesellschafterversammlung dadurch ggf. beschlussunfähig. Das Testament greift zu diesem Zeitpunkt ebenfalls noch nicht ein, da der Unternehmer nicht verstorben, sondern „lediglich" handlungsunfähig ist.

Anpassungen der Struktur
Sofern die Unternehmensbeteiligung auf mehrere Kinder verteilt wird, muss sichergestellt werden, dass

- Pattsituationen,
- ein übermäßiger Liquiditätsabfluss sowie
- ernsthafter Streit zwischen den Gesellschaftern

auf jeden Fall vermieden werden. Der Unternehmer muss sich deshalb im Rahmen seines Nachfolgekonzeptes den Gesellschaftsvertrag anschauen und sich fragen, ob die dort geregelten Entscheidungswege oder Maßnahmen auch für die folgende Generation eine ausreichende Grundlage bilden. Insbesondere folgende Themen sind – im Hinblick auf die nächste Generation – zu überprüfen.

Geht z.B. die Unternehmensbeteiligung von einem Alleingesellschafter auf mehrere Kinder über, so haben wir in der Regel zum ersten Mal nichttätige Gesellschafter. In diesem Fall sollten ausdrückliche Regelungen zu den Informationspflichten der nichttätigen Gesellschafter in den Gesellschaftsvertrag aufgenommen werden. Außerdem spielt die Rolle der Gewinnausschüttung bzw. der Entnahmen nunmehr eine wesentliche Rolle. Denn der Alleingesellschafter entnimmt seinem Unternehmen in der Regel nur die Beträge, die er zum Leben braucht. Nichttätige Gesellschafter tendieren jedoch dazu, mehr Entnahmen zu fordern, da sie entsprechend weniger Einsicht und Eingriffsmöglichkeiten in das Unternehmen haben. In den meisten Fällen ist jedoch die Unternehmensbeteiligung ihr größter Vermögensbestandteil, und in vielen Fällen sind die nichttätigen Gesellschafter auch von den Dividenden abhängig. Dies führt dazu, dass sie eine hohe Ausschüttung bevorzugen, während tätige, d.h. Geschäftsführende Gesellschafter zu einer hohen Thesaurierung tendieren. Um dieses Thema nicht immer wieder in der jährlichen Gesellschafterversammlung neu diskutieren zu müssen, sollte von vornherein ein festes Entnahmeschema zugrunde gelegt werden, von dem nur mit einer qualifizierten Mehrheit abgewichen werden kann. Hier haben sich in der Praxis in der letzten Zeit Gewinnausschüttungs- oder Entnahmeschemata durchgesetzt, die sich an der Eigenkapitalquote des Unternehmens orientieren.

Die Nachfolgeproblematik in der Struktur wird in den wenigsten Fällen gesehen. Sie macht sich erst in der nächsten Generation bemerkbar, wenn die Punkte anhand von aktuellen Beispielen – meist streitig – diskutiert werden. Hier sollte sich der Unternehmer zum Schluss seines Nachfolgekonzeptes noch einmal die Zeit nehmen und überprüfen, ob die Regelung, die für ihn Bestand hat, auch für die nächste Generation sinnvoll ist oder ggf. einer Ergänzung bedarf.

Besonderheiten der geplanten Nachfolge

Im Rahmen der geplanten Nachfolge verbleibt dem Unternehmer genügend Zeit, seine Nachfolger an ihre Aufgabe als Geschäftsführer und/oder Gesellschafter heranzuführen. Hier sollte frühzeitig und planvoll vorgegangen werden. Zukünftige Gesellschafter sollten – um ihre zukünftige Rolle verantwortungsvoll auszufüllen – das Unternehmen einschließlich der Regelungen des Gesellschaftsvertrages kennen sowie sich die Grundzüge einer Bilanz und sonstige betriebswirtschaftliche Kenntnisse aneignen („Family Education"). Dies ist unbedingt erforderlich, um als Gesellschafter Entscheidungen zu treffen. Leider nimmt die Zahl der zukünftigen Gesellschafter gegenwärtig zu, die z.B. weder die Aufgaben eines Aufsichtsrates noch die eines Gesellschafters kennen. Dies ist nach meiner Beobachtung für die Betroffenen eine Belastung, da sie ihre eigenen Erwartungen an einen verantwortungsvollen Gesellschafter nicht erfüllen können. Hier sollte frühzeitig eine „Ausbildung" zum Gesellschafter erfolgen, die der Unternehmer mit Hilfe von Externen (z.B. durch Seminare und Schulungen) begleiten kann. Für den Notfall ist es sinnvoll, „Vermögens-Paten" vorzusehen, die diese Aufgaben an Stelle des Unternehmers erfüllen können. Hier kommen Vertraute des Unternehmers in Betracht, die auch die zukünftigen Gesellschafter kennen und deren Vertrauen genießen (z.B. externe Beiratsmitglieder).

Zum Schluss: Ordnung im Vermögen

Ganz zum Schluss sollte sich der Unternehmer fragen, ob sein Vermögen übergabefähig ist. Übergabefähig bedeutet, dass ein Erbe bzw. Vermächtnisnehmer innerhalb von drei Monaten in der Lage sein wird, das gesamte Vermögen zu erfassen und zu verwalten. In nicht wenigen Fällen hat sich das Vermögen des Unternehmers „historisch entwickelt" und ist damit insbesondere im privaten Bereich sehr zersplittert. Darüber hinaus sind die Unterlagen nicht vollständig oder die Nachfolger sind nicht in alle Transaktionen eingeweiht. Dies alles erschwert eine Nachfolge erheblich. Sie helfen Ihren Erben bzw. Vermächtnisnehmern enorm, wenn Sie ihnen ein „geordnetes" Vermögen hinterlassen und damit die Nachfolge nicht zur Krise werden lassen.

Erschienen in: INTES Unternehmer-Brief, Ausgabe 6/2008
© 2008 Karin Ebel

Abschnitt B

Aus der Praxis des Familienunternehmens

1. Ehrung des Familienunternehmers des Jahres

2. Die 100 größten Familienunternehmen

3. Tragisches Scheitern

4. Erfolgreich mit klassischen Tugenden

5. Kreative Zerstörer

I.
Familienunternehmer des Jahres

Friede, Freude, krisenfest

Das geht nicht? Bei Miele schon. Der Haushaltsgerätekonzern wird seit 110 Jahren von zwei Clans geführt: den Zinkanns und den Mieles. Für ihre Leistungen werden die beiden Chefs jetzt als „Familienunternehmer des Jahres 2009" geehrt

Von Kathrin Werner

Zeig mir deine Krawatte, und ich sage dir, wer du bist. Bei Reinhard Zinkann fliegen Elefanten und Gänse zwischen Wölkchen umher. Auf dem Schlips von Markus Miele herrscht gestreifte Ordnung. Zwei Männer, die unterschiedlicher kaum sein könnten.

Miele und Zinkann. Zwei Patriarchen. Zwei Gesellschafterclans. Ein Unternehmen. Seit 1899 sind die Familien zusammengeschweißt durch den Haushaltsgerätekonzern. Seit 1899 führen sie ihn zu zweit. Die Gründer, die Söhne, die Enkel, die Urenkel – immer vererbt der Vater den Chefposten an den Sohn weiter. Und das mit Erfolg. Seit 1899 gibt es kein Jahr ohne Gewinn, das Unternehmen wächst beständig. Auch die aktuelle Wirtschaftskrise kann Miele nichts anhaben. „Ach wissen Sie, der Konzern hat unter meinem Urgroßvater schon die Hyperinflation der 20er-Jahre überstanden", sagt Zinkann. Der Umsatz ist im vergangenen Geschäftsjahr kaum gesunken. Wie hoch das Ergebnis ist, verrät Zinkann nicht, doch arbeite man dieses Jahr wie immer „ertragsauskömmlich". Der Geschäftsbericht passt wie immer auf vier Seiten Faltblatt.

Seit 110 Jahren praktiziert Miele erfolgreich ein Geschäftsmodell, das bei so vielen anderen Unternehmen mit Zoff und Tränen scheitert. Bei den verfeindeten Clans des Schnapsbrenners Berentzen etwa oder dem Düsseldorfer Familienunternehmen Teekanne gingen die Firmen daran fast zugrunde. Was

Miele und Zinkann zusammenhält, ist ihr –Wertesystem. Und der feste Glaube an einen Grundsatz: „Friede ernährt, Unfriede verzehrt." So eint auch eines die aktuellen Familienoberhäupter: Die Grundfarbe ihrer Krawatten ist Rot – Miele-rot.

Für das jahrelange Zusammenraufen, ihr gutes Wirtschaften, ihre Erfolgsgeschichte erhalten Markus Miele und Reinhard Zinkann die Auszeichnung „Familienunternehmer des Jahres 2009". Der Preis wird von „impulse" und der auf Familienunternehmen spezialisierten Unternehmensberatung INTES vergeben. „Die Mieles und Zinkanns widerlegen seit vier Generationen auf eindrucksvolle Weise, wie man selbst ein so problematisches Führungsmodell wie eine Doppelspitze aus zwei Familien zum Erfolg führen kann, sofern alle Beteiligten bereit sind, ihre persönlichen Interessen hinter denen des Unternehmens zurückzustellen", lobt INTES-Chef Peter May. „Gerade in Zeiten, in denen der Familienkapitalismus ins Gerede gekommen ist, war es wichtig, zwei Unternehmer zu ehren, die ihren Erfolg nicht der Hochseilakrobatik des Financial Engineerings, sondern den traditionellen Tugenden des Familienkapitalismus verdanken."

Der Kaufmann und der Techniker
Zum ersten Mal geht der Preis nicht an einen einzelnen Unternehmer, sondern an ein Unternehmerpaar. Es ist ein sehr gegensätzliches Paar, nicht nur bei der Krawatte. Zinkanns Lachen schallt, er lehnt sich zurück, haut auf den Tisch. Er wäre auch gern Marineoffizier geworden oder Forstwirt oder Geschichtsprofessor. Er fängt seine Antworten mit „Wissen Sie" oder „Wie schon die Lateiner sagten" an, kommt nie ins Stocken, sagt nie „äh", zitiert griechische Philosophen und Harvard-Professoren. Er liebt große Worte: „Wir bei Miele fühlen uns unseren Vorvätern und ihrer Leistung verpflichtet", sagt er. „Als Familienunternehmer betrachte ich meinen Anteil an dem Unternehmen als eine Leihgabe meines Sohnes."

Bevor Markus Miele eine Antwort gibt, überlegt er lange und mustert seine Gesprächspartner. „Das ist eine gute Frage", sagt er oft. Er ist in Gütersloh geboren und zur Schule gegangen und hat zuerst im nahe gelegenen Lippstadt gearbeitet. „Ich bin ein echtes Gütersloher Gewächs", sagt er. Am Wochenende fährt er Fahrrad im Stadtpark oder geht auf das Schulfest seiner kleinen Tochter.

Zinkann ist 49, groß und stämmig, hat einen festen Händedruck. Er trägt Zweireiher, Einstecktuch und einen goldenen Siegelring. Er liebt Musik und Geisteswissenschaften, segelt, geht auf die Jagd. Im Konzern ist der Kaufmann für Marketing und Vertrieb zuständig. Zinkann ist seit 1992 bei Miele, seit 1999 in der Geschäftsleitung.

Markus Miele trat 1992 in die Firma ein, seit 2002 ist er Co-Chef. Er hat schütteres Haar, lange, schmale Finger und einen leisen Humor. Er ist 41 Jahre alt, groß und schlank. Sein Anzug hat nur eine Reihe. Der Wirtschaftsingenieur ist der Technikchef im Unternehmen – und referiert mit Begeisterung über Dampfgarer oder die automatische Öffnung von Geschirrspülerklappen. Von seinem Studium erzählt er eine Geschichte: Sie spielt in Karlsruhe Ende der 80er-Jahre. Miele ist damals neu in seiner Unistadt, neu in seiner ersten eigenen Wohnung. Neue Freunde hat er auch. Als er einen von denen zu sich einlädt, findet der die Miele-Waschmaschine in der Küche. „Man könnte denken, dass du was mit denen zu tun hast", sagt der Freund. „Könnte man denken", antwortet Miele.

Bescheidenheit gehört seit jeher zum Wertesystem der Familien. Daraus folgt: Ein Unternehmen darf nur so schnell wachsen, wie das Eigenkapital mitwächst. Bei einem ostwestfälischen Kaufmann gehören die Banken auf die linke Seite der Bilanz. Miele hat an der Börse nichts zu suchen. Große Übernahmen sind nichts für diese Firma. Und ein Selbstbedienungsladen für Gesellschafter ist sie schon gar nicht. „Das haben mein Partner und ich quasi mit der Muttermilch aufgesogen", sagt Reinhard Zinkann. „Es wirkt aus Sicht von außen vielleicht unspektakulär, aber genau das gibt dem Konzern seine Kraft", lobt auch Franz Haniel. Das Oberhaupt des Familienclans Haniel, der den Pharmahändler Celesio und eine Mehrheit am Handelskonzern Metro hält, zählt wie Miele und Zinkann zu den prominentesten Familienunternehmern des Landes – man kennt sich.

Während seiner Studentenzeit wollte Zinkann mal seiner Freundin ein Geschenk machen. Viel Geld hatte er nicht, seine Eltern wollten ihn nicht verwöhnen. Er überzog sein Konto, das Geschenk war teuer. Zufällig landete der Kontoauszug bei seiner Mutter. „Das wurde beim Mittag besprochen", erzählt Zinkann. „Wir haben nie Schulden gehabt. Ich will nicht, dass du damit anfängst", habe sein Vater Peter Christian gesagt. Es ging um 200 Mark.

Genauso unprätentiös ist der Unternehmenssitz. Durch den rotbraunen Backsteinbau in der Carl-Miele-Straße windet sich ein Labyrinth aus Gängen mit gläsernen Büros. Die Mitarbeiter nennen sie Aquarien, weil die Zimmer nur halbhohe Wände haben und darüber Glas. Im ersten Stock sitzt die Geschäftsleitung in den gleichen kargen Glaskästen mit dunkelgrauer Auslegeware. Ihr Teil des Gebäudes heißt „die Kurve". Zum Antritt haben sich beide Chefs keinen schicken Dienstwagen gekauft, der alte vom Vater war gut genug.

Einigkeit seit über 100 Jahren
Rückblende. Am 1. Juli 1899 geht es los mit Miele. Mit elf Mitarbeitern, vier Drehbänken und einer Bohrmaschine. Carl Miele ist der Erfinder. Seine Idee

ist die handbetriebene Buttermaschine „Meteor" – ein kleines Eichenholzfass mit Rührwerk. Bald kommen Waschmaschinen dazu, weil die fast genauso funktionieren. Reinhard Zinkann ist der Kaufmann mit einem Händchen fürs Marketing. Er ersinnt die Werbesprüche („Nur Miele, Miele, sagte Tante, die alle Waschmaschinen kannte"). Miele bringt Grundstück, Namen und Kapital mit und bekommt 51 Prozent der Anteile, Zinkann den Rest.

Carl Mieles Büro im Gütersloher Konzernsitz gibt es bis heute, ein kleines Museum, dieselben dunklen Möbel, derselbe Teppich. An der Wand hängt der Spruch: „Friede ernährt, Unfriede verzehrt". Zinkann zeigt ihn gern seinen Besuchern. Er gibt kein Interview, ohne ihn zu zitieren. An ihn halten sich alle: die Gründer, die Söhne, die Enkel, die Urenkel. „In der Geschäftsführung besteht zwischen den Vertretern der Familie und den Externen der erforderliche gegenseitige Respekt", betont Unternehmerkollege Haniel. „Das Motto: ‚Die Firma geht vor' haben alle verinnerlicht. Dies haben sie über viele Generationen gelernt."

Natürlich sind sich auch bei Miele nicht immer alle einig. Aber man geht anders mit Meinungsverschiedenheiten um. Markus Miele nennt das ausschlaggebende Wort: Konsens. Die Geschäftsführer haben in der fast 110-jährigen Geschichte alle wichtigen Entscheidungen einstimmig gefällt. „Das Konsensprinzip ist bei uns nirgends fest geregelt, es ist aber gelebte Praxis", sagt Miele.

Damit das funktioniert, muss jeder bereit sein, seine Meinung zu ändern und auch eine Entscheidung zuzulassen, mit der er nicht vollständig einverstanden ist. Es wird diskutiert, und erst wenn alle Beteiligten mitziehen, wird entschieden. „Konsens bedeutet nicht, dass alle mit wehenden Fahnen in dieselbe Richtung rennen. Konsens heißt, dass man mit der Entscheidung leben und sie guten Gewissens vertreten kann", sagt Miele „Man muss auch mal die Größe haben zu sagen: Ja, ich habe mich vertan."

Auch wenn es wehtut. Wie 2005, als die Geschäftsleitung entschied, sich von der Zweitmarke Imperial zu trennen. „Ich hatte sie aufgebaut, sie hat mir viel Spaß gemacht", erzählt Zinkann. Zwei Jahre wurde das Für und Wider verhandelt, dann stellten sie Zinkanns „lieb gewonnenes Kind" ein. „Wir gehen keineswegs immer mit der gleichen Meinung in ein Gespräch", sagt er. „Und natürlich ist man nicht immer ruhig, man ist auch mal emotional." Doch am Ende steht der Konsens. „Uns geht es nicht um Machtkämpfe und Eitelkeiten, sondern um die Sache." Auch das ist eine Miele-Tugend.

Einen „grandiosen Nachteil" habe das Konsensprinzip, gibt Markus Miele zu: Bis sich alle einig sind, kann es dauern. Zum Glück ticken die Uhren in der Haushaltsgerätebranche langsam. Wenn Miele ein Waschmaschinenmodell testet, muss die Testmaschine 416 Tage im Dauerlauf schleudern, erst dann wird sie freigegeben. Da kann man sich für Entscheidungen mal einen Bedenktag nehmen.

Eines hat sich geändert seit 1899: Heute führen neben Zinkann und Miele drei familienfremde Manager das Unternehmen: Olaf Bartsch, Eduard Sailer und Reto Bazzi. „Es ist einfach nicht mehr zeitgemäß, eine Firma unserer Größenordnung nur zu zweit zu führen", sagt Zinkann. „Als mein Vater einstieg, konnte er noch fast allen Mitarbeitern die Hand schütteln", sagt Miele. „Heute ist alles komplexer und internationaler." 17.000 Menschen arbeiten weltweit für das Gütersloher Unternehmen, der Umsatz liegt bei 2,77 Milliarden Euro, rund 70 Prozent steuern die Auslandstöchter bei. Alle Geschäftsführer haben exakt die gleichen Verträge. Die drei Familienfremden „dürfen und sollen eine eigene Meinung haben, wichtig ist, dass sie von den Werten zu uns passen", sagt Miele.

Sympathie ja, Verbrüderung nein
Dem ernährenden Frieden hilft seit vier Generationen auch eine Regel: Privates und Geschäftliches müssen so gut wie möglich getrennt bleiben. „Wir sind nicht verwandt und nicht verschwägert, von Anfang an Partner und immer noch zusammen", sagt Zinkann. Markus Mieles Vater war zwar sein Patenonkel, trotzdem hat es noch nicht einmal enge Freundschaften zwischen den Familien gegeben. Obwohl Miele mit seiner Familie und Zinkann, dessen Sohn bei seiner Ex-Frau in München lebt, nur 400 Meter voneinander entfernt wohnen. „Er ist eben einfach viel älter", sagt Miele und grinst. „Dabei mag ich seine Frau ausgesprochen gern", sagt Zinkann. „Ich bin aber schon mit ihr verheiratet", antwortet Miele trocken. „Jaja, ich gönne sie dir auch." Zinkann lässt die Faust auf den Tisch sausen und lacht. Man mag sich, aber man hält Distanz. „Wenn wir anfangen, zu viel über Privates zu reden, reden wir eben nicht mehr über Waschmaschinen und Küchengeräte", sagt Zinkann.

Auch die Gesellschafter vertragen sich, trotz inzwischen 62 Stimmberechtigter. „Wir hatten aber auch ein gnädiges Schicksal, denn es gab noch nie ein Jahr ohne Gewinn", sagt Zinkann. „Der Krach in Unternehmen beginnt meist, wenn es Verluste gibt." Einmal im Jahr im November treffen sich die Gesellschafter zur Bilanzbesprechung. Sie unterscheidet sich kaum von Hauptversammlungen einer Aktiengesellschaft – abgesehen davon, dass es noch nie einen Beschluss mit Gegenstimmen gab.

Auch hier gilt das Konsensprinzip. Im nüchternen Miele-Forum mit grauen Stuhlreihen und Blick auf das Werkgelände präsentieren die fünf Chefs das abgelaufene Geschäftsjahr, geben Prognosen ab, berichten von Veränderungen. Nach zwei bis drei Stunden, einem gemeinsamen Mittagessen und Miele-Keksen aus der Testbäckerei im Backofenwerk ist das Ganze vorbei.

Überstimmen gilt nicht

Einmal im Quartal bekommen die Gesellschafter noch einen ausführlichen Brief mit Umsatzzahlen und Marktentwicklungen. Und natürlich werde auch bei Hochzeiten, Geburtstagen, Beerdigungen über die Firma gesprochen, erzählt Zinkann.

Bei der Einigkeit hilft auch Mieles ausgefeilter Gesellschaftervertrag, der viele der üblichen Streitpunkte regelt und von den Gründern bereits Anfang des 20. Jahrhunderts aufgesetzt wurde. Zum Beispiel bestimmt er, dass rund die Hälfte der Gewinne ausgeschüttet, der Rest wieder in das Unternehmen investiert wird. Keine Debatte. Er regelt die Zusammenarbeit mit den Gesellschaftern, wie, wo und wann der Familienrat mit der Geschäftsführung zusammentrifft. Er legt fest, welche Kriterien die Familienmitglieder erfüllen müssen, wenn sie auf den Chefsessel nachrücken wollen.

Und er sagt, dass die Mieles, die ein Prozent mehr halten, den Zinkann-Clan nie überstimmen dürfen. Für eine Mehrheit braucht man bei Miele 60 Prozent. Relevant ist die Klausel nicht, es gilt ja das Konsensprinzip. In der Präambel des Vertrags finden sie sich wieder, die Werte: Wir wollen ein gutes Unternehmen haben, wir denken langfristig. So hält er seit 1899, der ostwestfälische Frieden.

Erschienen in: impulse, Ausgabe 12/2009
© 2009 Kathrin Werner, Nachdruck mit freundlicher Genehmigung von impulse

2. Die 100 größten Familienunternehmen

DIE 100 GRÖSSTEN FAMILIENUNTERNEHMEN

Rang 2008	Rang Vorjahr	Unternehmen	Branche	Umsatz 2008 in Mio. Euro	Beschäftigte 2008 in Tsd.
1	1	Metro AG	Handel	67.956	290,9
2	3	Schwarz-Gruppe[1]	Handel	54.000	280,0
3	2	BMW Group	Automobil	53.197	100,0
4	6	Aldi-Gruppe[2]	Handel	50.000	200,0
5	4	Robert Bosch GmbH	Automobil-zulieferer	45.127	281,7
6	5	Sal. Oppenheim jr. & Cie. KGaA	Banken	41.367	4,3
7	7	Adolf-Merckle-Gruppe[3]	Pharma/ Baustoffe	38.000	92,5
8	8	Franz Haniel & Cie. GmbH	Mischkonzern	26.372	49,1
9	9	Tengelmann (Welt)	Handel	24.180	116,5
10	10	Celesio AG	Pharmahandel	21.829	37,7
11	12	Arcandor AG	Handel	19.357	86,2
12	11	Bertelsmann AG	Medien	16.118	106,1
13	14	Heraeus Holding GmbH	Edelmetall/ Technologie	15.914	12,9
14	13	Henkel AG & Co. KGaA	Konsumgüter	14.131	55,1
15	16	Marquard & Bahls AG	Mineralöl-handel	13.371	4,2
16	17	Fresenius SE	Gesundheit	12.336	122,2
17	18	Boehringer Ingelheim	Pharma	11.595	41,3
18	15	Otto Group[4]	Handel	10.109	49,5
19	25	Rethmann AG & Co. KG	Entsorgung	9.368	40,3
20	24	Oetker-Gruppe	Mischkonzern	9.245	24,7
21	19	maxingvest AG	Nahrung und Genuss	9.194	34,0

Rang 2008	Rang Vorjahr	Unternehmen	Branche	Umsatz 2008 in Mio. Euro	Beschäftigte 2008 in Tsd.
22	23	Helm AG	Chemiehandel	9.121	1,3
23	21	M. M. Warburg & Co. KGaA	Banken	8.963	1,6
24	20	Schaeffler-Gruppe	Wälzlager	8.900	66,0
25	22	Würth-Gruppe	Befestigungstechnik	8.816	62,8
26	27	Liebherr International Deutschland GmbH	Nutzfahrzeuge	8.408	32,6
27	29	Merck KGaA	Pharma	7.558	32,8
28	28	Porsche Automobil Holding SE	Automobil	7.466	12,2
29	30	Anton Schlecker	Drogerie	7.420	55,7
30	31	Benteler Aktiengesellschaft	Stahl/Automobilzulieferer	6.327	24,3
31	32	C & A Mode KG[4]	Textilhandel	6.300	34,0
32	33	Beiersdorf AG	Kosmetik	5.971	21,8
33	34	Knauf-Gruppe[5]	Baustoffe	5.600	23,0
34	35	Freudenberg & Co. KG	Mischkonzern	5.050	32,7
35	38	Voith AG	Anlagenbau	4.934	43,0
36	36	Globus-Handelshof-Gruppe[6]	Handel	4.926	24,9
37	40	Scholz AG	Recycling	4.800	5,0
38	39	dm-drogerie-markt-Gruppe	Drogerie	4.710	30,7
39	41	Wacker Chemie AG	Chemie	4.298	15,9
40	43	Joh. Berenberg, Gossler & Co. KG	Banken	4.279	0,8
41	37	Schmolz + Bickenbach	Stahlhandel	4.092	11,1
42		Kühne & Nagel Deutschland	Spedition	4.009	9,3
43	42	Hella KGaA Hueck & Co.	Automobilzulieferer	3.940	24,8
44	49	B. & C. Tönnies-Gruppe	Nahrung und Genuss	3.900	6,5
45	69	Dirk Rossmann GmbH	Drogerie	3.850	26,0
46	44	B. Braun Melsungen AG	Gesundheit	3.786	37,6
47	54	SMS group	Maschinenbau	3.601	8,9

Rang 2008	Rang Vorjahr	Unternehmen	Branche	Umsatz 2008 in Mio. Euro	Beschäftigte 2008 in Tsd.
48	45	Dachser GmbH & Co. KG	Logistik	3.600	18,2
49	52	DKV Euro Service GmbH + Co. KG	Dienstleistung	3.551	0,3
50	48	Knorr-Bremse AG	Zulieferer	3.384	15,0
51	68	B. Metzler seel. Sohn & Co. KGaA	Banken	3.378	0,8
52	46	Behr GmbH & Co. KG	Automobilzulieferer	3.332	18,8
53	50	Bartels-Langness Handelsgesellschaft mbH & Co. KG	Einzelhandel	3.300	14,0
54	47	Rhenus AG & Co. KG	Logistik	3.300	15,0
55	61	Georgsmarienhütte Holding GmbH	Stahl	3.292	10,8
56	62	Claas KGaA mbH	Nutzfahrzeuge	3.236	9,1
57	53	Deichmann-Schuhe GmbH & Co. KG	Schuhhandel	3.120	28,1
58	55	Norma[2]	Handel	3.000	3,0
59	56	Wieland-Werke AG	Metallverarbeitung	2.925	6,5
60	70	Otto Fuchs KG[2]	Zulieferer	2.900	8,0
61	58	Hellmann Worldwide Logistics GmbH & Co. KG	Logistik	2.870	8,9
62		Union Tank Eckstein GmbH & Co. KG	Dienstleistung	2.838	0,3
63	60	Miele & Cie. KG	Haushaltsgeräte	2.810	16,2
64	66	Brose Fahrzeugteile GmbH & Co. KG	Automobilzulieferer	2.802	14,3
65	57	Hauck & Aufhäuser Privatbankiers KGaA	Banken	2.800	0,6
66	63	Hornbach Holding AG[4]	Baumarkt	2.752	13,4
67	64	Axel Springer AG	Medien	2.729	10,7
68	65	Verlagsgruppe Georg von Holtzbrinck GmbH	Medien	2.589	17,4
69	67	Wilh. Werhahn KG	Mischkonzern	2.537	9,1

Rang 2008	Rang Vorjahr	Unternehmen	Branche	Umsatz 2008 in Mio. Euro	Beschäftigte 2008 in Tsd.
70	59	Delton AG	Beteiligungsgesellschaft	2.463	11,9
71	71	Vaillant Group	Heizungstechnik	2.438	12,9
72	76	Krones AG	Verpackungen/ Abfüllanlagen	2.381	10,3
73	72	Asklepios Kliniken	Gesundheit	2.300	36,0
74	74	Unternehmensgruppe Theo Müller GmbH & Co. KG	Nahrung und Genuss	2.268	3,7
75	51	Cronimet Holding GmbH	Rohstoffhandel	2.237	1,4
76	73	Eberspächer Holding GmbH & Co. KG	Automobilzulieferer	2.234	5,6
77	79	Friedhelm Loh Stiftung & Co. KG	Elektrotechnik	2.200	11,6
78	104	Vorwerk & Co. KG[7]	Haushaltsgeräte	2.199	22,3
79	80	Müller Ltd. & Co. KG	Drogerie	2.167	23,0
80	81	Trumpf-Gruppe	Maschinenbau	2.144	8,0
81	78	Stihl-Gruppe	Motorsägen	2.143	11,5
82	75	Diehl Stiftung & Co. KG	Rüstung	2.129	11,4
83	94	Sonepar Deutschland GmbH	Elektrohandel	2.098	5,2
84	89	Interseroh SE	Entsorgung	2.066	1,8
85	83	SEW-Eurodrive GmbH & Co. KG	Motoren	1.960	13,0
86	100	PHW-Gruppe Lohmann & Co. AG	Nahrung und Genuss	1.933	4,8
87	82	Dräger-Konzern	Medizintechnik	1.925	10,9
88	91	Carl Spaeter GmbH	Stahlhandel	1.858	1,9
89	88	Mann + Hummel-Gruppe	Automobilzulieferer	1.825	12,4
90	84	Fiege-Gruppe[8]	Logistik	1.800	21,0
91	86	Bauer Media Group[9]	Medien	1.787	6,6

Rang 2008	Rang Vorjahr	Unternehmen	Branche	Umsatz 2008 in Mio. Euro	Beschäftigte 2008 in Tsd.
92	101	Sixt AG	Automobilvermietung	1.774	2,8
93	95	Hubert Burda Media Holding GmbH & Co. KG	Medien	1.750	7,6
94		Körber AG	Maschinenbau	1.749	9,6
95	92	Dräxlmaier Group	Automobilzulieferer	1.740	38,0
96	97	Festo AG & Co. KG	Automatisierung	1.700	13,5
97	107	Haribo GmbH & Co. KG[2]	Nahrung und Genuss	1.700	6,1
98	112	Viessmann Werke GmbH & Co. KG	Heizungstechnik	1.700	8,6
99	103	Giesecke & Devrient GmbH	Druckerei	1.700	10,0
100	93	Krieger-Gruppe[8]	Möbelhandel	1.700	8,8

[1] Lidl u. Kaufland, Schätzung
[2] Schätzung
[3] inkl. Phoenix Pharma, Kässbohrer, HeidelbergCement, Ratiopharm, VEM, Schätzung
[4] Abschluss zum 28.02.09
[5] vorläufige Zahlen
[6] Hochrechnung zum 30.06.09
[7] inkl. afk Bank
[8] Abschluss zum 31.12.07
[9] Hochrechnung

Quelle: F.A.Z.-Archiv

Die Festung

Familienunternehmen stehen für Verantwortung, Sinn und Identität – bis auf einige prominente Ausnahmen.

Von Georg Giersberg

Familienunternehmen sind in Mode. Wo die Börse als Eigenkapitalgeber ausfällt und Fremdkapital immer teurer wird, da kann das Familienunternehmen seine Stärke ausspielen. Auch Manager flüchten aus der Welt der Corporate Governance in die Anonymität des Familienunternehmens. Plötzlich singen alle das Hohelied dieser „Festung der Verantwortung und Moral", wie Florian Langenscheidt es kürzlich ausdrückte bei der Vorstellung seines „Lexikons der deutschen Familienunternehmen" auf dem Petersberg bei Bonn.

Dabei war das Familienunternehmen nie vom Aussterben bedroht. Von den drei Millionen Unternehmen in Deutschland sind mehr als 90 Prozent im Familienbesitz. Darunter sind natürlich sehr viele kleine Unternehmen, auch Einpersonengesellschaften. Daher erwirtschaften die Familienunternehmen „nur" 40 Prozent aller Umsätze der deutschen Wirtschaft. Aber unter den Familienunternehmen sind auch sehr viele Umsatzmilliardäre, wie die vorstehende Tabelle belegt.

Bedeutender als für den Umsatz der Wirtschaft und damit die Wertschöpfung sind die Familienunternehmen für den Arbeitsmarkt. Denn 60 Prozent aller Arbeitsplätze und sogar 80 Prozent aller Ausbildungsplätze in Deutschland werden von Familienunternehmen gestellt. Gerade in den Monaten der Krise waren es vor allem die Familienunternehmen, die, solange es ging, ihre Mitarbeiter gehalten und den Arbeitsmarkt entlastet haben. Einige Unternehmen haben sogar bewusst Kurzarbeit eingeführt, um den Menschen, die sie entlassen müssen, noch einige Monate Zeit zu geben, um sich privat auf die Situation der Arbeitslosigkeit vorzubereiten, etwa durch den Abbau von Verbindlichkeiten.

Familienunternehmern wird dabei immer eine Bindung an das Unternehmen, an die Mitarbeiter und an die vorhergehenden wie an die nachfolgenden Generationen unterstellt. Weil Familienunternehmer generationenübergreifend denken, sind sie auch weniger anfällig für kurzfristige Entwicklungen. Sie haben immer im Hinterkopf, dass sie das Unternehmen dereinst an die nächste Generation übergeben müssen und wollen. Sie handeln langfristiger. Für sie ist der Horizont nicht das nächste Quartal, nicht einmal das nächste

Jahr. Ihr Horizont ist der nächste Generationswechsel, das Standing vor den Kindern. Das älteste Unternehmen in Familienbesitz in Deutschland ist eine bayerische Filialbäckerei namens Hofpfisterei. Deren erste urkundliche Erwähnung stammt aus dem Jahr 1331, eine Mühle gab es sogar schon davor. Weil sie nicht jede Mode mitmachten, galten sie in den vergangenen Jahren als verstaubt, als wenig flexibel, als nicht globalisierungsfähig. Kapitalgesellschaften mit Zugang zum Kapitalmarkt konnten mit billigem Geld schnell expandieren.

Ganz frei von solchen Gelüsten sind natürlich auch Familienunternehmen und deren Inhaber nicht. Und die spektakulären Fälle Porsche und Schaeffler zeigen, dass am Ende des Booms Familienunternehmen im Expansionstempo sogar die Spitze übernehmen wollten. Dabei haben sie genau das getan, was eigentlich ein Familienunternehmen nicht tut: Sie haben sich an einem Unternehmen versucht, das um ein Vielfaches größer ist.

Familienunternehmer sind zwar nicht risikoscheu, sonst wären sie keine Unternehmer. Aber sie gehen nur begrenzte Risiken ein, sie sind keine Hasardeure oder Spieler. Sie gehen nur solche Risiken ein, die sie auch tragen können. Dabei spielt nicht die Eintrittswahrscheinlichkeit des Risikos die größte Rolle, sondern die absolute Höhe des Risikos, so unwahrscheinlich es auch sein mag.

Im Mittelpunkt der Familienunternehmen steht der Unternehmer – in manchen Firmen wird der Inhaber auch als „der Unternehmer" bezeichnet. Unternehmer kommen häufig vom Produkt her, sind oft von der Ausbildung her Techniker oder Ingenieure. Und wenn sie Kaufleute sind, dann sprechen sie lieber über Märkte und über Kunden. Aber ein Unternehmer spricht selten über Renditen, schon gar nicht über Kapitalrenditen. Das tun in der Regel nur angestellte Manager. Investoren wollen Rendite, Familienunternehmer aber wollen überleben.

Die betriebswirtschaftliche Wissenschaft, die sich mit dem Unternehmer, seinen Zielen und Vorstellungen nur sehr wenig beschäftigt, kennt nur die irrige Vorstellung, Eigenkapital sei teurer als Fremdkapital, weil der Unternehmer zu einer marktgängigen Verzinsung auch noch einen Risikozuschlag beanspruche für den eventuellen Verlust des Einsatzes. Das ist reine Theorie. Kaum ein Unternehmer legt sein Geld im Familienunternehmen wegen der hohen Rendite an. Ein Unternehmer will etwas unternehmen, er will bestimmte Produkte entwickeln, herstellen und verkaufen, er will Märkte erobern, er will Menschen Beschäftigung geben, er will zur Entwicklung seiner Region beitragen, aber nur ganz selten ist sein oberstes Ziel eine hohe Kapitalrendite – schon gar nicht kurzfristig. „Moral, Charakter und Nachhaltigkeit" seien die Stärken von Familienunternehmern, sagte Langenscheidt in Bonn-Bad Godesberg.

Das ist nicht immer öffentlichkeitswirksam. Viele Unternehmer scheuen sogar die Öffentlichkeit, nicht zuletzt aus Angst vor Erpressung oder Entführung. In einer Mediengesellschaft muss man sich aber der Öffentlichkeit stellen, vor allem von einer bestimmten Größe an. Immer mehr Unternehmer erkennen das: Wer mit seiner Entscheidung über das Schicksal Tausender Menschen bestimmt, hat eine öffentliche Verantwortung. Dieser stellen sich Unternehmer schon immer, aber heute mehr denn je auch öffentlich. Wie wichtig das öffentliche Engagement der Unternehmer ist, spüren gerade die Regionen in den neuen Bundesländern, in denen nach der Wiedervereinigung noch kein aktives Unternehmertum und kein Mittelstand entstehen konnten. Hier fehlen an allen Ecken und Enden regional interessierte Sponsoren für Sport, Kultur und Soziales.

Die zum dritten Mal veröffentlichte Liste der größten Familienunternehmen ist auch ein Ausdruck der (wenn auch zum Teil gesetzlich erzwungenen) Offenheit deutscher Unternehmerfamilien. Die Liste zeigt die größten Unternehmen in Familienbesitz, die Liste ist nach Unternehmensumsätzen geordnet. An ihr kann nicht das Familienvermögen von Unternehmerfamilien abgelesen werden. Es ist keine Liste der reichsten Familien Deutschlands. Die Liste soll zeigen, wie viele deutsche Großunternehmen in Familienbesitz sind und wie wichtig die Familiengesellschaft für die deutsche Wirtschaft ist.

Erschienen in: Frankfurter Allgemeine Zeitung vom 08.07.2009
© 2009 Georg Giersberg, Nachdruck mit freundlicher Genehmigung der Frankfurter Allgemeinen Zeitung

3. Tragisches Scheitern

Der Tod des Spekulanten

Von Rainer Hank

Ein halbes Jahrhundert ist es her, dass bei der Kötitzer Ledertuch- und Wachstuch-Werke AG, gegründet 1897 in der sächsischen Stadt Coswig bei Meißen, noch Leder und Wachstuch hergestellt wurden. Inzwischen handelt es sich um eine Briefkastenfirma mit Sitz im ehemaligen Steuerparadies Norderfriedrichskoog, irgendwo am nördlichen Ende der Republik.

Die „Kötitzer", wie die kuriose Firma genannt wird, fungiert als eine Art Finanzdrehscheibe im Firmenimperium des Blaubeurer Unternehmers Adolf Merckle: Hier wird der Aktienbesitz der Familie gehalten, zuweilen über ziemlich komplizierte Verschachtelungen.

Adolf Merckle hat am vergangenen Montag seinem Leben ein Ende gesetzt, auf gewaltsame Weise: Er warf sich in seinem schwäbischen Heimatort Blaubeuren vor einen Zug. Am Montag findet in der Evangelischen Stadtkirche ein Trauergottesdienst statt.

Suizid sei eine „letzte Lebensäußerung", sagen die Suizidforscher: „Hinter ihr steht der Versuch, eine menschliche Tragik zu beenden." Und die Suizidforscher sagen auch, dass vor allem die Männer den Tod auf den Schienen wählen: Es ist ein Weg, der todsicher ans Ziel führt (und häufig den Lokführer traumatisiert).

Der Tod auf der Schiene ist ein lauter, ein aufdringlicher Tod, der so gar nicht zu Adolf Merckle passen will. Sein Leben führte der Unternehmer eher im Stillen. Der Öffentlichkeit ist er aus dem Weg gegangen, scheu und geheimniskrämerisch. Interviews gab er fast nie. Alles hat er darangesetzt, dass seine Firma von außen nicht durchschaut werden konnte. Seine Bayer- und Allianz-Aktien versteckte er lieber hinter einer fiktiven Leder- und Wachstuchfabrik.

Dabei ist das Leben des Adolf Merckle bunter, widersprüchlicher, aufregender und mysteriöser, als man ihn jetzt – aus vermeintlicher Pietät – schildern zu müssen meint. „Geld ist immer genug da", lautete sein Lebensmotto: Mit fast zehn Milliarden Dollar Vermögen listet ihn das amerikanische Magazin „Forbes" noch im Mai 2008 auf Platz 94 der reichsten Menschen der Welt.

Der Mann war nicht nur fromm, heimatverbunden und bescheiden, sondern auch geldgierig, missgünstig und unberechenbar. Er war anhänglich und streitsüchtig, hat seine Top-Manager gefeuert und gehätschelt. Er war nicht nur ein großer Unternehmer, sondern auch ein grandioser Spekulant. Auf der ganzen Klaviatur des Kapitalismus verstand er zu spielen. Zum Schluss freilich hat sich sein Motto gegen ihn gekehrt. „Schulden sind immer genug da", hieß es seit Wochen nur noch. Verbindlichkeiten von fünf Milliarden Euro sollen es sein, so wird gemunkelt, die alle irgendwann einmal gebraucht wurden zum Kauf von allen möglichen Firmenanteilen.

Merckle engagierte sich in Pharma („Ratiopharm"), Zement („Heidelberg-Cement") oder Pistenraupen („Kässbohrer"), kaufte aus adligem oder gemeindlichem Besitz im großen Stil die Wälder (mitsamt Forsthaus) seiner näheren Umgebung auf und leistete sich nebenbei ein ganzes Schloss („Hohen Luckow") im neuen deutschen Osten, das er luxuriös restaurierte, damit dort auch die Gäste eines G-8-Treffens repräsentativ bewirtet werden konnten. Aber der Verwalter durfte nie sagen, wer der Eigentümer ist, weil es vielleicht nicht bescheiden genug gewirkt hätte.

1881 hatte der Großvater Adolf Merckle in Aussig im Sudetenland die Großhandlung „Merckle Drogen und Chemikalien en gros" gegründet. Erst eine Generation später kam die Produktion von Medikamenten hinzu, woraus dann mit Ratiopharm einmal der führende europäische Generikahersteller werden sollte. Grob geschätzt 120 Firmen mit einem Umsatz von 38 Milliarden Euro befinden sich heute in Merckles Portfolio. Eine unternehmerische Logik hinter all dem zu entdecken, was im Lauf der Jahre zusammengewürfelt wurde, ist noch niemandem gelungen, noch nicht einmal Merckle selbst. Von langfristigen Strategien der Managementschulen hat er nie etwas gehalten: Genau das nannte er seine „Vision".

Ganz ohne Scheu gab Merckle den erfolgreichen Spekulanten: „Bei Aktien bin ich manchmal auch ein Daytrader", brüstete er sich vor ein paar Jahren in einem Interview mit der F.A.Z.: Statt die Erträge seiner Familienunternehmen zu reinvestieren, packte ihn immer mal wieder die Lust, an der Börse zu spekulieren. Wie ein Besessener? Wie ein Süchtiger? Die Gewinne aus den Börsengeschäften brachte er dann wieder in den Ausbau des Imperiums ein. Wollte er ein Unternehmen ganz übernehmen (wie bei Heidel-Cement), verkaufte er eben mal ein Paket Aktien.

Adolf Merckle dementiert mit seinem Leben all die gängigen Einteilungen der schönen und bösen Wirtschaftswelt: Hier die guten Familienunternehmen (langfristig orientiert und nur der Schaffung von Arbeitsplätzen verpflichtet), dort die üblen Zocker, die um des schnellen Gewinns willen Werte und Schicksale verwetten. Beide Ziele sollten für Merckle einander verstärken. Er kokettierte mit dem Klischee des sparsamen Reichen, wenn er zu erzählen pflegte, dass er sich im Kleinwalsertal nur deshalb einen Skilift gekauft habe, weil ihm die Tagespässe für eine sechsköpfige Familie zu teuer geworden seien. Und er schmunzelte zugleich verschmitzt, wenn er von seinem letzten Börsendeal erzählte.

Merckle ist ein Abenteurer; darin gleicht er den großen amerikanischen Unternehmern der zwanziger Jahre des letzten Jahrhunderts. Völlig daneben ist es, wenn der Schriftsteller Burkhard Spinnen ihn jetzt zum tragischen Helden machen will, der an den Gesetzen einer total globalisierten Welt gescheitert sei. Merckle ist als Typus viel internationaler als viele seiner deutschen Unternehmerkollegen: ein Spieler, einer, der als Unternehmer, Spekulant und Schuldner immer voll auf das Risiko setzte. Das passt nicht schlecht zu einer ins Skurrile ausartenden Frömmigkeit des ganzen Merckle-Clans, die sich nie sonderlich um den konfessionellen Comment scherte.

„Thrill" nennt der Soziologe Urs Stäheli das den Spekulanten begleitende Glücksgefühl, ein schwer übersetzbares Wort, welches eine Art Nervenkitzel, einen Kick meint, der die Emotionen hochfährt und das Gemüt in Spannung und Wallung versetzt. Es geht nicht nur um die Vorwegnahme des großen finanziellen Glücks, das man zu erlangen erhofft: Es geht vielmehr um den Genuss jenes magischen Moments, in dem man nicht weiß, was die Zukunft bringen wird. Der Reiz des Risikos treibt uns in eine ambivalente Situation, einen außergewöhnlichen Zustand der Angstlust. Der Thrill des Spekulanten kommt einer Art Rauschzustand gleich; kein Wunder, dass Glücksspiele süchtig machen können.

Ein Mythos ist die Vorstellung, der Unternehmer baue sein Reich nur mit sauer verdientem eigenem Geld. Spielgeld von der Börse und Kredite von der Bank sind der Hebel des raschen Wachstums. „Auf seinen Schulden reitet der Unternehmer zum Erfolg", wusste schon der österreichische Ökonom Joseph Schumpeter.

Zum Schluss ist Merckle – neben anderem – die Wette an der Börse zum Verhängnis geworden. Wie ein Hedge-Fonds setzte er viel Geld auf fallende VW-Kurse, um die hohen Schulden bei Heidel-Cement zu bedienen. Dabei hatte er die Rechnung ohne den neuen VW-Eigner Porsche gemacht. Ausgerechnet gegen Porsche hatte er verloren, die mit ihren Kaufoptionen den VW-Kurs erfolgreich nach oben trieben, ausgerechnet gegen Wendelin Wiedeking, den er nach eigener Aussage immer besonders bewundert hatte. Er musste zusehen, wie der Wert seiner Beteiligungen schrumpfte, der Berg der Schulden wuchs, Liquidität knapp wurde und die Banken sich immer zugeknöpfter gaben. „Heute werde ich persönlich angegriffen und als Zocker dargestellt", sagte er der F.A.Z. in seinem letzten Interview: „Das macht mich traurig."

Zuletzt war Adolf Merckle genötigt, die Kontrolle über sein Unternehmen abzugeben. Die ihm abgenötigte Entscheidung hat er noch selbst ratifiziert. Einen Überbrückungskredit gibt es nur, wenn die Familie sich aus dem operativen Geschäft zurückzieht, das Unternehmen zerschlagen und Ratiopharm verkauft wird. Ob auch weiter Säulen aus dem Konzern herausgebrochen werden, ist erst klar, wenn die Wirtschaftsprüfer das undurchsichtige Geflecht bis in den letzten Winkel durchleuchtet haben werden. Dann, so sagen viele, wird nicht mehr viel übrigbleiben vom großen Reich der Familie.

„Einer wie Merckle kann es partout nicht ertragen, die Kontrolle zu verlieren", sagen die Suizidforscher. Lieber bringt er sich um. Offenbar wird, dass die Spekulation eine todernste Angelegenheit ist, alles andere als ein Spiel im Unverbindlichen, wie die meisten meinen.

Warum aber geht einer wie Merckle nicht still aus dem Leben? Womöglich weil der Gang auf die Schienen ihm auf schaurige Weise ein letztes Mal den Thrill besorgt.

Erschienen in: Frankfurter Allgemeine Sonntagszeitung vom 11.01.2009
© 2009 Rainer Hank, Nachdruck mit freundlicher Genehmigung der Frankfurter Allgemeinen Sonntagszeitung

Kein Rettungspaket hat ihm helfen können

Vom Scheitern eines großen Patrons: Nachdenken über Adolf Merckle

Von Burkhard Spinnen

Adolf Merckle taugte nicht zur Lichtgestalt einer sozialen Marktwirtschaft. Man hat Merckle geachtet, respektiert und gefürchtet; und solange bei dem ungeheuren Expansionsdrang seines Unternehmens auch seine 100.000 Angestellten sowie der Staat profitierten, wird kaum einer ein schlechtes Wort über ihn gesagt haben.

Doch das änderte sich in den vergangenen Monaten. Adolf Merckle einer der Leerverkäufer, die Mitschuld tragen an der internationalen Finanzkrise? Das taugte zum Skandal. Und jetzt, da der Mann Selbstmord begangen hat, muss man sich gewissermaßen beide Hände auf den Mund drücken, um nicht laut herauszuschreien: „So was kommt von so was!" Doch so sehr ich vor Urteilen über Adolf Merckle und sein Leben warnen möchte: Ich kann nicht verhindern, dass in mir eine Figur entsteht, eine Figur der Bundesrepublik und der deutschen Industriehistorie. Sein Tod zu „lesbar": in der Verwandlung des Menschen in eine Figur der Zeit- und Bewusstseinsgeschichte. Nach einer schweren Auseinandersetzung über sein Lebenswerk ist der Mann nämlich nicht still und leise abgetreten, er hat kein Altersteil bezogen, sondern er ist so öffentlich und dramatisch in den Tod gegangen, wie er sonst nie erscheinen wollte. Ein Tod wie dieser schließt die eigene Lebensbilanz, die wohl tief in die roten Zahlen geraten war, nicht im Privaten ein, sondern stellt sie aus wie die Quartalsbilanz einer Aktiengesellschaft. Merckles Tod macht jeden, der davon erfährt, zum Adressaten einer Botschaft. Nur – worin besteht die Botschaft?

Vor 25 Jahren beging einer meiner akademischen Lehrer auf den Schienen einer Regionalbahnstrecke Selbstmord. Dass es ein Zeichen war, wusste ich sofort. Doch wofür? Die besonders selbstzerstörerische Art und Weise dieses Freitods schrieb die Botschaft in roter Tinte und unterstrich sie drei Mal. Aber was war die Botschaft? Ich las nur immer, wenn ich mir die grauenvollen Umstände vergegenwärtigte, ein entschiedenes „So nicht!" Und wenn ich auch bis heute nicht weiß, was genau es war, das so nicht sein durfte – es bleibt mir doch seither die Aufgabe, es zu bedenken.

Jetzt ist es ähnlich. Wenn der Besitzer eines Pharmaunternehmens, das in die Krise geraten ist, den Tod auf den Schienen sucht, macht er sein Ende zum letzten Akt einer Tragödie. Und uns macht er damit, ob wir es wollen oder nicht, zu deren Zuschauern. Wir sehen die Bühne eines Gegenwartstheaters, auf der einer nicht zufällig dahingeht, sondern als Beispiel für etwas Allgemeines stirbt, etwa als Repräsentant der Unmöglichkeit, richtig zu leben.

Der innengeleitete Mensch

Ich weiß, die Tragödie um den real existierenden Adolf Merckle mag klischeehafte Momente haben. Und sie bedient, wovor man sich hüten sollte: Voyeurismus, Besserwisserei und moralische Überheblichkeit. Doch in diese Verlegenheit bringen einen alle Tragödien. Immer laufen wir Gefahr, selbst noch ein Stück kleiner zu werden, wenn wir über das Scheitern der Großen reden. Aber man kann der Gefahr entgehen, wenn man das Angebot aufgreift, aus der Person eine Figur und aus dem Geschehen ein Exempel zu machen. Und so ist, was ich im Folgenden sage, gar nicht mehr auf den Unternehmer Merckle persönlich gemünzt. Es trifft bereits, so denke ich mir, jemand anderen, einen tragischen Helden der Gegenwart.

Natürlich ist er kein strahlender, sondern ein überaus problematischer Held. Er ist einer, in dem die Lebens- und Wertewelten einer älteren Epoche aufbewahrt sind. Er denkt noch in Kategorien, die längst nicht mehr en vogue sind, Imperium, Familie oder Dynastie. Er glaubt, selbst in einer global vernetzten und vom Wandel geprägten Welt einen Raum, ja ein Reich gründen und bewahren zu können, in dem alles einem Gesetz und einem Willen folgt, nämlich seinem. Er ist ein klassischer Vertreter jenes Menschentypus, den der amerikanische Soziologe David Riesman als „inner-directed", als innengeleitet bezeichnet hat. Dieser Typus dominiert in den dynamischen Industriegesellschaften. Im Gegensatz zum älteren Typus des traditionsgeleiteten Menschen setzt er sich selbst die Normen und Regeln. Anerkennung von außen ist ihm nicht so wichtig wie das Erreichen selbstgesteckter Ziele. Verfehlt er die, empfindet er tiefe Schuld.

Was geschieht mit einem solchen Helden, wenn er in die heutige Welt der nach Riesman außengelenkten Menschen gerät? Diese neuen Menschen leben nicht nach einem unveränderbaren inneren Gesetz, sondern sie orientieren sich an der Tagesverfassung ihrer Umwelt. Wichtig ist ihnen, was gerade angesagt ist. Sie bilden Teams und tun, was geht. Zwar leben sie dauernd in der Angst, ihrer Umwelt zu missfallen; doch dafür sind sie in der Lage, rasch und ohne innere Konflikte ihre Lebensräume und damit ihre Richtlinien zu wechseln. Für innengeleitete Menschen sind die außengeleiteten charakterlose und eitle Opportunisten; im Gegenzug halten die außengeleiteten die innengeleiteten für Autisten.

Ich weiß nun nicht, wie es dem Unternehmer Merckle in den letzten Jahren ergangen und ob er tatsächlich mit seinem (Wirtschafts-)Denken in die total globalisierte und radikal außengeleitete Welt der Börse geraten und dort untergegangen ist. Aber ich kann und darf mir durchaus vorstellen, wie der Held meiner Tragödie als Repräsentant eines älteren, innengeleiteten Wirtschaftsdenkens an den Selbstverständlichkeiten der Finanzgegenwart scheitert.

Angestoßen durch seinen dramatischen Tod, kann ich ihn in den Helden meiner Wirtschafts-Tragödie verwandeln. Und dort stirbt ganz eindeutig einer, weil er in eine Welt gerät, die nicht mehr die seine ist. Es ist in meiner Tragödie nicht mehr so wichtig, ob er ein guter oder ein schlechter Unternehmer oder ob er gar beides war, egal: Es hat ihn in eine Gegenwart verschlagen, in der er doppelt scheitern musste. Einmal an den Umständen und dann noch einmal vor sich selbst. Kein Rettungspaket hat ihn retten können, keine Sozialisierung der Unternehmensverluste konnte ihn vor dem Verlust seines Selbstbildes bewahren.

Diese Tragödie spielt jetzt in meinem Kopf, sie möchte ich lesen, keine Nachrufe, die eine Tendenz zur Nachrede haben. Adolf Merckle habe ich nicht gekannt, über ihn als Menschen weiß ich so gut wie nichts. Aber wirklich berührt von Furcht und Mitleid schaue ich auf den Helden meiner Tragödie, der an einem kalten Nachmittag in Richtung Schienen geht. Ich schaue auf einen, der vielleicht mehr riskiert und verbrochen hat als hundert andere zusammen und der noch mehr riskiert und verbrochen hätte, ohne sich ein Gewissen zu machen, während er es zugleich nicht aushalten kann, sich auch nur eine Handbreit von seinem Selbstbild zu entfernen.

Der Held einer Tragödie
Wie in den klassischen Tragödien stehen sie alle um ihn herum und sagen: Kein Problem! Hier ist die Lösung, die Vereinbarung, der Kompromiss. Aber keine Finanzspritze und keine Sozialisierung der Verluste kann heil machen, was in ihm zerbrochen ist. Dunkelheit. Triebwagen. Vorhang zu.

Und alle Fragen offen! Ich jedenfalls muss mich jetzt und bis auf weiteres fragen: Sind es solche wie mein Held, die unsere zeitgenössische Wirtschaft belasten, Relikte aus der Zeit der Patrone und Autokraten? Brauchen wir mehr Transparenz und Außenleitung? Oder ist im Gegenteil gerade das Scheitern der Patrone ein Indiz dafür, dass uns ihre Nachfolger aus den Managerseminaren vom Regen in die Traufe jagen? Wen darf, wen soll, wen kann ich mir heute an der Spitze unserer Wirtschaft wünschen?

Erschienen in: Süddeutsche Zeitung vom 09.01.2009
© 2009 Burkhard Spinnen, Nachdruck mit freundlicher Genehmigung der Süddeutschen Zeitung

Die Oppenheim-Tragödie

Wie Gier und Größenwahn die Bank der Superreichen nach 220 Jahren Unabhängigkeit zu Fall brachten.

VON SÖREN JENSEN UND ULRIC PAPENDICK

Die Szenerie hatte etwas Unwirkliches, es war fast wie in einem Paralleluniversum. Während in den Finanzzentren allenthalben Depression und Krise herrschten, verlustierten sich Ende Juli sichtbar gut gelaunte Privatbankiers, allen voran Matthias Graf von Krockow (60), beim Poloturnier auf Sylt, dem Eiland der Reichen und Schönen.

Geladen hatte die Bank der Reichen und Schönen – das Geldhaus Sal. Oppenheim, dem Krockow seit 1998 vorsteht. Stilvoll gewandet in ein dunkelblaues, goldgeknöpftes Klubjakett, empfing der Edelmann vor wenigen Wochen ausgesuchte Promis und gute Kunden, die im VIP-Zelt vom Hauptsponsor der German Polo Masters auf das Vorzüglichste bewirtet wurden.

Während Krockow & Co. auf der Insel der Seligen noch die noblen Bankiers gaben, war im Kölner Stammhaus von Sal. Oppenheim und in Luxemburg, wohin die Bank 2007 mit ihrem Hauptsitz emigriert war, bereits entschieden, dass die Geschichte des 220 Jahre alten Instituts unmittelbar vor einer tiefen Zäsur, wenn nicht vor ihrem Ende steht.

Mit dem Einstieg der Deutschen Bank – der Oppenheim-intern unter dem Codewort „Neptun" vorbereitet wurde – verliert das Institut den Charakter einer Privatbank, auf den man mehr als zwei Jahrhunderte so stolz war. Aus Europas größtem Geldhaus in Privathand, geführt zum Teil von Familienmitgliedern, wird die Filiale einer europäischen Großbank.

Es handelt sich um den atemberaubenden Niedergang eines Instituts, das Mitte der 90er Jahre – nach dem Verkauf der Colonia Versicherung – noch überkapitalisiert war und nun von einer Seite Geld annehmen muss, auf die man zuvor nur mit Dünkel und Arroganz blickte.

Welch eine Tragödie – nicht nur des Bankhauses, sondern auch der Eigentümerfamilie. Deren drei Stämme haben viel Geld verloren und sich obendrein über die Führung des Bankhauses zerstritten. Ein Riss geht auch quer durch das Spitzengremium der Bank, die vier persönlich haftenden Gesellschafter – ein Quartett des Mittelmaßes. Seit dem Ausscheiden des ehemaligen Bundesbankers Karl Otto Pöhl (79) als Oppenheim-Chef im Jahr 1998 gab es auf dieser Ebene keine Fachkraft von Format mehr.

Die siebte Generation der Oppenheims und ihre angestellten Manager, mit ihnen Graf Krockow, der Schwiegersohn der kürzlich verstorbenen Hauptanteilseignerin Karin Baronin von Ullmann, haben die Unabhängigkeit des einst so stolzen Geldhauses verspielt, verspekuliert, verzockt. Gier, gepaart mit Größenwahn und Inkompetenz, hat dazu geführt, dass den Nachfahren des Gründers Salomon Oppenheim keine andere Wahl blieb, als sich an die Deutsche Bank zu verkaufen.

Auch wenn zunächst nur von einer Minderheitsbeteiligung die Rede ist, wird der Einfluss des Frankfurter Instituts über kurz oder lang beherrschend sein – bis hin zur 100-prozentigen Übernahme der Anteile.

Schließlich kann es sich Deutsche-Bank-Chef Josef Ackermann (61) nicht leisten, Hunderte von Millionen Euro seiner Aktionäre in ein Abenteuer zu stecken, dessen Risiko er weder einschätzen noch steuern kann.

Denn der Zustand der Privatbank ist bejammernswert. Sal. Oppenheim hat 2008 hohe Verluste erlitten – zum Teil der Finanzkrise geschuldet, aber auch höchst eigenen Fehlern der Bankoberen. Zu denen zählen neben Krockow der einzige Gründernachfahr und Namensträger in der operativen Verantwortung, Christopher Freiherr von Oppenheim (43), sowie die familienfremden Partner Friedrich Carl Janssen (63) und Dieter Pfundt (56).

Die Herren haben ein allzu großes Rad gedreht, unter Krockow verfünffachte sich die Bilanzsumme. Die Bankiers sind viel zu hohe Risiken eingegangen – in dem Vertrauen, es werde schon gut gehen.

Missratene Engagements bei Firmen wie dem insolventen Handels- und Touristikkonzern Arcandor, der nur mit Staatshilfe geretteten Mittelstandsbank IKB und der Immobilienholding IVG haben die Bank beziehungsweise deren Gesellschafter Hunderte von Millionen Euro gekostet. Wertpapierspekulationen mit dem eigenen Geld der Bank belasteten das Institut im vergangenen Jahr zusätzlich mit rund 300 Millionen Euro.

Zudem stürzte der Umzug von Köln nach Luxemburg das Institut ins Chaos. Zwar wurden wichtige Leute aus der zweiten Ebene ins Großherzogtum versetzt. Sie agierten aber weitgehend führungslos, da die Partner sich nur tageweise am neuen Firmensitz sehen ließen. Wenigstens Janssen reiste regelmäßig donnerstags per schwerer Limousine an.

Am dritten Standort Frankfurt führten die hauseigenen Investmentbanker derweil ein Eigenleben. Sie setzten vor allem auf das hochriskante Geschäft mit Zertifikaten. Als im Gefolge der Lehman-Pleite die Nachfrage nach strukturierten Wertpapieren einbrach, blieb Sal. Oppenheim nicht nur auf hohen laufenden Kosten für den aufgeblähten Apparat sitzen, sondern es trocknete auch der bis dahin stetige Liquiditätszufluss aus. Das Institut musste sich zunehmend an den Finanzmärkten Geld beschaffen.

Das wurde immer teurer, denn die Risiken in den Bankbüchern wirkten sich negativ auf die Bonität von Sal. Oppenheim aus. Ratingagenturen drängten ebenso wie die Bankenaufsicht BaFin auf eine Stärkung der Eigenkapitalbasis. Anfang des Jahres stellte die Familie 200 Millionen Euro für eine Kapitalerhöhung zur Verfügung. Den Betrag liehen sich die Eigner etwa zur Hälfte von der Luganer Bank BSI, einer Tochter der italienischen Generali-Versicherung.

Das Geld reichte bei Weitem nicht aus. Doch eine weitere Kapitalerhöhung zerschlug sich. Christopher von Oppenheims Stamm hätte wohl zusätzliche Mittel eingeschossen. Aber der Ullmann-Zweig war nicht mehr allzu liquide, da Krockow einen Großteil des Privatvermögens in etliche Immobilienprojekte gesteckt hatte. Davon abgesehen wollte Jochen Sanio (62), Chef der BaFin, nicht akzeptieren, dass wieder nur die hoch verschuldeten Eigentümer dem Institut beisprangen – er sah Bank und Eigner als wirtschaftliche Einheit.

Was also tun? Verzweifelt suchten die Bankiers zunächst Beistand bei ihren Kunden. Milliardäre wurden gefragt, ob sie sich nicht an Sal. Oppenheim beteiligen wollten. Dies hätte zwar den Einfluss der Familie geschmälert, aber wenigstens den Charakter als Privatbank erhalten.

Besonders Christopher von Oppenheim präferierte diesen Weg. Doch die Zeit reichte einfach nicht aus, um einen Kundenpool zusammenzubekommen. Zudem verlangte die BaFin ultimativ die Anlehnung an eine große börsennotierte Adresse.

Dass nun die Deutsche Bank – quasi ein Moloch aus einer anderen Welt – als Retter akzeptiert wird, zeigt, wie prekär die Situation für Sal. Oppenheim gewesen sein muss und damit auch für Bankchef Krockow.

Dessen Wirken sorgte im Gesellschafterkreis zum Schluss immer mehr für Unmut. Seine Daseinsberechtigung bezog er bisher vor allem aus seiner Heirat mit Ilona Baronin von Ullmann (55), einer Urururenkelin des Bankgründers. Ihrem Stamm gehört das größte Anteilspaket (30 Prozent) an der Bank.

Das machte Krockow lange unangreifbar. Doch inzwischen sollen auch die Ullmanns an ihm zweifeln – unter anderem wegen seiner Investments aus dem Privatvermögen der Familie.

Schon im Frühjahr war der für die Kundenkontakte wichtige, aber als Institutsleiter überforderte Krockow im Innenverhältnis zum Teil entmachtet worden. Janssen wurde zum stellvertretenden Sprecher der persönlich haftenden Gesellschafter ernannt und agierte seitdem wie der eigentliche Chef.

Grund vielen Übels ist eine mangelnde Corporate Governance. Aktionäre und Aufsichtsrat haben kaum die Möglichkeit, Einfluss auf die persönlich haftenden Gesellschafter zu nehmen.

Bis 2005, bis zum Tod von Christophers Vater, des angesehenen Bankiers Alfred („Alfi") von Oppenheim, kontrollierte wenigstens ein Familienzweig den anderen: Alfred aus dem zweitmächtigsten Stamm (24 Prozent) saß dem Aufsichtsrat vor und überwachte die Tätigkeit Krockows. Als Nachfolger Alfis wurde Georg Baron von Ullmann (55), der Zwillingsbruder von Krockows Ehefrau, zum obersten Kontrolleur ernannt. Die Berichtswege verliefen fortan von Schwager zu Schwager. Vorbildhafte Aufsicht sieht anders aus, zumal Ullmann sich mehr für Pferde als für Bankgeschäfte interessiert.

Seit Langem gibt es die Forderung aus dem Aktionärskreis, die Zahl der aktiven Partner zu erhöhen. Ein Vierergremium genügt angesichts des Arbeitspensums vorn und hinten nicht.

Der 2008 ausgeschiedene Detlef Bierbaum (66) war nicht ersetzt worden. Die Unternehmensberatung BCG hatte damals empfohlen, Vermögensverwaltung für Privatkunden und Asset-Management für institutionelle Klienten zusammenzulegen. Beide Bereiche leitete fortan Christopher von Oppenheim, der sich damit jedoch übernahm.

Einstmals hatte es bei Sal. Oppenheim acht Partner gegeben. Doch die Aktionäre können die Führung nicht zwingen, den erlauchten Kreis zu vergrößern. Dass das Quartett unter sich bleiben wollte, mag mit der Gewinnverteilung zusammenhängen. Die Partner erhalten eine Vorabzahlung aus dem Jahresüberschuss – angeblich einen zweistelligen Prozentsatz –, die sie miteinander teilen müssen. Und da bleibt für den Einzelnen natürlich weit mehr, wenn durch vier anstatt durch acht dividiert wird.

Egal ob wegen zunehmender Überforderung oder mangelnder Kontrolle: In den vergangenen Jahren häuften sich die Fehler. Mitten in der Krise der IKB Bank pumpte Sal. Oppenheim 2007 über eine Kapitalerhöhung Geld in das praktisch insolvente Institut. Insgesamt dürften die Privatbankiers einen zweistelligen Millionenbetrag bei der IKB versenkt haben. Auch die Misere bei der Immobilienholding NG traf Sal. Oppenheim voll. Die Bank ist dort mit 20 Prozent beteiligt.

Als desaströs erwies sich die enge Verbindung zur Erbin des Versandhauses Quelle, Madeleine Schickedanz (65). In den 90er Jahren hatten die Bank und ihre Gesellschafter Frau Schickedanz gut eine Milliarde D-Mark geliehen, damit die sich beim Karstadt-Konzern einkaufen und diesen mit Quelle zusammenschließen konnte.

Im Spätsommer 2008 stand das inzwischen in Arcandor umbenannte Unternehmen vor der Pleite. Um Frau Schickedanz zu helfen und um die Bank vor der Abschreibung des Kredits zu bewahren, stieg Sal. Oppenheim damals mit knapp 30 Prozent als Großaktionär bei Arcandor ein und gab dem Unternehmen darüber hinaus 20 Millionen Euro Kredit.

Dieses Darlehen ist durch die inzwischen eingetretene Insolvenz von Arcandor praktisch verloren, die Kursminderung des Aktienpakets beträgt rund 140 Millionen Euro. Unklar ist, ob der Kredit des Geldhauses an Frau Schickedanz, der bei 160 Millionen Euro valutiert, eingetrieben werden kann.

Den größten Teil des Kursverlustes trug letztlich nicht die Bank, sondern deren Gesellschafter übernahmen ihn. Um die Bilanzrelationen zu verbessern, gliederte Sal. Oppenheim Anfang 2009 Unternehmensbeteiligungen wie Arcandor und IVG aus – an eine Holding namens „Soladis", die den Bankeignern gehört. Und die zahlten dem Institut die Einstandskurse. Die dafür erforderlichen 550 Millionen Euro mussten sich die Gesellschafter leihen.

Folgenschwer war auch die langjährige enge Bindung von Sal. Oppenheim an den Troisdorfer Immobilientycoon Josef Esch (52). Der ehemalige Maurerpolier konzipierte über eine gemeinsame Gesellschaft mit der Bank geschlossene Immobilienfonds für die Oppenheim-Kundschaft, insgesamt im Volumen von rund vier Milliarden Euro.

Das Esch-Geschäft sorgte lange Zeit für bis zu 50 Prozent des Bankgewinns. Die Fonds finanzierten vor allem Bauten in Köln (KölnArena, Messehallen, Medienzentrum Coloneum). Nur im kölschen Klüngel war es möglich, dass Stadt oder Stadtsparkasse hohe Mieten zugunsten der Fonds zahlten oder garantierten.

Die unheiligste Allianz aber war die zwischen Esch, Oppenheim und Arcandor. Für die Arcandor-Tochter Karstadt konzipierte Esch fünf Warenhaus-Fonds. Diese vermieteten die Immobilien zu einem satten Zins an Karstadt.

Die Fondsanteile wurden von zahlreichen Mitgliedern der Familien Oppenheim und Ullmann gezeichnet, aber auch von reichen Kunden wie den Schwarz-Schüttes (ehemals Schwarz-Pharma), den Conle-Kalinowskis (einst LTU), den Krekes (Douglas), den von Fincks (früher Bankhaus Merck Finck & Co.) und auch von Thomas Middelhoff (56), der später Arcandor-Chef wurde und sich so in einen Interessenkonflikt hineinlavierte. Gegen ihn ermittelt in diesem Zusammenhang die Staatsanwaltschaft. Middelhoff bestreitet die Vorwürfe.

Solange Karstadt zahlungsfähig war, gab es keine Probleme. Doch nun sind Arcandor und die Tochter insolvent, die Mietzahlungen wurden vorerst eingestellt, und viele Oppenheim-Kunden, aber auch Mitglieder der Bankeignerfamilien bangen um ihr Geld.

Nachdem das „Manager Magazin" im Herbst 2005 aufgedeckt hatte, wie Esch und die Bank sich auf Kosten der Kommune Köln und des Fiskus bereicherten, gab es nur noch eine Fondsemission – allerdings für ein Objekt in Frankfurt.

Inzwischen will auch das Bankhaus nicht mehr so gern mit Esch in Verbindung gebracht werden. Der Ärger um die Fonds mag Sal. Oppenheim dazu bewogen haben, die Verbindung zum Immobilienmogul zu lockern. Die einst hälftige Beteiligung an der Fonds-Holding hat das Institut auf zehn Prozent reduziert, den Rest übernahmen die Bankeigner.

Geblieben ist der Zorn auf Krockow. Privatkunden sollen in größerem Umfang Einlagen abgezogen haben, Teile der Eigentümersippe machen den Sprecher der persönlich haftenden Gesellschafter für ihre Verluste verantwortlich.

Zu allem Überfluss spekulierten die Bankiers mit dem Geld des Instituts, namentlich der für das Wertpapier- und Investmentgeschäft zuständige Frankfurter Partner Pfundt. Der 1996 von der Citibank gekommene Kapitalmarktprofi, ein Mann mit großen Ambitionen („Wir wollen die führende Investmentbank im deutschsprachigen Raum sein"), machte aus der einst zurückhaltenden Privatbank eine veritable Zockerbude.

Als Berater bei Fusionen und Übernahmen schaffte es die Pfundt-Truppe nie in die erste Liga. Im Wesentlichen beschränkten sich die Investmentbanker auf die Unterstützung von Heuschrecken-Investoren bei kleineren Deals.

Dafür schraubte Pfundt das Risiko der Bank in irrsinnige Dimensionen. Im Geschäft mit Zertifikaten und anderen hochriskanten „strukturierten" Wertpapieren ging das Institut in der Spitze Verpflichtungen von fast acht Milliarden Euro ein.

In der Wahl seiner Partner war der intern auch mal „Cowboy" genannte Pfundt nicht besonders sensibel. 2004 setzte er einen Hedgefonds mit der österreichischen Quadriga-Gruppe auf, eine von einem ehemaligen Wiener Streifenpolizisten gegründete Gesellschaft von eher zweifelhaftem Ruf. Als es daraufhin im Kreis der erlauchten Oppenheim-Kundschaft rumorte, ließ die Bank den Fonds schnell wieder beerdigen.

Auch im Wertpapierhandel auf Rechnung der Bank spielte Pfundt mit hohem Einsatz. Im Oktober vergangenen Jahres – die New Yorker Investmentbank Lehman Brothers hatte die Finanzwelt gerade mit ihrem Gang zum Konkursrichter in Schockstarre versetzt – legte Oppenheims oberster Investmentbanker noch mal richtig los. Mit waghalsigen Wetten – unter anderem auf einen Kursrutsch der VW-Aktie – setzte er an manchen Tagen zweistellige Millionenbeträge in den Sand.

In den Führungszirkeln der deutschen Wirtschaft ist Pfundts Ruf seit Längerem nicht mehr der beste. Als der Oppenheim-Partner in diesem Sommer zum neuen Schatzmeister der Berliner „Atlantik Brücke" gewählt wurde, murrte manch einer in den Reihen des elitären deutsch-amerikanischen Netzwerks, weshalb man einen Mann zum Hüter der Finanzen mache, dessen Spekulationen die eigene Bank in Not gebracht hatten.

Tatsächlich verursachte der von Pfundt verantwortete Handel allein im Schlussquartal 2008 einen Kollateralschaden von 155 Millionen Euro.

Am Ende musste die Bank einen Jahresverlust von 117 Millionen Euro ausweisen. Das tatsächliche Minus dürfte weit höher gelegen haben, schließlich konnte die Bank einen außerordentlichen Ertrag von 371 Millionen Euro vereinnahmen, unter anderem indem sie das Wertpapierverwahrgeschäft der BHF-Bank an eine extra gegründete Holding der Eignerfamilien verkaufte.

Das Krisenmanagement der Oppenheim-Banker missglückte völlig. Etwa der Versuch, die Frankfurter Tochter BHF-Bank gegen Bares loszuschlagen: Ausgerechnet in einer Phase rückläufiger Unternehmenspreise auf eine Auktion zu setzen, wie Sal. Oppenheim es tat, erscheint einigen Marktteilnehmern als ausgesprochen dilettantisch. Zudem wurde das Vorhaben zur Unzeit publik.

Auch dass die Bank der Superreichen an einem Sozialplan für die Mitarbeiter in Pfundts überdimensioniertem Handelsbereich feilen musste, gelangte ans Licht einer irritierten Öffentlichkeit.

Alles in allem dürften die nun von den Experten der Deutschen Bank durchkämmten Bücher der Privatbankiers weitaus größere Risiken beinhalten als bisher bekannt. Allein im vergangenen Jahr hat Oppenheim riskante Wertpapiere im Volumen von knapp sechs Milliarden Euro vom Handels- ins Anlagebuch umgebucht, um Abschreibungspflichten zu entgehen.

Im Frühjahr begannen die Oppenheim-Partner, sich nach externer Hilfe umzusehen. Diskret fühlte Pfundt bei Christopher Pleister (61) vor, einem der Verantwortlichen des staatlichen Bankenrettungsfonds Soffin in Berlin. Ob die Elitebank im Notfall Garantien vom Soffin bekommen könnte, wollte Pfundt wissen. Allzu freundlich aufgenommen wurde er nicht – der Umzug ins Steuerrefugium Luxemburg war in Berlin nicht besonders gut angekommen.

Formal waren also die Behörden des Großherzogtums zuständig. Dennoch versetzte Pleisters Bericht über die Causa Oppenheim die Berliner Ministerialen in helle Aufregung – zumal ein von der BaFin angeordneter Stresstest ergeben hatte, dass die Bank die angedrohte drastische Herabstufung ihrer Bonität durch die Ratingagentur Fitch nicht überstanden hätte.

Während beim Soffin und bei der Bankenaufsicht bereits die Notfallpläne vorbereitet wurden, formierten sich die Bankiers noch einmal zur Abwehrschlacht. Vereint versuchten alle vier Partner, Fitch umzustimmen. In einer sieben Stunden dauernden Sitzung feilschten Bankiers und Bonitätswächter um jedes Detail. Am Ende senkte Fitch die Note nicht, wie angekündigt, um vier Stufen, sondern nur um eine.

Nur ein kleiner Sieg für Krockow & Co. Denn die Londoner Fitch-Analystin Bridget Gandy stellte ein Ultimatum: Sollte die Bank nicht binnen zwei Monaten ihr Kapital stärken, seien weitere Herabstufungen zu erwarten. Auch BaFin-Präsident Sanio machte den Oppenheim-Partnern unmissverständlich klar, dass er das Geldhaus notfalls unter staatliche Kontrolle stellen werde, wenn sich kein Investor fände.

Die Zeit lief ab für die Bank der Milliardäre. Andere Institute kürzten die Kreditlinien; manche zogen sich ganz zurück. Auch innerhalb des Bankhauses zeigten sich Auflösungserscheinungen. Topleute aus dem Investmentbanking suchten den Absprung; Vorstände der BHF-Bank fühlten bei anderen Kreditinstituten vor, ob man sich eine Partnerschaft vorstellen könne. Die Verbindung mit Oppenheim, gaben sie zu verstehen, werde womöglich nicht mehr von langer Dauer sein. Klar war: Das 220 Jahre alte Institut brauchte schleunigst frisches Geld. Krockow und Janssen favorisierten seit einiger Zeit – nicht zuletzt auf Druck der Aufsicht – den Einstieg eines größeren Konkurrenten. Diese Lösung würde schließlich nicht nur dem Institut, sondern auch seinen Eignern ausreichend neues Geld zuführen.

Die Oppenheim-Partner hatten auch schon einen ernsthaften Interessenten gefunden – die Luxemburger Großbank BGL, eine Tochter der französischen BNP Paribas. Doch einen Verkauf des einstigen deutschen Traditionshauses an die Franzosen goutierten weder die Berliner Politiker noch die Bankenaufsicht.

Offenbar war es BaFin-Chef Sanio, der die Deutsche Bank ins Spiel brachte. Deren Primus Ackermann will seinen vor allem auf das Investmentbanking fokussierten Konzern seit Längerem im sogenannten Wealth Management verstärken. Von dieser Betreuung superreicher Kunden versprechen sich Ackermann & Co. nicht zuletzt einen lukrativen Absatzkanal für die Produkte ihrer Investmentbank.

Bei einem Treffen in Zürich Ende Juli zurrten die Deutschbanker mit den Oppenheim-Partnern erste Details des Deals fest. Zwei Wochen später überwies der Frankfurter Branchenprimus 300 Millionen Euro als Nothilfe an die Oppenheim-Gesellschafter, die das Geld vereinbarungsgemäß umgehend der Bank zuführten.

Um die milliardenschwere Kundschaft der Privatbank nicht zu sehr zu erschrecken, soll es zunächst bei einer Minderheitsbeteiligung bleiben. Später, daraus macht die Deutsche Bank keinen Hehl, wolle man die restlichen Anteile übernehmen.

Die Frankfurter werden die Privatbank möglicherweise in eine Aktiengesellschaft umwandeln und die Leitung eigenen Leuten anvertrauen. Das bisherige Führungsquartett von Sal. Oppenheim dürfte in jedem Fall ausgespielt haben.

Krockow hat in der Bank selbst und im Markt sämtliche Glaubwürdigkeit verloren, Zocker Pfundt ebenfalls. Der Frankfurter Partner versuchte Mitte August, seinen Investmentbereich an die italienische Mediobanca zu verkaufen.

Janssen ist vom Krisenmanagement der vergangenen Monate bei Sal. Oppenheim und als Arcandor-Aufsichtsratschef völlig zermürbt; er wird wohl nach Abschluss der Verhandlungen mit der Deutschen Bank gehen.

Allein Christopher von Oppenheim wird voraussichtlich bleiben. Der Mann mit dem Familiennamen des Gründers wäre geeignet, im Auftrag der Deutschen Bank den Kontakt zur reichen Klientel zu halten.

Das würde Sal. Oppenheim freilich den Status der Privatbank nicht zurückbringen, der ist wohl unwiederbringlich verloren. Schon setzen sich Kunden ab, die ihr Geld eben nicht von der Filiale einer Großbank verwalten lassen wollen. Die wenigen verbliebenen privaten Institute wie Berenberg oder Metzler profitieren.

Auch für Christopher, den Sohn des großen Alfred von Oppenheim, wäre die Rolle des Frühstücksdirektors einer Großbank eine schwere Schmach.

Es ist der Stoff, aus dem Tragödien sind.

Erschienen in: Manager Magazin, Ausgabe 9/2009
© 2009 Sören Jensen und Ulric Papendick, Nachdruck mit freundlicher Genehmigung des Manager Magazins

4. Erfolgreich mit klassischen Tugenden

Die stillen Stützen

Von Uwe Jean Heuser und Dietmar H. Lamparter

Zeit seines Unternehmerlebens hat Michael Stoschek, 61, eine Abneigung gepflegt, die sich heute als beinahe visionär erweist: Der eigenwillige Franke mag keine Abhängigkeit von Banken. Keine Akquisitionen mit riskanter Finanzierung. Vor 38 Jahren übernahm er die von seinem Großvater gegründete Familienfirma in Coburg, und der Mittelständler verwandelte sich in die Brose Gruppe. In jedem dritten weltweit gebauten Auto sind heute deren elektrische Fensterheber, Sitzverstellungen oder Antriebsmotoren eingebaut. Aus 1.000 Mitarbeitern wurden 14.000, aus 25 Millionen Euro Umsatz derer 2,8 Milliarden.

Und das alles lange Zeit ohne Banken. Stolz konnte Stoschek sagen: „Wir haben unsere Investitionen vollständig aus eigenen Mitteln finanziert." Es ging nur, weil neben ihm auch die anderen vier Familiengesellschafter nicht gierig wurden und die allermeisten Gewinne im Unternehmen ließen. Vor drei Jahren zog sich Michael Stoschek ins Aufsichtsgremium zurück, und der neue Chef hat zum Kauf einer Tochterfirma erstmals einen Kredit aufgenommen. Trotzdem geht Brose mit viel Eigenkapital in die jetzige Wirtschaftskrise – ein großes Plus in diesen für Autozulieferer so schweren Zeiten.

Unternehmerisch geführt und langfristig orientiert: Brose ist ein Beispiel für den Typus des etwas anderen Unternehmens, wie ihn der deutsche Mittelstand hervorbringt. Natürlich macht die Krise nicht vor diesen Firmen halt, und viele Mittelständler werden ihr auch zum Opfer fallen. Doch es gibt eben auch viele, die vergleichsweise gut gerüstet sind, weil sie sich den Moden des Moments zu widersetzen wissen – und wichtige Ressourcen vorhalten. Sie verschulden sich nur ungern und lassen auch Tochterfirmen nicht fallen, bloß weil diese gerade nichts verdienen. Sie treiben auch im Abschwung Innovationen voran. Sie achten auf die Weiterbildung ihrer Mitarbeiter und entlassen nicht gleich jeden, der vorübergehend verzichtbar ist.

Der Managementprofessor Fredmund Malik in Diensten der Schweizer Universität St. Gallen beschäftigt sich seit 30 Jahren mit diesen Unternehmen. Hinter dem Aufstieg der Firmen stehen seiner Analyse nach echte Unternehmer, getrieben von dem Wunsch zur Selbstständigkeit: Sie sind gierig, aber nicht nach Geld, sondern nach Erfolg. Die Firma ist für sie laut Malik kein „Business", sondern Lebenszweck. Deshalb führen sie Firmen auch nicht wie eine Sammlung von Finanzanlagen, die möglichst schnell möglichst viel erbringen müssen, sondern denken in Generationen. Sie bleiben der Börse fern, wo die Shareholder in Wirklichkeit Shareturner sind, wie Malik maliziös erklärt: Sie bleiben nicht bei einer Anlage, sondern wechseln im Takt der Analystenempfehlungen die Aktien.

Idealisiert klingt das schon, ist aber deswegen nicht falsch. Die mittelständischen Unternehmer dieser Prägung sichern der deutschen Wirtschaft die Führungsrolle auf Hunderten von Märkten in der Welt. Und so selbstgefällig und patriarchalisch sie manchmal auftreten, sind sie doch selten aufs schnelle Geld aus.

Manche Unternehmer handeln dagegen von Beginn an gegen solche Prinzipien, und andere – wie Adolf Merckle und Maria-Elisabeth Schaeffler – kommen nach langer Erfolgsstrecke vom Weg ab. Der Arzneifabrikant Merckle, der lange als schwäbisch-bescheiden galt, übernahm sich im Boom mit allerlei Firmenkäufen und verspekulierte weiteres Geld. Am Ende beging er Selbstmord. Die Autozulieferer-Königin Schaeffler verhob sich am Versuch, den riesigen Konkurrenten Conti zu übernehmen.

Doch die Regel ist solches Versagen nicht.

Weinheim in Nordbaden. Anno 1849 übernahm Carl Christian Freudenberg mit einem Partner die örtliche Ledergerberei. Heute beschäftigt das Unternehmen mehr als 35.000 Mitarbeiter in 53 Ländern und setzt jährlich 5,5 Milliarden Euro um. Ein Konzern, ja. Aber einer, der ganz der Familie gehört, genauer: 300 Gesellschaftern der fünften und sechsten Generation.

Freudenberg setzte zur Wachstumsexplosion an, als die Weltwirtschaftskrise 1929 losbrach. Firmentechniker entdeckten, dass sich aus Lederresten auch Dichtungen für Motoren herstellen ließen – und aus der Gerberei wurde nach und nach eine Industriegruppe. Heute werden Dichtungen aus Weinheim überall eingebaut, in Fabrikmaschinen und auf Bohrinseln, in Flugzeugen und Autos, auch wenn sie längst aus Gummi und Kunststoff sind.

Das Ereignis von damals hat sich im Firmengedächtnis festgesetzt. Als in den dreißiger Jahren Leder knapp wurde, entwickelte das Unternehmen Kunstleder. Nach dem Krieg entdeckten die eigenen Putzfrauen dann, dass man mit den Resten dieses Vliesstoffs bestens Fenster putzen konnte – die Idee für Vileda-Putztücher war geboren. Dann fanden die Techniker des Hauses heraus: Das Material eignet sich auch für Filter, und zu den neuesten Entwicklungen gehören Membranen für die Brennstoffzelle, die einmal den Benzinmotor ersetzen könnte. Seit 1929 hat sich Freudenberg so 14 neue Produktfelder erschlossen.

Nicht bloß Freudenberg hat sich dem Trend der vergangenen zehn Jahre verweigert, alles auf ein Geschäft zu konzentrieren. „Viele Mittelständler stehen auf vier oder fünf Pfeilern und sind dem Aufruf zur Konzentration einfach nicht gefolgt", sagt Frank Wallau, der Chef des Bonner Instituts für Mittelstandsforschung. Auch hätten sie im Boomjahr 2007 den Trend zum Outsourcing umgedreht und Aufgaben in die eigenen Betriebe zurückgeholt.

„Breit aufgestellt" ist ein nicht eben schöner Ausdruck aus der Geschäftssprache. Doch genau das sind viele der kleinen Familienkonzerne. Wenn ihnen ein Geschäft wegbricht, ist nicht gleich die ganze Gruppe bedroht. Auf diese Weise lassen sich die verschiedenen Wellen einer großen Krise besser überstehen. Und nicht nur in der Krise ist es kaum vorhersagbar, wie sich einzelne Märkte entwickeln. In sich selbst verstärkenden Entwicklungen schießen Preise empor und fallen möglicherweise schon bald wieder in sich zusammen. Je mehr die Wirtschaft aber nach diesen chaotischen Mustern funktioniert, desto eher passen Unternehmer zu ihr, die immer noch Möglichkeiten in petto haben.

Insofern ist der etwas altertümlich anmutende Mittelstandsunternehmer ein Modell für die Moderne.

Arthur Handtmann, der Seniorchef der gleichnamigen Firmengruppe aus dem oberschwäbischen Biberach, vergisst bis heute nicht, wie Banker ihm dringend anrieten, eine seiner Fabriken zu schließen. Handtmann hatte den väterlichen Betrieb gerade saniert, als ihm die neue Fabrikation von Wurstportioniermaschinen wiederum Verluste eintrug. Kostet nur Geld und muss weg, hieß es da von außen.

Handtmann glaubte an die Idee. Und heute erzielt das Unternehmen mit genau diesen Maschinen die höchsten Renditen. „Solange wir daran glauben, dass es besser wird, halten wir an einem Geschäft fest", erklärt der Patriarch. Und das „Besserwerden" darf ein Weilchen dauern.

Soll ein Unternehmen wirklich keinen Betrieb und keinen Mitarbeiter aufgeben? Frank Wallau warnt vor Verallgemeinerung. „Wir sehen nicht die Beispiele, wo es nicht geklappt hat", sagt er, „wo zu lange festgehalten wurde. Das steht dann nur in der Regionalzeitung unter der Überschrift ‚wie dumm'." Beim Mittelständler sei jede Trennung persönlich und deshalb weitaus schwerer zu vollziehen als in der anonymen Managementzentrale einer Aktiengesellschaft.

Gleichwohl würde Handtmann auch Frank Wallau gefallen. Die Gruppe agiert weltweit und ist doch der Provinz verbunden. „Global, aber treu", sagt der Firmenforscher dazu, diese Haltung träfe man oft an. Bloß reden wollten die Unternehmer nicht über ihre Haltung. „Dann heißt es, die Politiker müssen reden, wir müssen handeln."

Geht es um die eigene Nachfolge, handeln viele Erfolgsunternehmer zu spät. Das hat Fredmund Malik oft erlebt. „Sie muten sich zu viel zu, regeln die Nachfolge zu spät und haben dann nicht mehr die Kraft." Sie müssen eben nicht bloß den besten neuen Chef finden, sondern auch durch Regeln und Strukturen dafür sorgen, dass Familienquerelen das Unternehmen nicht gefährden können – und „dass die Firma nicht in die Fänge von Shareholder-Value und Corporate Governance kommt", wie Malik fordert. Unternehmerisches Denken müsse weiter herrschen.

Der schwäbische Maschinenbauer Trumpf ist einer der erfolgreichsten Kleinkonzerne hierzulande. Dort hat die Ländle-Unternehmerlegende Berthold Leibinger mit seinen Kindern schon früh einen Kodex entwickelt, um die Nachfolger im Unternehmen zu bestimmen. Zu einer Zeit nämlich, als der Nachwuchs noch keine eigenen Kinder und deshalb keine Versorgungsinteressen hatte. Danach muss jeder, der aus der Familie in die Firma will, ein Studium abschließen. Er muss eine Zeit seines Lebens im Ausland verbringen, bei einem fremden Unternehmen arbeiten und von dort auch eine Beurteilung mit zurück ins heimische Württemberg bringen.

Der Kodex sei wichtig, meint die Tochter Nicola Leibinger-Kammüller. Verwunderlich ist das nicht. Sie ist heute die Chefin bei Trumpf, ihr Mann und ihr Bruder arbeiten für sie. Und ihre Tochter ist fasziniert davon, dass Mama im Betrieb sogar dem Papa befehlen kann.

Erschienen in: Die Zeit vom 26.02.2009

© 2009 Uwe Jean Heuser und Dietmar H. Lamparter, Nachdruck mit freundlicher Genehmigung der Autoren

Der Charme des Familienunternehmens

Von Inga Michler

Marco Lentini kann seine Ehre kaum fassen. Der Sandwich-Unternehmer wird ins Weiße Haus eingeladen – und dort lobt ihn der US-Präsident vor einer Schar von Journalisten in den höchsten Tönen. Lentini, der vier Schnellrestaurants im Großraum Philadelphia besitzt und gesunde Kost jenseits von Burgern und Tubenkäsesoße bietet, ist für Barack Obama ein herausragendes Beispiel der amerikanischen Familienunternehmen.

Die will Obama in der Krise besonders fördern. Im Frühjahr dieses Jahres versprach er den Mittelständlern Staatshilfen gegen die Kreditklemme und wies die 21 größten Banken der Vereinigten Staaten an, künftig jeden Monat Rechenschaft über ihre Kreditvergabe abzulegen. „Kleine und mittlere Unternehmen sind das Herzstück des amerikanischen Traums", sagt Obama bei der Pressekonferenz und schaut bedeutungsvoll zu Marco Lentini, der neben ihm steht und nickt.

Noch vor Kurzem konnten Firmen in den USA nicht schnell genug wachsen. „Grow or die" – wachse oder stirb – hieß die Devise. Ziel fast aller Familienunternehmer war es, möglichst schnell kein Familienunternehmer mehr zu sein. Sie wollten ihr Geschäft mit Gewinn an ein größeres Unternehmen verkaufen oder, noch besser, selbst an die Börse bringen. Doch in der Wirtschaftskrise ändern sich die Maßstäbe. Vertrauen, Verlässlichkeit und langer Atem – also die traditionellen familiären Werte – sind wieder gefragt. Das gilt nicht nur in den USA. Auch die Franzosen, deren staatliche Industriepolitik lange vor allem auf Börsenschwergewichte setzte, haben die Kraft der Kleineren entdeckt.

Wissenschaftler, Berater und Politiker aus Frankreich und den Vereinigten Staaten schauen plötzlich interessiert nach Deutschland, wo sie reichlich Vorbilder finden. Denn hierzulande sind nicht nur Kleinbetriebe, sondern auch Hunderte aufstrebender Weltmarktführer fest in Familienhand. Kaum sonst irgendwo ruht der volkswirtschaftliche Erfolg auf so vielen kräftigen Schultern. Rund 10.000 Unternehmen des sogenannten gehobenen Mittelstands gibt es in Deutschland, die jeweils mehr als 50 Millionen Euro im Jahr umsetzen. Darunter sind viele Firmen, die andernorts schon längst an der Börse notiert wären, wie der Hausgerätehersteller Miele in Gütersloh, der Werkzeugmaschinenbauer Trumpf in Ditzingen oder der Prothesenproduzent Otto

Bock in Duderstadt. Solche Firmen trotzen den Beben an den internationalen Finanzmärkten und machen das Land stark, auch in der Krise. Sie sind es, die als Muster taugen für Präsidenten und ihre Berater.

Lambert T. Koch, Professor für Unternehmensgründung und Wirtschaftsentwicklung sowie Rektor der Universität Wuppertal, berichtet von zunehmendem Interesse seiner amerikanischen und britischen Kollegen für das deutsche Modell. Der Begriff „Mittelstand" etabliere sich als deutsches Lehnwort im Englischen. „Nicht wenige US-Bürger bewundern die Konstanz und Langlebigkeit sowie langfristige strategische Ausrichtung des deutschen Mittelstands", sagt Koch. Familien, die über Generationen im Geschäft sind und sogar persönliche Haftungsrisiken tragen, seien derzeit große Vorbilder in den USA.

Einen Paradigmenwechsel bei führenden Köpfen im Land hat Joseph H. Astrachan, Professor für Family Business an der renommierten Kennesaw State University im US-Staat Georgia, ausgemacht. „Die Menschen fangen an zu verstehen, dass das Überleben und die wirtschaftliche und soziale Stabilität nicht vom Wachstum allein abhängen", sagt er. „Sie erkennen, dass auch klein schön sein kann." Unternehmer könnten sehr wohl Qualität und Produktivität verbessern, ohne den eigenen Marktanteil ständig auszuweiten. Sie könnten sich sogar bewusst gegen Wachstum entscheiden – etwa um die eigene Marke exklusiv zu machen und höhere Gewinnmargen zu erzielen.

In Frankreich gibt es die Bewunderung für den deutschen Mittelstand schon etwas länger. „In Frankreich fehlen 10.000 Firmen à 300 Angestellte", schrieb der angesehene Wirtschaftsrat (Conseil d'Analyse Économique) bereits 2006. „Hätten wir diese drei Millionen neuen Beschäftigten: All unsere wirtschaftlichen, sozialen und finanziellen Probleme wären gelöst. Warum haben wir in Frankreich nicht das Gegenstück zum deutschen ‚Mittelstand'?"

Die Antwort findet Henrik Uterwedde, Vize-Direktor des Deutsch-Französischen Instituts in Ludwigsburg, in der Geschichte. „Der Schock, dass Hitlers Armee Frankreich in nur vier Wochen überrollt hatte, saß tief", sagt er. Die Niederlage offenbarte, wie veraltet Technik und Strategie der Streitkräfte waren. Frankreichs Eliten wollten heraus aus der relativen Unterentwicklung. Sie wollten die Industrialisierung nachholen, die Organisation sollte der Staat übernehmen. „Modernisierung von oben hieß das Zauberwort", sagt Uterwedde. „Das war die Geburtsstunde der ‚Planification'."

Die Planer schrieben fleißig Sektorenpläne, definierten Schlüsselindustrien. Im Fokus waren immer die Großen, die „nationalen Champions". Kleine und mittlere Unternehmen standen über Jahre im Schatten von staatlichen Prestigeprojekten wie dem Schnellzug TGV oder dem Überschallflugzeug Concorde, die Strukturen blieben „vorsintflutlich", sagt Uterwedde.

Daran hat sich bis heute wenig geändert. Hunderttausende von Firmen mit weniger als 20 Beschäftigten gibt es im Land, die Schuster, Schlüsseldienste und Bäckereien um die Ecke. Sie wachsen nicht und schaffen nur wenige neue Arbeitsplätze. Im gehobenen Mittelstand dagegen fehlt die breite Masse. Weniger als 1.700 Unternehmen mit mehr als 500 Mitarbeitern zählt die offizielle Statistik in ganz Frankreich. In Deutschland sind es fast dreimal so viele. Die Diagnose ist klar: Die starke Mitte fehlt.

„Für einen starken gehobenen Mittelstand, wie wir ihn in Deutschland kennen, fehlt in Frankreich das Fundament", sagt Kurt Schlotthauer. Der Deutsche, der seit fast 40 Jahren in Frankreich lebt, ist Präsident der Pariser Beratungsgesellschaft Coffra. Diese begleitet deutsche Mittelständler, wenn sie in Frankreich eine Niederlassung eröffnen oder eine Firma übernehmen. In Frankreich gelte es traditionell nicht viel, in einem mittelständischen Unternehmen zu arbeiten, sagt Schlotthauer. „Die Eliten streben in den Staatsdienst oder zu einem Großkonzern."

Folglich würden oft auch die Sorgen der Kleinen übergangen. Der Staat macht die Vorschriften. Einfluss darauf, so der Politikwissenschaftler und Ökonom Uterwedde, haben allenfalls die Großkonzerne. In Deutschland sei das anders. Dort gebe es ein sehr selbstbewusstes Unternehmertum, das über starke Verbände mitgestaltet. „Wenn bei uns die Wirtschaft aufschreit, dann kuscht die Politik", sagt Uterwedde. „In Frankreich ist das umgekehrt."

Auch in den USA hatten die kleinen und mittleren Betriebe bisher weniger politisches Gewicht als in Deutschland. „Sie haben die kleinere Lobby", sagt Professor Astrachan aus Georgia. Die Konzerne dort dagegen nutzten ihre Macht, um Einfluss auf die Politik zu nehmen. Rund 1.000 Unternehmen mit mehr als 10.000 Mitarbeitern gibt es im Land. Zusammen beschäftigen sie 27 Prozent der gesamten Arbeitnehmerschaft. In Deutschland dagegen gibt es nur 77 solcher Großkonzerne, die gerade einmal acht Prozent aller Beschäftigten auf sich vereinen.

„Unsere Handels- und Steuergesetze, kombiniert mit der Art, wie Banken Risiken bewerten, machen es schwer, ein mittelständisches Unternehmen in den USA zu führen", kritisiert Astrachan. Besonders hart für Familienunternehmer sind die Regelungen zur Erbschaftsteuer. Einer Untersuchung des Zentrums für Europäische Wirtschaftsforschung zufolge betrug die durchschnittliche Erbschaftsteuer für Familienunternehmen mit mehr als 25 Millionen Euro Jahresumsatz in den USA umgerechnet 28,5 Millionen Euro. In Deutschland war die Steuerlast gerade einmal halb so hoch. Familienunternehmen haben in den Vereinigten Staaten laut Astrachan noch weitere Nachteile. Sie bekämen die schlechteren Konditionen bei Banken und Versicherungen und hätten oft das Nachsehen im Wettbewerb um die besten Arbeitskräfte.

Bei den Kreditkonditionen hilft deshalb seit dem Frühjahr der Staat kräftig nach. Obamas 730-Millionen-Dollar-Programm erntete viel Lob. Von einem „gewaltigen Schritt" sprach etwa der Leiter der Mittelstandsabteilung in der US-Handelskammer, Giovanni Coratolo. Ob der allerdings einen grundsätzlichen Wandel der Wirtschaftsstruktur anstößt, ist fraglich. In den USA ist die Übergabe einer Firma von einer Generation an die nächste die Ausnahme, nicht die Regel.

Mittelständler mit Tradition sind viel bestaunte Exoten. Wie der führende Schlagzeughersteller der USA, Avedis Zildjian in Massachusetts. Die Wurzeln des Unternehmens reichen bis nach Konstantinopel ins Jahr 1623 zurück, wo der Alchemist Avedis aus einer Legierung aus Kupfer, Zinn und Silber besonders klangvolle Becken herstellte. Heute führen die Zwillingsschwestern Craigie und Debbie Zildjian das Unternehmen – in der 14. Generation.

Der neue Präsident im Weißen Haus brachte die beiden Schwestern gleich bei seiner Party zur Amtsübernahme ganz groß raus. Zehntausende kamen zum Lincoln Memorial in Washington D.C., um Bruce Springsteen, Jon Bon Jovi, Bono, Beyoncé und andere zu hören. Mittendrin und gut zu sehen ein Schlagzeug von Zildjian – Amerikas ältestem Familienunternehmen.

Erschienen in: Welt am Sonntag vom 13.09.2009

© 2009 Inga Michler, Nachdruck mit freundlicher Genehmigung der Welt am Sonntag

Ottos Jahrhundert

Porträt: Werner Otto

Von Birger Nicolai

In einer guten Ehe hat die Frau das Sagen – und der Mann hält sich nicht immer daran. Werner Otto kam zur Einweihung eines Einkaufszentrums seiner Immobilienfirma ECE nach Koblenz. Eigentlich wollten er und seine Frau Maren nicht lange bleiben, aber dann wurde der Abend nett. Otto fragte den verantwortlichen Manager nach einer Zigarre, und der war darauf schon vorbereitet. Wenig später saßen sie bei Zigarrenqualm und Obstler zusammen und waren stolz auf den neuen Einkaufstempel. Otto war damals 75 Jahre alt, er hatte einige Jahre zuvor einen Zusammenbruch erlitten und daraufhin Ernährung und Lebensgewohnheiten umgestellt. „Werner, du sollst doch nicht rauchen", kam der Kommentar seiner Frau. Otto erwiderte: „Ach, ich werde 115 Jahre alt."

Ganz so weit ist es noch nicht. An diesem Donnerstag feiert der Gründer des Otto Versands und der Firma ECE erst einmal seinen 100. Geburtstag. Dazu laden seine Frau und er zum Empfang in ihre Villa in Berlin-Grunewald. Angesagt haben sich Bundespräsident Horst Köhler, Kanzlerin Angela Merkel und Freunde Ottos aus sechs Jahrzehnten als Unternehmer und Mäzen. Gut 100 Namen stehen auf der Gästeliste. Auch wenn er selten öffentlich auftritt und seit Jahren keine Interviews gibt: Es soll Werner Otto gesundheitlich gut gehen. Aktuelle Fotos zeigen ihn als rüstigen Herrn am Schreibtisch.

Natürlich werden auch seine fünf Kinder nach Berlin kommen. Aus erster Ehe sind dies Ingvild und Michael Otto, sie eine Kunstsammlerin und Galeristin in München, er bekanntermaßen langjähriger Chef der Otto Group. Aufgewachsen sind sie bei der Mutter. Sohn Frank Otto, Medienunternehmer in Hamburg, ist einziges Kind aus der zweiten Ehe Werner Ottos. Ehefrau Maren schließlich hat in den 60er-Jahren die beiden Kinder Katharina und Alexander zur Welt gebracht. Katharina ist Filmemacherin in New York, Alexander bekam vom Vater die Immobilienfirma ECE anvertraut. Die Geschwister sind über eine Generation verteilt, sie liegen bis zu 26 Jahre im Alter auseinander. Von Feindschaften untereinander, wie sie bei derart wohlhabenden Familien keine Seltenheit sind, ist bei den Ottos nichts bekannt. Vielleicht hat das auch mit dieser Einstellung zu tun: „Bescheiden bin ich gar nicht. Aber ich mache eben nicht so einen Rummel wie die anderen", beschrieb Werner Otto einmal seinen Lebensstil. Die große Show ist im Otto-Clan verpönt.

„Schon als kleiner Junge bin ich mit meinem Vater durch New York City gelaufen. Er hat mir seine Immobilien gezeigt und mir seine Einschätzung gesagt, welche Gegenden sich entwickeln werden und welche nicht", erinnert sich Alexander Otto im Gespräch mit der „Welt". In der zweiten Lebenshälfte als Unternehmer kaufte Werner Otto in Kanada und den USA einen Milliarden-teuren Immobilienbesitz zusammen und gründete ECE, ein Unternehmen für Einkaufszentren.

Alexander hat als Letztgeborener am meisten Zeit vom Vater bekommen. Als der Sohn in die Firma ECE einstieg, gab ihm Otto viel Freiraum und übertrug ihm frühzeitig Verantwortung. Einen Konkurrenzkampf zwischen Vater und Sohn habe es nie gegeben. „Mir hat er sich vielleicht von einer etwas milderen Seite gezeigt, was in fortgeschrittenem Alter sicher nicht untypisch ist", sagt Alexander Otto. Er sei ein „wunderbarer Zuhörer". Was sein Vater ihm intensiv vermittelt hat: gegenüber Mitarbeitern ohne Arroganz aufzutreten.

Seinen ältesten Sohn, Michael, nahm der Vater mit auf Auslandsreisen, als er gerade 16 Jahre alt war, und besuchte mit ihm Lieferanten seiner Versandhandelsfirmen. „Mein Vater und ich haben stets ein sehr freundschaftliches Verhältnis zueinander gehabt. Er hat mir keine verbalen Ratschläge gegeben, wir sind immer im Gespräch miteinander gewesen", sagt Michael Otto. Entscheidungen habe der Vater dem Sohn selbst überlassen. Dabei galt eine Maxime Werner Ottos: Fehler sind erlaubt.

Er selbst hat Fehlentscheidungen getroffen. Sei es, wenn er mehrere Autowaschanlagen baute, die dann aber nicht gut liefen, wenn er als Investor bei einer Strumpffabrik ein- und nach 29 Tagen ausstieg oder wenn er den Versuch, eine Warenhauskette aufzubauen, wieder aufgab. „Wer statisch denkt und aus Angst vor Fehlern keinen Schritt nach vorn wagt, sollte kein Unternehmer werden", lautet eine seiner Überzeugungen. „Versuche deinen Fehlern, also dir selbst, ins Gesicht zu sehen", schrieb er in seinem Buch. Unternehmertum war für ihn immer ein schöpferischer Prozess, zu dem auch Fehler gehören. Das unterschied Werner Otto auch von anderen Gründerpersönlichkeiten der Bundesrepublik: Ein Max Grundig etwa hielt lange, zu lange an einmal Erfolgreichem fest. Bei Grundig fehlte eine Lernkultur, in der Veränderung als etwas Positives angesehen wird.

Werner Arthur Arnold Otto kam als Sohn eines kleinen Einzelhändlers am 13. August 1909 in Seelow in der Mark Brandenburg zur Welt. 80 Kilometer vor den Toren Berlins lebte er abgeschieden vom Trubel des Kaiserreichs, von der Millionenstadt und der Industrialisierung des Landes. In der Schule war er ein begabter Geschichtenschreiber, von Latein hielt er nur wenig – „den Mist brauchst du nie wieder", sagte er später über das ungeliebte Fach. Er musste im Geschäft des Vaters helfen und deshalb das Gymnasium verlassen. In Angermünde machte er eine Kaufmannslehre, arbeitete anschließend in verschiedenen Ladengeschäften. Von einer Haushaltshilfe ließ er sich den „Schieber" beibringen, mochte Schlager und Tanz.

Während der Nazi-Diktatur kam er für zwei Jahre ins Gefängnis Plötzensee, weil er Handzettel des unliebsamen Partei-Ideologen Gregor Strasser verteilt hatte. Otto beschrieb sich in der Zeit als „eine Art Nationalbolschewik", der den marxistischen Vorstellungen Strassers anhing. In Berlin betrieb er damals am Alexanderplatz einen Zigarrenladen. Von der Haft hat er nie viel gesprochen, nur dass danach „das Dichterische vorüber" gewesen sei. Er flüchtete mit seiner ersten Frau nach Kulm an der Weichsel. Dort wurden die erste Tochter und der erste Sohn, Ingvild und Michael, geboren. 1943 wurde er doch noch eingezogen und an der Ostfront als Kabelverleger eingesetzt. Das Ende der Nazizeit erlebte er im Lazarett, wo seine schweren Kopfverletzungen behandelt wurden.

Danach verschlug es die junge Familie nach Bad Segeberg. In Hamburg traf Otto sich mit Geschäftsleuten in der Nähe des Hauptbahnhofs und sprach über die Idee einer eigenen Firma. Wenig später gründete er in Hamburg-Schnelsen eine Schuhfabrik, obwohl er davon keine Ahnung hatte. „Mein Optimismus wurde daher nicht von Fachwissen angekränkelt", sagte er. Seine Schuhe, „Zweischnaller" aus Holz und Leder, waren jedoch von schlechter Qualität und fanden kaum Abnehmer. Otto musste bald wieder aufgeben. Was von dem Experiment übrig blieb, waren 6.000 Mark und das Firmengelände.

Otto bekam einen Versandkatalog der Firma Baur in die Hand. Und meldete kurz darauf den „Werner Otto Versandhandel" bei der Behörde für Wirtschaft und Verkehr in Hamburg an. Otto hat dieses Geschäft nicht erfunden, es gab schon mehrere Hundert Versandhändler in Deutschland. Aber er verkaufte – zunächst waren es wieder Schuhe – an Privatkunden erstmals gegen Rechnung und nicht mehr ausschließlich per Nachnahme. Er vertraute seinen Kunden, das war das Neue. Kleidung kam hinzu, geheftete Seiten wurden zu Katalogen, aus gemalten Bildern die ersten Fotos. Die Sachen waren nicht billig, aber von guter Qualität. Dass er Sammelbestellern Rabatt einräumte, war ein weiterer Unterschied zur Konkurrenz und Antrieb des schnellen Erfolgs.

Was ihn auch von anderen Unternehmern unterschied: Otto war ein neuer Chef-Typ, er konnte seine Mitarbeiter begeistern. Nach der Nachtschicht nahm er einige mit in den „Blauen Peter" auf St. Pauli und spendierte eine Suppe. Er feierte Betriebsfeste, das erste am Ukleisee. Beschrieben wird, wie er auf Weihnachtsfeiern im „Winterhuder Fährhaus" geschunkelt hat oder wie er zu Maskenbällen verkleidet kam. Er war sich nicht zu schade mitzumachen. Zwischen Kumpeltyp und Respektsperson fand Otto einen Weg, der bei seinen Angestellten Anbiederung ebenso vermied wie Berührungsangst. Weihnachtsgeld, Fünf- statt Sechs-Tage-Woche oder eine Sozialkasse für die Altersversorgung: das waren Sozialstandards, die Otto mit seiner Firma setzte. „Mein Vater hat sich sehr für seine Mitarbeiter eingesetzt. Seine Devise war: Wenn das Unternehmen Erfolg hat, sollen auch die Mitarbeiter daran partizipieren", sagt Sohn Michael. Die Gründerjahre mit ihrem Gemeinschaftsgefühl hat Werner Otto einmal als seine glücklichste Zeit als Unternehmer beschrieben.

Später wurde ihm in der Öffentlichkeit der „Verschleiß an Führungskräften" vorgeworfen. In der Fabrik gab es in den 50er-Jahren durchaus auch laute Töne. Der Leiter seiner Werbeabteilung titelte einmal für einen Katalogtext: „Herren-Unterhosen – auch für die Arbeit geeignet". Otto las das, fand es dämlich – wieso sollte man Unterwäsche auch nicht zur Arbeit tragen können – und wurde wütend. Es war das Ende der Karriere des Mannes in der Firma.

Otto galt als anspruchsvoll bei der Suche des Führungsnachwuchses. Er wollte delegieren, sich nach zwei Jahrzehnten aus dem Versandunternehmen zurückziehen, um etwas Neues anzufangen. So wurde Günther Nawrath zum Chef. Die Führungsmannschaft um ihn herum hatte ein Durchschnittsalter von gerade 40 Jahren.

Jetzt brach Phase zwei seines Unternehmertums an: Otto gründete Immobiliengesellschaften in Kanada und den USA sowie ein Unternehmen für Einkaufszentren in Deutschland. Als Erstes kaufte er Wohnhäuser in Toronto. In ausgedehnten Spaziergängen erkundete er die Stadt und ihre Lagen. Dies waren „die schönsten Arbeitsstunden", sagte Otto später. Er hatte einige Jahre zuvor einen Zusammenbruch erlitten. Otto änderte daraufhin sein Leben: kein fetthaltiges Essen, mehr Obst, viel Sport und zur Entspannung Yoga. Er ging lange Strecken zu Fuß. Außerdem stand Otto am Stehpult, stundenlang, zu jeder Tages- und Nachtzeit, selbst bei Besprechungen. Seine Mitarbeiter beanspruchte das mehr als ihn.

Als erstes Einkaufszentrum eröffnete er in Nürnberg das Franken-Center. Wie besessen analysierte Otto Daten der Standorte und Kaufgewohnheiten der Menschen im Einzugsgebiet, bevor er sich entschied. Mitte der 80er-Jahre reiste Sohn Alexander mit dem Vater durch Staaten des Ostblocks. Nur mit viel Zureden brachte er ihn dazu, Ostberlin zu besuchen. Werner Otto sah seine Stadt in desolatem Zustand. Nach der Wiedervereinigung trug er seinen Teil zum Aufbau bei. Bald eröffnete seine Firma ECE das Allee-Center in Berlin, in der Friedrichstraße das Atrium, entwickelte die Potsdamer Platz Arkaden. Bei der Einweihung des Leipziger Bahnhofs, dessen Einkaufszeilen ECE gestaltete, stand Otto im Alter von 88 Jahren stolz neben Bundeskanzler Helmut Kohl. Innerhalb gut eines Jahrzehnts investierte der Otto-Clan zwei Milliarden Euro in Ostdeutschland.

Werner Otto hat mehrere Wohnsitze: An der Alster in Hamburg, in Garmisch-Patenkirchen und Berlin-Grunewald. In der Firmenzentrale in Hamburg-Bramfeld verfügt er über ein Penthouse-Büro. Zunächst hatte ihn das regnerische Wetter aus Norddeutschland nach Bayern vertrieben. In Garmisch entdeckte er das Wandern und das Curling-Spiel. Nach der Wiedervereinigung wollte er aber unbedingt in die Stadt seiner jungen Jahre zurück.

Die Umgebung Berlins schaute er sich noch in den vergangenen Jahren intensiv an, nicht mehr zu Fuß, aber vom Auto aus. Auch im hohen Alter wird Otto als sehr disziplinierter Mensch beschrieben. Einer seiner Lieblingssätze lautet schließlich auch: „Natürlich darf man hinfallen im Leben, aber niemals liegen bleiben."

Erschienen in: Die Welt vom 11.08.2009
© 2009 Birger Nicolai, Nachdruck mit freundlicher Genehmigung von Die Welt

Unternehmer wider Willen – mit viel Erfolg

Porträt: Konrad Henkel

Von Claudia Tödtmann

Der Kittel des Chemikers, er ist ihm immer die liebste Arbeitskluft gewesen. Doch im Jahr 1961 schlägt das Schicksal zu. Konrad Henkels älterer Bruder Jost stirbt mit 51 Jahren völlig unerwartet. Wenig später trifft sich die Familie zur Regelung der Nachfolge, die Wahl fällt auf Konrad Henkel, der alles sein will, nur kein „Businessman". „Viel lieber wäre er Forscher in Amerika geworden", erinnert sich seine Frau Gabriele.

Konrad Henkel ist an diesem Abend im Kreis der Familie zumindest im ersten Augenblick konsterniert. „Die wollen mich zum Geschäftsführer machen, ich will das aber gar nicht", raunt der damals 46-Jährige. Der Naturwissenschaft gilt seine ganze Leidenschaft, das Labor gegen das Büro zu tauschen, das kann und will er sich in diesem Augenblick nicht vorstellen. Andererseits weiß sich Henkel in der Tradition seines 1875 in Aachen gegründeten Familienunternehmens, das als Hersteller von Persil längst deutsche Unternehmensgeschichte geschrieben hat. Die Entscheidung fällt binnen Sekunden, Henkel nimmt sich selbst in die Pflicht und wird Vorsitzender der Geschäftsführung – für 19 lange und sehr erfolgreiche Jahre.

So tauscht er den Kittel des Chemikers gegen den Anzug des Unternehmers, aus Konrad Henkel wird der große Unternehmer wider Willen. „Die Firma kommt vor der Familie", ist fortan sein Wahlspruch, erzählt Albrecht Woeste, der Großneffe des Gründers Fritz Henkel und der spätere Nachfolger von Konrad als Aufsichtsratsvorsitzender.

Mut ist demnach ein Markenzeichen Konrad Henkels. In den 70er-Jahren des vorigen Jahrhunderts, als viele Großindustrielle auf der Liste der Terroristen standen, fuhr Henkel jeden Morgen vom Zooviertel aus in Düsseldorf selbst seinen Wagen zur Arbeit. Ohne Personenschützer und Fahrer, ohne gleichzeitig einen Doppelgänger auf einer anderen Route losfahren zu lassen – so wie es Friedrich Karl Flick machte. Jedenfalls wähnte sich Henkel immer alleine. Doch tatsächlich hatte seine Frau es hinter seinem Rücken so organisiert, dass ein Fahrer des Düsseldorfer Werkschutzes ihm unauffällig folgte. Heimlich natürlich.

Konrad Henkel, das ist die Verbindung von Pflichterfüllung und Lebensfreude und damit eine zutiefst rheinische Symbiose. Im „Schiffchen", einer der

Traditionskneipen der Düsseldorfer Altstadt, wo Arm und Reich stets an derselben Theke stehen, war er gern gesehener Gast. Woeste: „Er war ein guter Düsseldorfer, der auch Platt sprechen konnte." Seine Frau lernte er natürlich „standesgemäß" im rheinischen Karneval kennen, als Trapper verkleidet. „Er suchte die Nähe der Menschen und war frei von Dünkel", sagt Woeste. Mit dem Bundespräsidenten ging er nicht anders um als mit seinen Leuten in der Produktion.

Vor allem aber war er ein früher Globalisierer und lupenreiner Markenartikler, durchaus typisch Henkel. Sein Verdienst war der Ausbau, die Internationalisierung des Geschäfts, die er entscheidend vorantrieb. Insgesamt hat Henkel heute mehr als 55.000 Mitarbeiter – davon 81 Prozent im Ausland – und macht rund 13 Milliarden Euro Umsatz weltweit.

1965 war das Verhältnis ausländischer Mitarbeiter zu denen im Inland noch umgekehrt. Henkel betrieb die Internationalisierung seines Konzerns stärker, als es vielen am Stammsitz in Düsseldorf-Holthausen lieb war, heißt es in der Firmenchronik. Doch der Unternehmer blieb eisern auf Kurs, schon zu Beginn seiner Amtszeit setzte er ein Zeichen, als er sämtliche Exportaktivitäten in der Henkel International GmbH vereinigte. Auch mit dem systematischen Ausbau des Markenportfolios prägte der Unternehmer seine Firma, in Henkels Ära entstanden bis 1980 Marken wie Somat, Sofix, Pritt, Weißer Riese, Der General oder Theramed, die alle noch im Markt sind.

Konrad Henkels Unternehmensphilosophie ist strikt: Keines der drei strategischen Geschäftsfelder Wasch- und Reinigungsmittel, Kosmetik und Körperpflege oder Kleb- und Dichtstoffe sowie Oberflächentechnik durfte abgegeben werden. Mal lief das eine besser, dann das andere – aber sie glichen sich immer wieder gegenseitig aus.

Und mochten ihm Berater zur Trennung von Geschäftsbereichen und der berühmt-berüchtigten „Konzentration auf Kerngeschäfte" raten: Er blieb eisern. Stets bereit, Bewährtes neu zu bedenken, organisierte der Konzernchef zwischen 1966 und 1969 einen der gründlichsten Umbauten der Firmengeschichte. Die Henkel-Gruppe wurde in sechs Sparten aufgeteilt, die, als Profit-Center organisiert, klare Aufgaben und Verantwortung hatten. Andere, nicht familiengeführte Unternehmen, nahmen bald darauf an dieser Organisation Maß.

Die Pflege von Tradition und Modernität prägte auch das gesellschaftliche Leben des Unternehmers. Er war ein Grandseigneur des Wirtschaftswunders – ein Unternehmer und Gastgeber. Um Geschäftskontakte nach Japan aufzubauen, lud er schon früh den damaligen Vorstand des Chemie- und Kosmetikkonzerns Kao zu sich nach Hause ein. Das sollte Schule machen, auch Gabriele, Professorin für Kommunikationsdesign, schätzte es sehr, Gastgeberin zu sein.

Und so führten die Henkels ein ebenso weltoffenes wie freundliches Haus, Gäste kamen aus aller Welt, die Düsseldorfer Villa der Familie wurde zum Anknüpfungspunkt für viele Geschäfte. Und auch die große Politik war zu Gast. Mit dem langjährigen US-Außenminister Henry Kissinger etwa war Henkel eng befreundet. Sie kannten sich von einem Flug nach Boston, den Henkel angetreten hatte, um sich dort am Herzen operieren zu lassen.

Gastfreundschaft prägte das Leben der Familie. Wenn die Henkels einmal im Jahr vier Wochen Sommerurlaub auf Sardinien machten, waren dort stets Gäste. Tagelang. Doch ebenso wichtig wie diese Kontakte zu hochrangigen Geschäftspartnern war dem Unternehmer der einzelne Henkelianer. Regelmäßige Besuche in der Produktion gehörten deswegen zum Pflichtprogramm. Die Arbeiter erlebten Konrad Henkel als modernen Patriarchen, dessen große Stärke seine Treffsicherheit beim Beurteilen von Menschen war. Er galt daher als guter Stratege, der sich nie beirren ließ – weder von Konjunkturen, Professoren, Bankern noch von Gesellschaftern.

Gabriele Henkel erzählt noch heute von seinem Pflichtbewusstsein, seinem Verantwortungsgefühl und – vor allem – seiner Bescheidenheit. Wurde Konrad Henkel selbst nach seinem unternehmerischen Erfolg befragt, antwortete er stets: „Ich hatte immer gute Mitarbeiter." Dass er es aber war, der sie ausgesucht hatte, erwähnte er nie.

Wie weit seine Pflichtauffassung ging, bewies er auch beim Firmenjubiläum zum 100-jährigen Bestehen im Jahr 1976. Einen Tag zuvor war eine seiner drei Töchter aus erster Ehe während der Geburt ihres Kindes gestorben. Doch Henkel gab die Parole aus: Das Jubiläum wird durchgezogen.

Erschienen in: Handelsblatt vom 08.12.2008
© 2008 Handelsblatt GmbH. Alle Rechte vorbehalten, Nachdruck mit freundlicher Genehmigung des Handelsblatts

„Net für de schnelle Gewinn"

Porträt: Arthur und Thomas Handtmann

Von Dietmar H. Lamparter

Es geht um die Wurst. „Ein halbes Gramm isch des höchschte der Gefühle", sagt Arthur Handtmann und klopft auf den Tisch, „damit haben wir gewonnen." Das halbe Gramm macht den Unterschied. So genau arbeiten die Wurstabfüllmaschinen aus seiner Fabrik, genauer als die der Konkurrenz. Das sei die Erfolgsformel, erläutert der 82-jährige Seniorchef der handtmann Gruppe. Denn die Präzision spart den Kunden Geld. Bei bis zu 3.000 Cocktailwürstchen, die eine seiner elektronisch gesteuerten Portioniermaschinen pro Minute ausspucken kann, spielt es eben eine Rolle, wie genau man die gewünschte Menge Fleischbrät abpacken kann. Metzger und Fleischverarbeiter aus aller Herren Länder sind deshalb ganz scharf auf die Präzisionsmaschinen aus Biberach an der Riß. Mehr als 80 Prozent seiner Geräte exportiert der Weltmarktführer.

Aber nicht nur bei Fleschereimaschinen spielt der Familienkonzern aus der oberschwäbischen Provinzstadt zwischen Ulm und Bodensee in der Weltliga mit: Auch bei Brauerei-Armaturen, Fräsmaschinen für den Flugzeugbau, langlebigen Kunststoffrollen für Seilbahnen oder Aluminiumgussteilen für Autos hat er sich mit Ideen und Qualität Spitzenplätze gesichert.

Außerhalb ihres Kundenkreises und der Region ist die handtmann Gruppe kaum bekannt. Aber es sind gerade solche mittelständisch geprägten Unternehmen, die das Rückgrat der deutschen Wirtschaft bilden. Die stillen Stützen der deutschen Volkswirtschaft, die auch in Krisenzeiten für Stabilität in ihrer Region und darüber hinaus sorgen.

„Mir arbeitet net für de schnelle Gewinn", sagt „der Arthur", wie ihn die Biberacher respektvoll nennen. Oberstes Ziel sei es, die Firma langfristig zu erhalten: für die Familie, seine 17 Enkel – und für seine Leut'. Seit 1998 führt sein Sohn, der 55-jährige Thomas Handtmann, die Firmengruppe, in vierter Generation. Die fünfte wird schon auf gemeinsamen „Schulungstagen" für den späteren Einstieg vorbereitet, obwohl es „keinen automatischen Aufstieg" geben könne.

Offiziell ist Arthur Handtmann nur noch Vorsitzender des Beirats der Arthur Handtmann Holding, doch tagtäglich („Ich war hier 50 Jahre der Chef") treibt er seine Leute an, Neues auszuprobieren. Sein Credo – „immer a bissle Abstand zur Konkurrenz halten" – scheint auch unter seinem Sohn zu funktionieren. Allein seit 1997 stieg der Umsatz der Gruppe von 200 auf mehr als 500 Millionen Euro, die Zahl der Mitarbeiter wuchs von 1.500 auf knapp 2.600 Beschäftigte. Auch wenn es in einer Sparte – wie jetzt bei den Autoteilen aus der Alugießerei – mal kriselt: Die Stammbelegschaft ist den Handtmännern heilig.

Unauffällig, zurückhaltend, schwäbisches Idiom – fast könnte man bei der ersten Begegnung mit den zwei freundlichen Handtmännern dem Klischee von den biederen Provinzunternehmern erliegen. Doch wenn die beiden in ihrer neuen Firmenzentrale an der Arthur-Handtmann-Straße im Biberacher Industriegebiet loslegen, ändert sich das Bild schlagartig. Unternehmenschef Thomas Handtmann, mit Diplom der Ingenieurschmiede ETH Zürich („Für mich war immer klar, dass ich ins Unternehmen gehe"), kennt nicht nur jedes Detail der neuesten technischen Entwicklungen in seinem Firmenimperium, sondern ist „dauernd auf Achse, um neue Ideen einzubringen" – aus Indien, Amerika, Japan, Russland. Und wenn sein munterer Vater aus der wechselvollen Familien- und Firmenhistorie erzählt, ist die Lektüre der Buddenbrooks fast langweilig dagegen. Offenbar ist es diese gerade bei schwäbischen Mittelständlern immer wieder anzutreffende Mischung aus Bodenständigkeit und Weltläufigkeit, aus privater Bescheidenheit und beruflicher Kreativität, die Firmen mit Weltgeltung hervorbringt.

„Seit 1580", so berichtet der Senior, sind die Vorfahren in Biberach als Bürger ansässig. Handwerker, Bäcker, Brauer. Sein Großvater gründete dann 1873 eine Mechanische Werkstätte und Messinggießerei, die Keimzelle des heutigen Familienkonzerns. Der Vater führte das Kleinunternehmen fort. Zapfhähne, Armaturen für die Schnapsbrenner vom nahen Bodensee und Teile für Dampfloks waren die Hauptprodukte vor dem Zweiten Weltkrieg. Die beiden älteren Brüder des heutigen Seniorchefs fielen im Krieg. Als Arthur aus der Gefangenschaft nach Hause kam, musste er ran. „Ich hatte nichts gelernt." Der 18-jährige „Oberschüler a.D." musste überall im Betrieb aushelfen: drehen und gießen lernen, Ware organisieren. Dann ging er doch noch zur zweijährigen „Schnellbleiche" an die Ingenieurschule nach Konstanz. Fünf Tage Schule, Samstag und Sonntag organisierte er die Arbeit in der Gießerei. Mit kaum 20 Jahren musste er für den herzkranken Vater die Chefrolle übernehmen.

Schon in der Nachkriegszeit erwiesen sich die Handtmänner als erfindungsreich. Es gab kein Messing für die Gießerei, also schlachtete man die in der Umgebung herumliegenden Flugzeugwracks aus. Propeller zu Waffeleisen, Motoren zu Spätzlepressen – so fand man zum Aluminiumguss. Mit 20 Kriegsheimkehrern fing Arthur Handtmann an, heute arbeiten im Metallgusswerk im Biberacher Industriegebiet rund 1.000 Leute, 300 weitere im von der

Treuhand gekauften Zweigwerk im sächsischen Annaberg-Buchholz. Mit modernsten Verfahren werden Wärmetauscher, Motorabdeckungen und andere Teile für Audi, BMW, Daimler, Opel oder VW gefertigt. 3,5 Millionen Ölwannen pro Jahr. „Die Hälfte der deutschen Autos fährt mit unseren Ölwannen herum", sagt der Senior stolz.

Doch stets treibt ihn die Angst um, von einem Produkt oder einem Kundenkreis abhängig zu sein. Also sucht er ständig nach Alternativen zu den Großkunden aus der Automobilindustrie. Seit Kurzem liefert Handtmann auch Druckgussgehäuse für Solaranlagen. Diversifikation, oder wie Arthur Handtmann sagt, „auf mehreren Beinen stehen", war schon immer sein Anliegen. Deshalb gibt es zum Aluguss noch die Armaturenfabrik, die weltweit Brauereien mit Rohren und Ventilen aus Edelstahl ausrüstet sowie mit der elektronischen Steuerung. Später kam eine Kunststoffgießerei hinzu, deren Produkte zwar „unverschämt teuer" seien, aber wegen ihrer Haltbarkeit für Kunden wie die Seilbahnbauer unentbehrlich geworden sind. Und natürlich ist da noch der Maschinenbau.

Als ein Bekannter mit der Idee einer handbetriebenen Wurstabfüllmaschine vorbeikam, legte Arthur Handtmann 1954 mit drei Mann los. Heute arbeiten die Maschinen vollautomatisch. „Die Hälfte macht die Elektronik aus", sagt der Seniorchef. Rund 500 Leute beschäftigt das neue Werk. Ende der Achtziger kauften die Handtmanns noch eine Maschinenbaufirma, welche heute „die größten Maschinen der Welt" baut. Nach zweimaligem Produktumbau stellt sie Fräsmaschinen zur Bearbeitung großer Aluminiumprofile her, wie sie bei Flugzeugen gebraucht werden. Die Zulieferer von Airbus und Boeing haben dafür gesorgt, dass die Produktion „auf drei Jahre hinaus ausverkauft" ist.

Die erste Portioniermaschine zeichnete Arthur Handtmann noch selber, doch später holte er sich Leute aus der Region in die Firma. Schon damals habe er mit den Bauernsöhnen aus Oberschwaben gute Erfahrungen gemacht – „die sind intelligent und arbeitsam". Bis heute rekrutiert sich das Gros der Führungskräfte aus der ländlichen Umgebung. Der Fall des ehemaligen Lehrlings, der es direkt von der dritten Ebene zum Geschäftsführer gebracht hat, ist ein Beispiel. Doch nicht nur dem Führungsnachwuchs bieten die Schwaben eine Chance. Fortbildung für alle Altersstufen gehört zur Firmenphilosophie. Und „für die Hauptschüler, die ständig durchrasseln", haben sie einen zweijährigen Lehrgang zum Maschinenbediener entwickelt. Auch aus Eigennutz. Denn die Azubis mit Realschulabschluss wollen nach dreieinhalb Jahren Lehre nicht ständig am Automaten arbeiten.

Solcherlei Engagement kommt natürlich gut an im prächtig renovierten spätgotischen Rathaus der Stadt. Bei den Handtmanns könne man auch mal einen älteren Arbeitslosen unterbringen, lobt Thomas Fettback, Biberachs Oberbürgermeister. Auch der Führungsstil des Familienclans beeindruckt ihn: „Die Handtmanns lassen ihre Leute machen." Insbesondere der Firmenpatriarch zeichne sich durch eine „phänomenale Sozialkompetenz" aus. „Wir lassen den Geschäftsführern viel Freiraum", sagt Thomas Handtmann, „solange sie ihre Ziele erreichen." Und noch etwas lässt sich schon beim Gang durch die Firma erahnen. Die Chefs scheinen jeden ihrer Mitarbeiter zu kennen. Diese Identifikation führe dazu, dass man „für so einen Chef schlichtweg gerne arbeitet", berichtet der Bürgermeister.

Natürlich gebe es auch bei den Handtmanns „nicht immer die heile Welt", sagt Christoph Dreher, der als Gewerkschaftssekretär im IG-Metall-Bezirk Ulm auch den „kleinen Familienkonzern" in Biberach betreut. Richtig innovativ sei der und fertige höchste Qualität. Die IG Metall habe „in schwierigen Situationen" aber auch schon tarifliche Ansprüche gegenüber einzelnen Geschäftsführern verteidigen müssen. Sein IG-Metall-Kollege Oliver Thiem, der Betriebsratsvorsitzende der handtmann Gruppe, weiß freilich auch, dass die Eigentümer bei Konflikten im Hintergrund schlichten. Der 47-jährige gelernte Elektriker kam 1990 aus Magdeburg nach Biberach. Er fing im Metallgusswerk an, machte seinen Meister und ist jetzt der Ansprechpartner der Chefs, wenn es um die Auswirkungen der Wirtschaftskrise geht. Gerade habe man eine Vereinbarung über Kurzarbeit im Metallgusswerk abgeschlossen, verrät Thiem, schließlich hängt man dort noch zu 80 Prozent von der Autoindustrie ab.

Thiem („Mein Herz schlägt links") ist sicherlich nicht immer ein einfacher Verhandlungspartner. Aber in einer Sache geht er konform mit den Eignern. Als in den Rekordjahren 2006 und 2007 aus der Belegschaft der Ruf nach Prämien hochkam, mahnte er zur Zurückhaltung. Schließlich wusste er, dass die Handtmanns regelmäßig den allergrößten Teil der Gewinne wieder ins Unternehmen stecken. Allein im vergangenen Jahr wurden 50 Millionen Euro, also rund zehn Prozent vom Umsatz, in neue Fabrikhallen und Produkte investiert. Eine stolze Quote. „Dadurch werden auch die Arbeitsplätze sicherer", sagt Thiem. Firmenchef Thomas Handtmann drückt das so aus: „Wir zahlen nur Tarif, dafür aber halten wir unsere Leute auch in Krisenzeiten, solang es geht."

Das gilt für das Stammpersonal. Und es gilt auch für gut 100 Zeitarbeiter, die noch 2008 feste Verträge bekamen. 70 weiteren Leiharbeitern in der Gießerei wurden jetzt die Verträge allerdings wegen der Flaute in der Autobranche nicht verlängert, wie Betriebsrat Thiem bedauert. Die Wertschätzung des Mitarbeiterstamms hat aber nicht nur mit dem familiären Betriebsklima zu tun. Bürgermeister Fettback sieht auch betriebswirtschaftliches Kalkül dahinter. In der Stadt herrscht Vollbeschäftigung. „Die Handtmanns wissen genau, wie schwierig es in unserer Region ist, qualifizierte Fachkräfte zu bekommen, wenn es wieder aufwärtsgeht."

Die Firmenphilosophie der Familienunternehmer scheint sich jetzt in der Krise wieder einmal auszuzahlen. Eine hohe Eigenkapitalquote schützt vor nervösen Banken, die Diversifikation in den Maschinenbau schafft einen Ausgleich zur Autobranche. Bis ein neues Geschäft, eine zugekaufte Firma Gewinn abwarf, hat es oft zehn Jahre gedauert, aber die Schwaben zeigten – trotz der Skepsis mancher Banker – Durchhaltevermögen.

Die Philosophie von Unternehmern wie den Handtmanns sei eben anders als die der auf kurzfristige Gewinne ausgerichteten Finanzinvestoren, sagt Kommunalpolitiker Fettback. Zu seiner Freude hat er weitere familiengeführte Renommierunternehmen wie den Pharmakonzern Boehringer Ingelheim oder den Kran- und Kühlaggregatebauer Liebherr in der Stadt.

Natürlich schlägt die weltweite Wirtschaftskrise bis Biberach durch. Die massiven Probleme der Autobranche haben den Gewinn der handtmann Gruppe schon 2008 deutlich geschmälert. Und auch in anderen Sparten werden in diesen Tagen Aufträge storniert. Doch die Handtmanns sind optimistisch, dass ihre breit aufgestellte Firmengruppe auch diese Krise übersteht. „Wir haben immer kämpfen müssen", sagt der Senior.

Erschienen in: Die Zeit vom 26.02.2009
© 2009 Dietmar H. Lamparter, Nachdruck mit freundlicher Genehmigung des Autors

Deutschlands Ur-Bräu

Porträt: Herbert Zötler

VON AXEL GLOGER

Bei den Zötlers gibt es ein eisernes Gesetz: Wenn Besucher in die Firma kommen, soll immer einer der Inhaber da sein. Für die Begrüßung, zum Händeschütteln. Entweder macht es der 85-jährige Herbert senior oder sein 56-jähriger Sohn, der ebenfalls Herbert heißt. Letzterer ist heute auch der Chef im Familienbetrieb. Dass Vater und Sohn Herbert heißen, ist erstes Signal für Tradition: Vornamen werden häufig weitergereicht von einer Generation zur nächsten in Firmen, die schon lange der Familie gehören. Bei Zötlers wiederholt sich Herbert – und damit hat es seine besondere Bewandtnis: Zötler Bier ist uralt, immerhin mehr als ein halbes Jahrtausend. Vorfahren der beiden Herberts standen schon am Sudkessel, als Christoph Kolumbus noch nicht einmal geboren war. Im Jahr 1447 wurde die Brauerei gegründet – damit ist Zötler Bräu das älteste Familienunternehmen Deutschlands.

Das persönliche „Willkommen!", immer aus dem Mund der Inhaber, soll diese Besonderheit hervorheben. „Besucher sollen gleich die Familie erleben", sagt Herbert Zötler, der Jüngere. Seine Stimme klingt dabei so gelassen, so unaufgeregt, dass jeder ihm das glaubt. Sein „Willkommen!" ist kein Marketing-Gag aus dem Kundenbindungshandbuch.

So viel Historie im Rücken scheint auch gegen manche Aufgeregtheit der Jetzt-Zeit immun zu machen. Die Zeitungen schreien die „Größte Rezession seit dem Zweiten Weltkrieg" heraus. Aber da haben 19 Generationen Vorfahren weit Schlimmeres durchgestanden: den Dreißigjährigen Krieg, Pest-Epidemien, zwei Weltkriege, dazu nicht gezählte Konjunkturkrisen. Macht so viel Bewährung in der aktuellen Wirtschaftslage gelassen? „Man agiert nicht so hektisch", sagt der Unternehmer. Geschichte verschafft Abstand zum Heute. Sein Blick reicht eher in das Morgen, zur Firma Zötler Bier in zehn oder 20 Jahren. Der Sohn des heutigen Geschäftsführers wird dann den Betrieb führen. „Er wird wohl weitermachen", sagt Herbert Zötler, halb ankündigend, halb hoffend, dass es so eintritt. Damit die alten Wurzeln des Stammbaums auch neue Äste wachsen lassen, müht sich der Inhaber und Chef. Er achtet darauf, dass die Familie Kraftquelle für die Firma bleibt, dass alle zusammenhalten. Jedes Jahr gibt es ein großes Familientreffen. „Das Wichtigste ist, dass wir miteinander lachen", sagt der Bierbrauer, „dann fällt auch das gemeinsame Gespräch über das Geschäft nicht schwer." Würde sich die Familie entzweien, wäre es bald auch mit der Firma aus. Vor der nächsten Konjunkturdelle hat Zötler keine Angst, die geht vorbei. „Das Schlimmste ist ein Streit in der Familie. Weil hier sehr viel Emotionales, Irrationales mitspielt."

Bislang hatte die Familie das unter Kontrolle. Die schlechten Gefühle hat der Zusammenhalt im Zaum gehalten, die guten auf das Geschäft übertragen. „Drei Werte ziehen sich wie ein roter Faden durch die Familie", sagt der heute 56-jährige Inhaber, „Aufmerksamkeit schenken, Wertschätzung entgegenbringen, Freundschaften pflegen." Von Rendite-Prozenten und Shareholder-Value ist bei Zötler nichts zu vernehmen. Stattdessen aber von der Liebe zum Produkt: „Die Bräus – so nannte man den Bierbrauer – haben in jeder Generation gutes Bier gebraut. Sonst hätten wir sicher nicht so lange überlebt." Der Respekt vor den lokalen Wurzeln ist eine weitere Zutat für den Erfolg. Die Heimat von Zötler ist das Dörfchen Rettenberg, eingebettet in Berge und Wiesen des Allgäus. Eine Heidi-Landschaft, wo die höchsten Gebäude die Kirchtürme sind. Der größte Teil des Zötler-Biers wird in 50, 60 Kilometer Umkreis um die Brauerei herum getrunken. „Viele Kunden kennen uns persönlich", beschreibt der Familienunternehmer einen Unterschied zu den großen Biermarken, die er „Fernsehbiere" nennt.

Aber trotz der teuren Werbung vor der Tagesschau geht es diesen Großen nicht gut. Jahr für Jahr läuft weniger Krombacher, Warsteiner und Bitburger durch die Kehlen der Deutschen. Und wie geht es Zötler in der aktuellen Krise? Die kleine Brauerei mit 55 Mitarbeitern hat sich ihre treue Anhängerschaft bewahrt, auch wenn die Markentreue in der Krise sicherlich unterminiert wird. „Wir schlagen uns ganz tapfer", sagt der Inhaber. Nach großem Wachstum klingt das nicht. In der Tat wird der Umsatz dieses Jahr dort landen, wo er schon im Jahr 2005 lag: bei zehn Millionen Euro. Aber in einem schrumpfenden Markt ist Behauptung schon der Erfolg. 80.000 Hektoliter Bier kommen aus den Kesseln des Brauhauses, Großbrauereien produzieren im Schnitt 500.000 Hektoliter. In drei Tagen braut Discounter und Marktführer Oettinger so viel Bier wie Zötler in einem ganzen Jahr. Aber Herbert Zötler kratzt das nicht. Eine 400-jährige Eiche wächst schließlich auch nicht in den Himmel. „Wir wollen nicht die größte Brauerei sein, sondern die erfolgreichste im Allgäu." Das Modewort Nachhaltigkeit nimmt der Mann zwar nicht in den Mund, aber er handelt nach dieser Devise. Er will nicht Wachstum um jeden Preis. Die Jagd um die Marktanteile, die Marken wie Radeberger, Warsteiner und Krombacher antreibt, ist dem Familienunternehmer fremd. Er freut sich, wenn es mit der Firma in Familienhand weitergeht. Sein Sohn Niklas Herbert ist jedenfalls schon bereit, die 21. Generation zu repräsentieren – hoffentlich.

Erschienen in: Cicero, Ausgabe 6/2009
© 2009 Axel Gloger, Nachdruck mit freundlicher Genehmigung des Autors und von Cicero

Der Klang der Zeit

Porträt: Philipp Klais

Von Matthias Hannemann

Wenn die Sonne über dem Haus steht, über der Werkstatt, wenn das Tor zur Kölnstraße geschlossen und kein Lärm zu hören ist außer dem leisen, geschäftigen Werkeln hinter dem Backstein und hinter dem Glas, dann ist hier nur noch das Holz und sonst nichts. Viel Eiche, viel Fichte, etwas Buche, wenig Obst. Es müssen Hunderte Stämme sein, die im Herbst und Winter, bei abnehmenden Säften und abnehmendem Mond, geschlagen wurden, man hat sie aufgeschnitten und zum Trocknen aufeinandergelegt, so wie sie gewachsen waren. Nun, sobald der Konstruktionsplan gezeichnet und der Gießofen im Keller angelaufen ist, wird man sie in eine der Werkstätten wuchten, gleich nebenan.

„Diesen Geruch vergessen Sie nie", sagt Philipp Klais.

Er wartet im Hof. Schwarze Haare, schwarzes Sakko, schwarzes Hemd. So stellt man sich einen Architekten vor, einen Künstler, einen Manager. Sein Auftreten jedenfalls unterscheidet ihn von den Männern, die hinter den hochgezogenen Sprossenfenstern schreinern, Rahmen umhertragen, Zinn gießen und Orgelpfeifen mit Werkzeugen bearbeiten. Und dann auch wieder nicht.

Familie Klais in Bonn baut Orgeln, in vierter Generation. Die kleinen für die Dorfkirchen ebenso wie die großen für die Konzertsäle der Welt, ob damit nun Dom und Philharmonie in Köln gemeint sind oder das neue Nationaltheater in Peking. Stets besteht die Herausforderung darin, Handwerker und Künstler zugleich zu sein, ein mechanisches, für den Wind gebautes Labyrinth aus hölzernen und metallenen Röhren, das kaum anders funktioniert als eine um Gebläse und Spieltisch erweiterte Panflöte, anzupassen an die spezifischen Gegebenheiten eines Raumes, einer Kultur, einer Zeit.

Hier draußen, das Lager, in dem es überall nach Holz riecht, ist nur der Anfang.

„Hier draußen", sagt Philipp Klais, „weiß ich, wo meine Heimat ist." Philipp Klais, Jahrgang 1967, leitet den Familienbetrieb, der eine Weltfirma ist. Als wir erstmals telefonierten, vor einigen Wochen, stieg er in China, in Xian, gerade in ein Flugzeug. Tage später schrieb er per Blackberry eine Nachricht aus Amerika. Dann wieder ein Anruf aus Köln, unterwegs in den Dom nach Anbruch der

Dunkelheit. In diesem Geschäft, wird Philipp Klais später sagen, muss man vor Ort sein, bei langjährigen Kunden und an neuen Baustellen, wo immer sie liegen. „Morgen", sagt er, „will ich nach Hamburg, der Elbphilharmonie wegen." Über der Toreinfahrt hängt eine Uhr. Man soll merken, dass die Zeit nicht stehen geblieben ist, nicht einmal hier, wo die Schriftzüge, vor Jahrzehnten in schwarzer Farbe auf den weißen Backstein geschrieben, den Mitarbeitern den Weg weisen: in den „Montage-Saal", in die „Windladen-Schreinerei", die „Pfeifen-Werkstatt".

Rund hundertachtzig Orgelbauer soll es noch in Deutschland geben. Nicht wenige von ihnen halten sich nur dank regelmäßiger Wartungsaufträge der Kirchen über Wasser. Bei Klais ist das anders.

Philipp Klais klettert die Stiege hinauf, die vom Kopfsteinpflaster im Hof in die Werkstätten führt. Wir laufen durch die Räume und steigen Treppen bis in den Keller hinab, wo die Zinnbarren liegen und die Schöpfkelle für den Ofen. Überall ist der Weg von Pfeifen und Gehäusen verstellt, in einem Winkel hängt eine Mensurtafel, in einem anderen liegen Stecheisen und Lärmschutzkopfhörer. Eine Fabrik, mitten in der Stadt, in der lauter Einzelstücke produziert und schließlich, wenn alles sich fügt, in Kisten für den Transport verpackt werden, um an anderer Stelle wieder zusammengesetzt zu werden.

Welche Einzelteile hier zusammengehören, wissen nur die Orgelbauer und Schreiner, die ihre Aufträge im Team bearbeiten. Fünfzehn Monate dauerte es allein, das unlängst eingeweihte Instrument für das Nationaltheater in Peking mit seinen sechseinhalbtausend Pfeifen zu fertigen, probeweise aufzustellen und für den Transport auf dem Wasserweg vorzubereiten.

Klais nimmt eine winzige Pfeife in die Hand und bläst hinein. Ein heller, schlichter Ton, wie aus dem Nichts. „Kann man sich dieser Faszination entziehen?" In der Werkstatt waren sie einst zu dritt, Philipp und zwei ältere Schwestern. Er hat Schlagzeug gespielt als Jugendlicher und wollte „alles, nur nicht Orgelbauer" werden, weil ihm die „Bilder der Väter, die in diesem Betrieb stets über dem Schreibtisch hingen", übermächtig erschienen. Niemand hat von ihm gefordert, den Betrieb seiner Familie weiterzuführen. Es war einfacher.

Er wuchs hinein in diese Welt der Pfeifen, Trakturen und Windkanäle, so wie auch sein Vater, Hans Gerd Klais, und sein Großvater, Hans Klais, in sie hineingewachsen waren. Sie saßen bei den Orgelweihen in den Kirchenbänken, kletterten in den Innenräumen der Orgeln herum, lernten wie beiläufig von alten Pfeifenmachern den Respekt vor dem Holz, dem Gemenge aus Zinn, Blei und Kupfer. Und vor der Luft, die den Ton macht.

Johannes Klais, Jahrgang 1852, hatte die Firma gegründet. Seine Eltern waren Dachziegler. Das sah man der ersten Orgel, die er baute, an. Es war die

Orgel der heimischen Dorfkirche, als Junge hatte er sie detailliert nachgebaut, aber er verwendete dazu den Werkstoff, mit dem seine Eltern arbeiteten: Ton.

Ab 1882 baute Klais in Bonn pneumatische Instrumente, die den Nachfahren bis heute Respekt einflößen, aufwendige neugotische Gehäuse, später die erste elektrisch angesteuerte Orgel im Erfurter Dom. Der Betrieb wuchs und wuchs. Bis er zu groß für ihn wurde.

Als der 1890 geborene Sohn, Hans Klais, aus dem Ersten Weltkrieg zurückkam, fand er eine Werkstatt vor, die kaum noch funktionierte, und einen Vater, der am Ende war. Er übernahm die Werkstatt, und nur ein großer Auftrag aus Köln, von Oberbürgermeister Konrad Adenauer, sorgte dafür, dass die Orgelmanufaktur Klais auch die Jahre der Hyperinflation überstand.

Hans Klais baute eine Orgel für die Konzerthalle des neuen Messegeländes in Köln-Deutz. Mit hundertdreißig Registern, fünf Manualen und elftausend Pfeifen. Es war der imposante Erstling eines Mannes, der sein Handwerk zunächst beim Vater gelernt hatte, dann aber Psychologie und Physik zu studieren begann. Hans Klais begeisterte sich für die Bauhaus-Idee, er baute „offene Prospekte", so dass man nach Jahrhunderten barocker Orgel-Maskierung auf einmal ins Innere der Orgeln hineinblicken konnte. Das war unerhört.

Zwar hatte auch der Firmengründer schon Orgeln ins Ausland verkauft, nach Zürich oder an Missionskirchen in Südamerika. Die Orgeln von Hans Klais aber machten das Unternehmen populär. Bei der Weltausstellung in Brüssel zählte eine Klais-Orgel zu den Sensationen. Und als der Zweite Weltkrieg vorüber war und in den Ruinen von Köln und Bonn der Gedanke entstand, eine Orgel für die Weltfriedenskirche in Hiroshima zu spenden, war es Klais, der sie baute.

„Fahr ins Ausland, hat mein Vater zu mir gesagt. Hör dir Orgeln an. Sprich mit den Leuten." Hans Gerd Klais sitzt im Arbeitszimmer. Im Regal liegt eine Ausgabe des legendären „L'Art du facteur d'orgues" von Dom Bédos. Eine Art Bibel aus dem achtzehnten Jahrhundert, mit Detailzeichnungen auf jeder Seite. Klais ist Jahrgang 1930, die dritte Generation. Weiße Haare. Weißes Hemd. Kein Sakko. So stellt man sich einen Handwerksmeister vor. Sein Auftreten ist dem der Mitarbeiter in der Werkstatt näher als denen, die in den Büros des Obergeschosses vor Pappmodellen und Computerschirmen sitzen und Orgelpläne erarbeiten, die dreidimensional erfahrbar sind.

„Das Handwerkliche ist leicht", sagt er. „Man braucht anständiges Material, und man muss sauber arbeiten. Aber zuhören können, das Intuitive erlernen, das Klangbedürfnis der jeweiligen Zeit verstehen, das ist der Knackpunkt." Wie lernt man das?

Klais zuckt mit den Schultern. Schaut Philipp an, seinen Sohn. Und wieder zurück.

Das Handwerkliche lernte Hans Gerd Klais im Krieg. An Schule war zwischen den Bombenangriffen nicht zu denken. An Orgelaufträge auch nicht. Aber sein Vater konnte ihn Hämmern und Hobeln lehren, Gießen und Schleifen. Er erklärte, wie die Länge einer Pfeife die Tonhöhe bestimmt, wie die Klangfarbe vom Material, dem Querschnitt, der Labienbreite und der Höhe des Aufschnitts abhängt. Und er wies ihn in die Sprache der Organisten ein: Principal, Bordun, Fugara, Salicional, Oktave, Jubalflöte, Gemsquinte, Praestand, Dolce, Pikkolo.

Hans Gerd Klais hatte kaum zu studieren begonnen, als ihn ein Anruf der Mutter zurück nach Hause holte. Der Vater war krank, der Schreibtisch voll. „Da saß ich auf einmal, mit fünfundzwanzig, von morgens um sieben bis nachts um eins und arbeitete." Hans Gerd Klais blickt aus dem Fenster. Im Hof laufen vier Kinder vorbei, es sind Philipps Kinder, seine Enkel. Die Ururenkel des Firmengründers. Vielleicht kommen sie aus dem Obergeschoss, wo Laden einer Dorforgel liegen, die von Würmern zerfressen war und restauriert wurde. Vielleicht haben sie die Hölzer gesehen, die mit Notizen wie „Auckland Choir Salicional 16" beschriftet sind, Pfeifen mit dem Vermerk „Vilnius", kleine Bälgchen, die nach Leder duften und mit Eiweiß bestrichen wurden, uralte Maßstäbe, halbfertige Spieltische, vollständige Orgelprospekte. Vielleicht haben sie auch nur am Ofen gestanden und zugeschaut, wie die Männer ein Blech für die Pfeifen gießen, es zuschneiden, ihm Form geben.

Was hätte der Vater gemacht, wenn der Sohn nicht gekommen wäre?

Der alte Klais überlegt, wie er das sagen soll. Dann sagt er: „Das wäre unvorstellbar gewesen." Seinem Sohn Philipp, sagt Hans Gerd Klais, habe er es später freigestellt, in die Firma einzusteigen. Aber er lockte ihn ein wenig. Er schickte ihn nach Australien, auf Montage, und ließ den kaum Zwanzigjährigen einen Auftrag übernehmen, den er selbst hätte besorgen sollen: Den Entwurf einer mächtigen Orgel für die neue Symphony Hall in Birmingham, den Konzertsaal für den Dirigenten Simon Rattle.

Einen solchen Vertrauensbeweis hatte Hans Gerd Klais in den fünfziger Jahren vermisst. Immer wieder flogen die Türen, als der Vater sich erholte und in den Betrieb zurückkam. „Ich wollte alles anders machen als er, die barocke Geschichte mit der symphonischen Welt verbinden, zurück zu mechanischen Schleifwindladen." Hans Gerd Klais lacht das kurze, stoßhafte Lachen der Rheinländer. „Der Sohn eines Malers malt ja auch anders als der Vater." Sein Vater akzeptierte das nur langsam, doch sie arrangierten sich. Hans Klais machte das Geschäft fortan daheim, nach den Entwürfen und Plänen des Sohnes. Und Hans Gerd Klais durfte reisen, nur nicht nach Übersee, das war teuer und zentralen Mitarbeitern vorbehalten – den Intonateuren, ohne die eine peniblе akustische Ausrichtung einer Orgel unvorstellbar ist, weil sie jeder einzelnen Pfeife vor Ort erst den richtigen Klang geben, in Millimeterarbeit.

Erst nach dem Tod des Vaters 1965 fuhr Hans Gerd Klais nach Übersee. Er hatte von einer Bambusorgel gehört, die ein Missionar in Las Piñas hatte bauen lassen, am Rande eines Slums auf den Philippinen. Klais ging das Instrument nicht aus dem Kopf. Die Orgel war mittlerweile völlig defekt, übersät mit Vogelnestern. Er ließ sie nach Bonn fliegen und restaurierte sie in einer tropisch klimatisierten Werkstatt. Das ging durch die Presse, weil mit der Orgel das Gemeindeleben und damit auch der Slum wieder auf die Beine zu kommen schien.

„Es hat mich überall bekannt gemacht", sagt Klais senior, der danach nicht nur viele historische Instrumente restauriert, sondern auch große Domorgeln gebaut hat, in Würzburg etwa oder Altenberg. „In dem Moment, in dem man einmal einen solchen Durchbruch erlebt hat, weitet sich das aus." Es sind auch diese Projekte, die Philipp Klais meint, wenn er sagt: „Als ich die Werkstatt 1995 übernahm, war die Grundlage für das internationale Renommee bereits gelegt." Er hat sich einen Stuhl herangezogen. Er hat dem Vater zugehört, als sei der noch immer der Leiter des Betriebes. Jetzt steht er auf, um einige Fotos aus den letzten Jahren zu holen. Die Langhausorgel im Kölner Dom, in schwindelerregender Höhe. Die Orgel im „Moscow International House of Music". Die Orgel für den Konzertsaal der Zwillingstürme von Kuala Lumpur. Aufnahmen aus Seoul, Peking, St. Petersburg. Die Salonorgel, die Klais für das Privatanwesen eines Wirtschaftsprüfers baute, mitten im schottischen Hochland, angeliefert per Hubschrauber.

Philipp Klais mag das Gefühl, der Partner von Architekten, Komponisten und Organisten zu sein. Und trotzdem würde er am nächsten Tag wieder in einer alten Kirche stehen, um Restaurationsarbeiten vorzubereiten. „Nahezu alles, was wir uns aneignen, wenn wir neue Orgeln bauen", sagt er, „lernen wir aus der Beschäftigung mit der Tradition. Das ist es, was diesen Beruf ausmacht." Vater und Sohn sprechen leicht über Handwerk. Wovon sie schwerer reden, ist der Klang, der aus diesem Handwerk entsteht. Eine Orgel ist ein für die Ewigkeit gebautes Einzelstück. Trotzdem ist in ihrem Klang die Zeit aufgehoben, in der sie entstanden ist. Jede Zeit in einem anderen Klang.

„Als ich deine ersten Orgeln hörte, Philipp", sagt der Vater, „war ich wie erschlagen." „Aber sie sind nicht wirklich lauter als deine, Papa", sagt der Sohn, „sie sind nur ..." Und dann beendet er den Satz nicht.

„Nach diesem furchtbaren Krieg", sagt der Vater, „wollte die Kundschaft vor allem Ersatz haben für die vielen zerstörten Instrumente. Und ich wollte, dass es einfach schön ist, kein Instrument, das dich körperlich anpackt." Ein satter, warmer Klang, „bei dem sich die Haare auf den Armen aufstellen". So spricht Philipp Klais von den eigenen Orgeln.

Wenn er zu den Baustellen reist und Architekten, um eine Vision für das Instrument zu entwickeln, versucht er nicht nur die Akustik des Raumes, sondern auch das kulturelle Umfeld zu verstehen, die Sprache der Menschen, das Atmen, das Schnalzen, das Singen. Kein Raum gleicht dem anderen. Da kann keine Orgel der anderen gleichen.

„Für mich", sagt Philipp Klais, „ist eine Orgel ein Musikinstrument, das als große Skulptur im Raum steht, diesen Raum erfüllen und Menschen verbinden kann." „Für mich", sagt der Vater, „ist sie das Musikinstrument, bei dem der Spieler keine Energie mehr aufwenden muss, weil sie von außen zugeführt wird. Bei dem der Organist nur noch Regeltechniker ist."

Philipp Klais steht auf. Er ist unruhig. Es gibt ein kleines Problem beim Transport einer Hausorgel. Kein Desaster zwar, wie es sich vor Jahren in Fernost ereignete, als die Kiste mit der Orgel beim Entladen in ein Hafenbecken fiel und nie wieder gesehen wurde. „Es sind ja eben doch Einzelanfertigungen, an denen wir sehr hängen", sagt Philipp Klais, der ja auch noch nach Hamburg muss. Und nach Reykjavík, wo er eine Orgel für den neuen, lavaroten Konzertsaal bauen wird, sobald Island sich wieder gefangen hat. Er habe, sagt er, diesen „merkwürdigen, aber präsenten Traum, dass in einigen hundert Jahren womöglich Orgelbauer vor einer unserer Orgeln stehen könnten".

Es klingt so selbstverständlich wie vermessen, aber es ist ein Satz, den auch sein Vater oder Großvater oder Urgroßvater gesagt haben könnte, weil die Orgel bislang eben noch jede Zeit überdauert hat. Seit hundertfünfundzwanzig Jahren hat die Familie Klais einen Anteil daran.

Erschienen in: Frankfurter Allgemeine Zeitung vom 22.11.2008
© 2008 Matthias Hannemann, Nachdruck mit freundlicher Genehmigung der Frankfurter Allgemeinen Zeitung

5. Kreative Zerstörer

Deutschlands kreative Zerstörer

Von Nikolaus Förster

Drohungen, Schikanen, Prozesse: Wer neue Ideen entwickelt, macht sich schnell Feinde. Zwar verteidigen Marktführer mit allen Mitteln ihre Stellung – dennoch krempeln einige Entrepreneure ganze Branchen um. Den kreativen Zerstörern der deutschen Wirtschaft widmet die FTD eine Serie.

„Wir machen dich kalt, wenn du weitermachst", droht eine anonyme Männerstimme am Telefon. Oliver Blume will wohl nicht verstehen. Er ist unerwünscht. Er ist keiner von ihnen. Hat nicht studiert, Pharmazie schon gar nicht. Hat in Immobilien gemacht, für Ebay versteigert. Und bricht jetzt in ihre Welt ein. Verkauft Pillen zu Schleuderpreisen, lässt Angestellte in Neongrün herumlaufen statt in weißen Kitteln. Was hat das noch mit einer Apotheke zu tun?

Oliver Blume macht weiter. An die Anfeindungen der Kammern und Verbände hat sich der Gründer der Discountkette Easy gewöhnt, an die Abmahnung und berufsrechtlichen Verfahren, an den Druck, der auf Händler ausgeübt wird, die ihn beliefern. Jemand steckt ihm, eine Detektei habe ihn wochenlang beschattet, Tag und Nacht. Man habe „außereheliche Kontakte" vermutet. „Das ist unterstes Niveau", sagt Blume. Mehrmals wird in Hildesheim sein schwarzer Phaeton zerkratzt, zweimal werden die Scheiben eingeschlagen.

Deutschland. Land der Ideen. Land der Schikanen. Wer als Unternehmer erfolgreich sein will, braucht eine dicke Haut. Und die Lust, sich auf einen Kampf mit den Marktführern einzulassen. Sie kämpfen mit allen Mitteln, mit offenen Drohungen, verdeckten Absprachen und Scharen von Anwälten. Und doch können sie die Entrepreneure nicht aufhalten, die mit ihren Ideen ganze Märkte umkrempeln, Altes zerstören, Neues schaffen. Der österreichische Ökonom Joseph Schumpeter hat dies als Feuer beschrieben, das immer wieder neu entflammt – und verbrannte, fruchtbare Erde hinterlässt. 1942 prägte er den Begriff der „schöpferischen Zerstörung".

Auch Deutschland lebt von der Dynamik, die diese Pioniere entfachen. Einige von ihnen sind zuletzt über die Grenzen hinweg bekannt geworden –

Günther Fielmann beispielsweise, der binnen wenigen Jahren zum Brillenmarktführer aufgestiegen ist; Joachim Hunold, der mit Air Berlin den Fluglinienmarkt aufgewirbelt hat. Oder DocMorris-Chef Ralf Däinghaus, Schreck der Apotheker.

Man findet sie in jeder Branche, jene Neulinge, die anfangs von den Etablierten ignoriert oder belächelt, dann argwöhnisch beäugt, schließlich angefeindet und offen bekämpft werden. Es sind Menschen, die nichts so überflüssig finden wie Lobbyisten, Kammerzwangsmitgliedschaften und die GEZ. Oder das Nachtbackverbot, mit dem Heiner Kamps bis Mitte der 90er-Jahre beim Aufbau seiner Bäckereikette ausgebremst wurde. Das Gesetz stammte zwar aus dem Januar 1915 und diente, wenige Monate nach Ausbruch des Ersten Weltkriegs, dazu, die Getreidevorräte des Deutschen Reichs zu strecken. Doch Gesetz ist Gesetz. Und wenn es dazu beitragen kann, ungeliebte Angreifer abzuwehren – bitte sehr.

Schumpeter hat diese Entrepreneure als Helden beschrieben. David gegen Goliath, Gut gegen Böse. Das sehen nicht alle so, vor allem nicht die, die zu den Verlierern gehören, die lange spöttisch auf die Newcomer heruntergeschaut haben – bis es zu spät war. Die großen Verlage zum Beispiel. „Die haben gedacht, diese kleinen Scheißer werden schon wieder verschwinden", erinnert sich Autoscout24-Gründer Nicola Carbonari an die Zeit, als er Ende der 90er-Jahre seine Internetplattform aufbaute und die großen Verlage nicht erkannten, wie attraktiv ein Online-Gebrauchtwagenmarkt für Anzeigenkunden sein könnte.

Stets sind es die Kleinen, die mit Ideen voranpreschen, während die Großen sich darauf verlegen, ihre Produkte – in kleinen Schritten – weiter zu verbessern, aber nichts grundlegend Neues schaffen, etwa Technologiesprünge wie von der Petroleumlampe zum elektrischen Licht, von der Schreibmaschine zur Textverarbeitung. Es sind vor allem solche „disruptiven Technologien", wie sie Clayton M. Christensen von der Harvard Business School beschrieben hat, mit denen Konzerne nicht zurechtkommen. Sie versuchen vergeblich, revolutionäre Innovationen im Stammgeschäft unterzubringen, und ersticken sie in der Bürokratie. Oft fühlen sie sich sogar von der neuen Technik bedroht, weil sie attraktiver ist als die althergebrachte. „Man versucht, beim Etablierten zu bleiben, weil man sich das Neue gar nicht vorstellen kann", sagt Harald Hungenberg von der Uni Erlangen. Und auch das Gleichgewicht des Marktes spielt eine Rolle, es soll nur ja nicht angetastet werden. „Sie verhalten sich wie in einer Herde, in der keiner seine Position verändern möchte."

„Für etablierte Unternehmen ist es deshalb viel schwieriger, innovativ zu sein", sagt der Magdeburger Informatikprofessor Graham Horton. Mit Zephram, einem Spin-off der Universität, berät er Dax-Konzerne wie Daimler, Siemens, BASF oder Metro bei der Ideenfindung. In neue Märkte gehen sie in der Regel erst dann, wenn sie sich als profitabel erwiesen haben – dann aber kann es zu spät sein. Es falle ihnen schwer, verquere, radikale Ideen zuzulassen, die ein großes Risiko bergen. „Die Unternehmen brauchen ein neues Selbstverständnis", sagt Horton. „Es geht um ihre eigene schöpferische Zerstörung."

Doch solange sie in ihrer Trägheit verharren, machen sie den Weg frei für die neuen Angreifer, die oft über Billigangebote in einen Markt einzudringen versuchen. „Es sind vor allem verkrustete, stark regulierte Märkte, wo man über den Preis gut angreifen kann, wie etwa beim Buchhandel oder im Apothekenmarkt", sagt Gründungsforscher Nikolaus Franke von der Wirtschaftsuniversität Wien. Oft handle es sich gar um implizite Kartelle.

Viele Unternehmen verfolgen inzwischen eine Discountstrategie. Auch eine Gruppe wie Oettinger definiert sich über einen niedrigen Preis – und ist inzwischen die größte Brauerei Deutschlands. Doch ein niedriger Preis allein reicht meist nicht, um einen Markt umzukrempeln. Es muss mehr dazukommen. Oettinger etwa brach radikal mit den Gepflogenheiten der Branche: Die Brauerei belieferte den Einzelhandel direkt und umging so die Großhändler – ein Novum. Andere Entrepreneure nutzen das Internet als Plattform, um etablierte Konzerne anzugreifen: mit Immobilienanzeigen, Hotelbuchungen, Singlebörsen oder Nachrichtenportalen. Oder es gelingt ihnen, mit intelligentem Marketing eine neue Marke zu schaffen, wie es Bionade – aus der Not heraus – vorgemacht hat. Ende der 90er-Jahre avancierte das alkoholfreie Getränk zum Kult in Hamburg. „Bionade setzt einen Trend, hat einen klaren Unique Selling Point und einen Kundennutzen", sagt Holger Ernst, der Technologie- und Innovationsmanagement an der WHU – Otto Beisheim School of Management in Vallendar lehrt. Die großen Hersteller haben inzwischen ähnliche Marken auf den Markt gebracht.

Um Erfolg zu haben, muss man nicht einmal der Erste sein, der eine Idee entwickelt. Einige Entrepreneure sind erfolgreich, weil sie eine Geschäftsidee intelligent kopieren – wie etwa die Hamburgerin Vanessa Kullmann, die in New York Starbucks lieben lernte und sich nach ihrer Rückkehr die simple Frage stellte: „Warum gibt es Kaffee zum Mitnehmen nicht in Deutschland?" Sie baute ihre eigene Balzac-Coffeeshop-Kette auf – und kam Starbucks zuvor, die ebenfalls nach Deutschland drängten: „Es gewinnt nicht immer der Pionier, oft auch der schnelle Zweite", sagt Innovationsforscher Ernst.

Wenn der Widerstand groß ist, liegt es oft an den Entrepreneuren selbst, ob sie eine Innovation in den Markt drücken können. „Sie müssen in der Lage sein, gut zu kommunizieren, und brauchen Fingerspitzengefühl in der Wahl der Partner", sagt Bernd Ebersberger vom MCI Management Center Innsbruck. „Und sie brauchen Risikobereitschaft und extremes Durchhaltevermögen." Nur wenige Menschen seien dazu in der Lage, warnte schon Schumpeter 1911, als er seine „Theorie der wirtschaftlichen Entwicklung" vorlegte. Aber es gebe sie, diese „Carusos". Sie hätten „den Traum und den Willen, ein privates Reich zu gründen". Sie zeigten „Siegerwille", „Kämpfenwollen" und „Freude am Gestalten".

An den Motiven hat sich, fast hundert Jahre später, nichts geändert, wohl aber an den Metaphern. Der DocMorris-Chef zum Beispiel, der seine Gegner so gern provoziert, sähe sich gern in der Rolle Batmans. „Der ist cool. Das ist der schwarze Rächer", sagt Däinghaus. „Der kriegt immer richtig einen rein und muss sich durchsetzen." Und: „Das Gute gewinnt immer. Wie bei uns."

Erschienen in: Financial Times Deutschland vom 01.12.2008
© 2008 Nikolaus Förster, Nachdruck mit freundlicher Genehmigung der Financial Times Deutschland

Optische Meisterleistung

Porträt: Günther Fielmann

VON BIRGER NICOLAI

Wer sich mit Günther Fielmann trifft, sollte ein paar Worte aus dem Landleben draufhaben. „Wenn die mich nicht so angegriffen hätten, wer weiß, ob ich dann aus der Sasse gekommen wäre", erzählt Fielmann über die Jahre, in denen er sich gegen Attacken von Optiker-Kollegen wehren musste. Die Sasse ist eine kleine Mulde, in die sich ein Hase hineinduckt, wenn er sich verstecken will. Dabei liegt er mit dem Kopf gegen den Wind.

Der Vergleich kommt nicht von ungefähr. Fielmann ist ein Instinktmensch – und hat wohl auch deshalb einen solchen Erfolg. Er schickte schon Testkäufer in seine eigenen Läden, als diese Art der Qualitätskontrolle bei anderen Einzelhändlern noch als Geldverschwendung galt. Mit Geschick, Fleiß und List hat er ein riesiges Brillen-Reich aufgebaut. Am morgigen Donnerstag wird Fielmann 70 Jahre alt. Er ist ein Sonntagskind, so wie sein Sohn Marc. Der 20-jährige Filius soll die Firma übernehmen, „wenn er so weit ist", sagt der Vater. Bis dahin aber will der Ferrari-Sammler Fielmann als Vorstandschef das Steuer in der Hand behalten.

Fielmann sitzt auf der Terrasse des Herrenhauses Schierensee, einem barocken Prachtbau aus dem 18. Jahrhundert. Er hat Gut Schierensee 1998 gekauft und es mit Millionen-Euro-Aufwand zu einem ökologischen Betrieb mit 1.600 Hektar Landbesitz umgebaut. Fielmann wohnt hier am Wochenende. Das Gut ist offen für Besucher, an Weihnachten kommen Nachbarn zu Gottesdiensten in die Stallungen. Fielmann verschanzt sich nicht in seiner Nobelherberge.

Die Erdverbundenheit hat er von seinen Eltern, die Freude an schönen teuren Dingen – er sammelt auch antike Möbel und Kunst – nicht. Seine Eltern waren von preußisch-nüchterner Natur.

Fielmann wird zweieinhalb Wochen nach Beginn des Zweiten Weltkriegs in Stafstedt, einem Dorf bei Rendsburg in Schleswig-Holstein, geboren. Der Vater Wilhelm Fielmann, damals 35 Jahre alt und Lehrer von Beruf, hält nichts von Luxus. Der verderbe den Charakter, ist der Patriarch überzeugt. Schlittschuhe oder ein Fahrrad gibt es für den Sohn nicht.

Die Mutter öffnet Günthers Augen für die Natur. Beide ziehen durch die Wälder, sie bringt ihm Namen und Form der Blumen und Pflanzen bei.

Damals träumt er von einem eigenen Bauernhof. Heute besitzt Fielmann vier große Landgüter, auf denen er Rinder, Schafe und Pferde züchtet und ökologischen Anbau betreibt. Mit elf Jahren muss Günther nach Hamburg umziehen, der Vater wird Leiter einer Berufsschule. Das Stadtleben bleibt Fielmann jedoch fremd. „Ich habe die Jugendlichen in der Stadt immer als härter erlebt und nicht so fair", sagt er. Nach dem Abitur will Fielmann Fotograf werden, doch der Vater hält eine Optikerlehre für angemessener. In Hamburg geht Fielmann in die dreijährige Ausbildung zum Augenoptiker. Nach ersten Berufsjahren macht er in Berlin auf der Höheren Fachschule seinen Meisterbrief. In dieser Zeit fährt der junge Fielmann regelmäßig nach Stafstedt und besucht Verwandte und Freunde. Muss er wieder los, nimmt er eine Grassode mit. Wenn das Gras in Berlin braun geworden ist, weiß er, dass es wieder Zeit für einen Besuch in seinem Heimatdorf ist.

Fielmann ist schon früh ein geschickter Geschäftsmann. In Berlin wohnt er in einem Zimmer, er fliegt hinaus und muss neu suchen. „Da dachte ich: Das kann ich selber. Ich habe mir eine Wohnung am Kudamm gemietet und die anderen Zimmer vermietet", sagt er.

Später arbeitet Fielmann in Deutschland für den französischen Brillenkonzern Essilor, dann für dessen amerikanischen Konkurrenten Bausch & Lomb. Mit 34 Jahren macht er in Cuxhaven seinen ersten Optikerladen auf. Dort hat er Freunde, die ihm das Geld dafür leihen. Schnell begreift er, wie das Geschäft funktioniert: Optiker kaufen Brillengestelle und Gläser ein, schleifen sie je nach den Anforderungen der Kunden und schlagen das Zehnfache ihres Einkaufspreises auf die Ware drauf. Er habe gemerkt, dass Optiker mit ihren Produkten Image und Lebensgefühl verkauften, und das „keineswegs zu Produktionskosten", sagt Fielmann heute. Er verlangt viel weniger und wird in seiner Zunft schnell als Störenfried bekannt. Rasch hat Fielmann ein Dutzend Läden aufgemacht – mit selbstständigen Partnern in einem Franchisesystem.

1981 führt er die „Brille zum Nulltarif" ein. In einem Sondervertrag mit einer Allgemeinen Ortskrankenkasse unterschreibt Fielmann, dass er Kassenpatienten fortan eine Auswahl von 90 Metall- und Kunststoffbrillen in 640 Varianten auf Rezept anbietet. Der Satz des Mädchens aus der Werbung „ ... und mein Papi hat keinen Pfennig dazubezahlt" können die Konkurrenten bald im Schlaf aufsagen. „Wir haben ihr gesamtes Geschäftsmodell kaputt gemacht", sagt Fielmann. „Wenn ich zu den Tagungen unserer Innung ging, saß ich meist allein am Tisch." Türen seiner Läden werden mit Pattex zugeklebt, Scheiben eingeworfen. Wer bei Fielmann arbeite, könne sich nirgends anders mehr sehen lassen, drohen die Berufskollegen. Auch das formt den Menschen Günther Fielmann.

Hart zur Sache geht es Ende der 80er-Jahre. Fielmanns ärgster Widersacher in Nordrhein-Westfalen, Krane-Optik, bringt ein Schreiben in Umlauf, das den Aufsteiger verunglimpft. Aus einem Schredder holen Detektive für Fielmann Material, er erstattet Strafanzeige. Schließlich verurteilt ein Gericht Fielmanns Gegner zum Schadenersatz. „Das alles zusammen hat ihn mehr als eine Million D-Mark gekostet", sagt Fielmann.

Solche Art Anfeindungen sind in Deutschland längst Geschichte. Im Ausland dagegen kämpft Fielmann nach wie vor mit harten Bandagen. Um in den Niederlanden einen Fuß auf den Boden zu bekommen, liefert er sich eine Zeit lang mit der vor Ort starken Optikerkette Specsavers aus Großbritannien einen rigorosen Preiskampf. Dabei bietet er eine komplette Brille für nur einen Cent an.

Gelegentlich reizt Fielmann das Abenteuer. In den 80er-Jahren sucht er einen Weg, um Brillen in den Ostblock exportieren zu können. Dafür bändelt er mit den Sandinisten in Nicaragua an, fliegt dorthin und fährt mit Ernesto Cardenal durch das Land. Der Priester und Politiker soll Fielmann einen Zugang in den kommunistischen Wirtschaftsraum ermöglichen – was aber am Ende nicht gelingt.

Bei Brillenlieferanten – egal ob Luxusmarkenherstellern wie Luxottica oder den Fabriken in China – gilt Fielmann als harter Knochen, wenn Preise verhandelt werden. In Deutschland hat Fielmann in Hamburg und Köln zwei kleine Edel-Optiker aufgemacht, um sie gegen die eigenen Läden antreten zu lassen. „Ich will wissen, was die Leute dort ausgeben und was sie interessiert", sagt er. Das macht ihm Spaß. Seine Position ist in Deutschland unangefochten. Er betreibt fünf Prozent der Optikergeschäfte des Landes, erreicht aber einen Marktanteil im Absatz von 48 Prozent, beim Umsatz sind es 22 Prozent. Der Unterschied macht deutlich: Der durchschnittliche Brillenpreis ist in seiner Firma wesentlich niedriger als bei der Konkurrenz. Dennoch gehört Fielmann zu den Bestverdienenden der Branche. Seine Gewinnmarge vor Steuern lag 2008 bei 18 Prozent. Diesen Erfolg gilt es nun zu bewahren.

Eine Hypothek für Sohn Marc und die Nachfolge dürfte sein, dass Fielmann im Kern das Bewährte fortsetzen will. Als es zuletzt Probleme in der eigenen Ausbildungsstätte in Plön gab, führte Fielmann als Reaktion das „Werkstattwochenbuch" wieder ein. So kennt er es aus seiner Lehre vor fünf Jahrzehnten. Marc wird eine solche Zeit nicht bekommen, er soll im Schnellverfahren das Handwerk lernen. Doch noch studiert er für einige Jahre an der London School of Economics.

Marc und dessen Schwester Sophie stammen aus der bislang einzigen Ehe Fielmanns – mit Heike Eggert, die er 1988 als damals 18-jähriges Brillenmodel in seiner Firma kennen lernte. Sie sind seit neun Jahren geschieden, die Tochter wächst bei der Mutter auf. Marc lebt beim Vater. Was immer der über den Sohn sagt, klingt begeistert. „Wir haben zusammen Baumhäuser gebaut, die so hoch waren, dass wir uns nicht mehr hineingetraut haben", schwärmt Fielmann. Noch immer lässt er sich regelmäßig in seinem Geburtsort sehen. Er geht dann in den Edeka-Markt, der seinem Vetter Peter Thomsen gehört. Der ist ein Jahr jünger als Fielmann und steht noch im Laden. „Diese Unternehmer müssen mit Renditen von ein bis zwei Prozent überleben", sagt Fielmann. Es klingt nicht abfällig, eher respektvoll. Nicht jeder hat so ein Glück wie er, ist sich Fielmann in dem Moment bewusst.

Erschienen in: Die Welt vom 16.09.2009
© 2009 Birger Nicolai, Nachdruck mit freundlicher Genehmigung von Die Welt

König der Tiere

Porträt: Torsten Toeller

Von Antonia Götsch

Wenn es draußen warm ist, springt Torsten Toeller in seinen Schwimmteich. Er dreht ein paar Runden und füttert seine 17 japanischen Koi-Karpfen. Jeder Fisch hat einen Namen, er kann sie alle auseinanderhalten. „Ich liebe Tiere!", sagt Toeller mit hörbarem Ausrufungszeichen. Seine zwei Hunde hat er aus dem Tierheim geholt.

Er kennt sein Image und findet, es passt überhaupt nicht zu ihm. „Futter-Fritze" und „Futter-Aldi" haben sie ihn genannt. Dem 42-jährigen Seiteneinsteiger immer wieder vorgeworfen, den Fachhandel zu ruinieren. Viele Zoogeschäfte fürchten seine Fressnapf-Märkte, in denen es auf riesigen Flächen fast alles fürs Tier gibt, vieles davon billig. Und so mancher Hersteller flucht über Toellers Marktmacht – fast jede dritte Packung Tiernahrung in Deutschland wird an der Kasse eines Fressnapfs verkauft.

Toeller, der keine 1,75 Meter misst, ist ein Gigant in der Branche. Seine Fachhandelskette zählt 18 Jahre nach ihrer Gründung europaweit fast 1.000 Märkte, allein in Deutschland sind es 700. Die Umsätze sind stetig gestiegen, pro Jahr um 10 bis 17 Prozent.

Im Dezember vermeldete Fressnapf den jüngsten „tierischen Geschäftserfolg", 2008 wurde erstmals mehr als 1 Mrd. Euro umgesetzt. „Ein solches Wachstum ist ohne Verdrängung unmöglich", sagt Toeller. „Manches muss im positiven Sinn zerstört werden, um hinterher etwas Neues, etwas Besseres zu schaffen."

Die Zahl der unabhängigen Zoofachgeschäfte hat sich Schätzungen zufolge in den vergangenen Jahren auf rund 1.500 halbiert. Fressnapf ist für die Branche das, was die großen Handelskonzerne einst für die Tante-Emma-Läden waren: eine fast übermächtige Konkurrenz, deren Preise kaum zu schlagen sind. „Wir haben ein völlig neues Segment mitgeprägt", sagt Toeller. „Inzwischen gibt es auch einen Namen dafür: Fachdiscounter."

Er hat den Markt komplett umgekrempelt und wird dafür gehasst, aber auch geliebt. „Seine Franchisenehmer bejubeln ihn bei Hausmessen wie einen Star", sagt Hans-Jochen Büngener, Vizepräsident des Zentralverbands Zoologischer Fachbetriebe. „Und das ist nicht inszeniert."

Auf der anderen Seite geistern Gruselgeschichten durch die Branche, wie Toeller denen, die nicht mitmachen wollten, gedroht habe: „Dann setzen wir dir eben einen Fressnapf vor die Tür." Toeller streitet das gar nicht ab. Er sei ein Mann der klaren Worte und gucke sich einfach nur die besten Standorte aus. „Wenn da schon eine Fachhandlung sitzt, sprechen wir die an. Dann heißt es eben: take it or leave it."

Diese Mentalität war für viele Zoofachhändler ein Kulturschock. „Früher wurden die Läden von Hobbyisten geführt, von Vogelfreunden oder Hundeliebhabern", sagt Büngener. „Die wollten mit Toeller nichts zu tun haben und haben ihn am Anfang auch nicht ernst genommen." Auch die großen Einkaufsgenossenschaften Egesa-Zookauf, Sagaflor und der Raiffeisenverband hätten wie die Kaninchen auf die Schlange gestiert.

„Und gelacht haben sie", sagt Toeller. „Die haben mich noch ausgelacht, als ich schon 50 Märkte hatte." In seinen Gesichtszügen ist stille Genugtuung darüber abzulesen, dass das nun anders ist. „Manche werden sich heute vielleicht ärgern."

Zum Beispiel sein früherer Chef bei Markant, einem Dienstleister für den Einzelhandel, für den Toeller in den 80ern neue Geschäftskonzepte entwickelt. Von einer USA-Reise kehrt er mit einer ganzen Liste Ideen zurück: Er hat Bürodiscounter und Ein-Dollar-Shops gesehen. „Tierisch begeistert" ist er jedoch nur von den Super-Pet-Stores. Seine Vorgesetzten haben kein Interesse, Toeller, damals 24 Jahre alt, macht sich selbstständig.

Er leiht sich 150.000 Euro von der Bank, 50.000 Euro von seinen Eltern und eröffnet 1990 seinen ersten Fressnapf im nordrhein-westfälischen Erkelenz. Es läuft „hundsmiserabel", wie er heute sagt. Nach sechs Monaten ist er beinahe pleite. „Aber ich habe einen Aufwärtstrend gesehen und die Fehler erkannt." Die Preise müssen runter, das Sortiment muss größer werden. Er verkauft sein Auto, einen 3er BMW, für den er lange gespart hat, und investiert sein letztes Geld in das Geschäft.

Zwei Jahre später starten die ersten Fressnapf-Märkte im Franchisesystem. Für die Investitionen kommen nun Franchisenehmer auf, dadurch lässt sich die Expansion deutlich beschleunigen. Seine Partner zahlen ihm einmalig 5.000 Euro und jährlich 1,65 Prozent vom Umsatz. „Wenn man ohne eigenes Kapital wachsen will, braucht man einen Investor oder muss mit dem Geld anderer Leute wachsen", sagt Toeller.

Zunächst machen vor allem Seiteneinsteiger mit, die Zoohändler wollen nichts mit diesen Geschäften zu tun haben, in denen es anfangs nur Futter und Zubehör gibt. „Wir waren ein kleiner Kreis von etwa 15 Verschworenen", berichtet Ulrich Kohnen, einer der ersten Franchisenehmer. Toeller fährt mit einem italienischen Kastenwagen das Hundefutter selbst aus und hilft beim Einräumen der Waren. Die Jahresversammlungen finden reihum in einem Fressnapf statt. „Wir haben den Pansen aus der Tiefkühltruhe geräumt und unser Bier darin kalt gestellt", sagt Kohnen. „Wir hatten ja all unser Geld in die Fressnäpfe gesteckt."

Schon bald darauf werden Versammlungen in schicken Hotels abgehalten. Sechs Jahre nach dem Start öffnet der 100. Laden, vier Jahre darauf steuert Toeller 300 Märkte. Seit 1997 expandiert er über die Grenzen hinaus, in elf europäischen Ländern ist er unter dem Namen Maxizoo vertreten. Bei der Expansion zeigt sich, dass das Franchisesystem – zunächst eine schiere Notwendigkeit – zu Toeller passt.

„Ich kann bestimmt viele Dinge nicht, aber ich kann Leute mitnehmen und Visionen entwickeln", sagt er. Er liebt klangvolle Worte, für jede Station in seinem Lebenslauf findet er eine Tiermetapher: Die Dinge laufen „bärenstark" oder „saumäßig". Und er weiß, wie man Ideen und Produkte verkauft. „Das liegt mir im Blut", sagt er. Als Kind hat er im Rewe-Markt der Eltern gespielt, später macht er eine Verkäuferlehre, obwohl das alle in der Klasse „ziemlich uncool" finden. Erst danach studiert er BWL.

Noch heute fühlt er sich zwischen Verkaufsregalen sichtlich wohl, führt seine Besucher stolz durch einen Fressnapf XXL in Krefeld, einen von 67 Märkten, die ihm selbst gehören. Schnell rutscht er dabei ins rheinländische Du. „Was glaubst du, was das ist", fragt er und schwingt einen dünnen, ein Meter langen Stab durch die Luft. „Getrockneter Ochsenpenis – aber das schreiben wir natürlich nicht dran. Aber Hunde lieben die." Daneben liegen Schweineohren. Er hält eines in die Höhe. „Davon verkaufen wir acht Millionen Stück im Jahr."

In solchen Momenten wirkt er fast wie ein Junge, der sein Glück kaum fassen kann. Vor dem Firmengelände parkt sein Porsche 911 Turbo, zu Hause habe er noch ganz andere Flitzer in der Garage. „Jeder Mann liebt schnelle Autos", sagt Toeller. Er hat es geschafft, das zeigt er auch.

Als die Branche anfängt, ihn ernst zu nehmen, hat er bereits seinen ersten Porsche gekauft. Die Fressnapf-Kette ist eine schlagkräftige Einkaufsmacht. „Wer von Toeller ausgelistet wird, hat ein Problem", sagt Joachim Finnern, Inhaber des Familienunternehmens Finnern Petfood. „Es gibt leider zu wenige Hersteller, die auf die Stärke ihrer Marken vertrauen."

Die großen Einkaufsgenossenschaften haben inzwischen nachgezogen. Auch sie bieten nun Marketing und Sortiment aus einer Hand oder Franchisemodelle. „Fressnapf hat die Branche professionalisiert", sagt Büngener vom Fachverband der Heimtierbranche.

„Dunkle Läden, in denen es nach Karnickel riecht, sind verschwunden. Stattdessen gibt es nun überall lichte, große Verkaufsflächen." Für viele kleine Geschäfte, „die eh schon lange am Existenzminimum gekratzt haben", sei Fressnapf sogar die Rettung gewesen.

„Das Franchisesystem ist fair, und Toeller hat immer sein Wort gehalten", sagt Franchisenehmer Kohnen. Die Fachhandelskette wird regelmäßig ausgezeichnet. Zuletzt erhielt Toeller den F&C-Award in Gold vom Internationalen Zentrum für Franchising und Cooperation (F&C) in Münster. 88 Prozent seiner Franchisenehmer würden ihn weiterempfehlen. Auch große Zoohandelsketten haben sich inzwischen angeschlossen, zum Beispiel Kölle-Zoo. Inhaber Matthias Pohl betreibt zehn Geschäfte unter eigenem Namen und 20 Fressnäpfe. „Von einer großen Organisation wie Fressnapf kann man sich viel abgucken: Lagerlogistik, Vertrieb und Marketing."

Aber auch Toeller hat von seinen Kollegen gelernt. Vom Konzept des Futterdiscounts ist er schon lange abgerückt. Die XXL-Märkte und die neuen Megazoos bieten inzwischen sogar Tiere – und mehr Atmosphäre.

Zudem will Toeller in diesem Jahr Filialen in Polen und Schweden eröffnen. Der deutsche Markt sei langsam ausgereizt, aber europaweit sei noch viel Platz. 20 Mrd. Euro werden dort jährlich mit Tierfutter und Zubehör umgesetzt. Das Geschäft gilt als krisensicher, an den Lieblingen wird zuletzt gespart. „Da kann ich noch einiges bewegen", sagt Toeller.

Gerade hat er sich eine neue Marke zugelegt: Pferd und Reiter. Bisher werden Reitsportgeschäfte häufig von Inhabern geführt, die ihr Hobby zum Beruf gemacht haben. Toeller will wieder expandieren, wieder Franchisepartner gewinnen und eine Marktmacht aufbauen. Er liebt die Herausforderung, sagt er. Und er liebt Pferde.

Erschienen in: Financial Times Deutschland vom 08.01.2009
© 2009 Antonia Götsch, Nachdruck mit freundlicher Genehmigung der Financial Times Deutschland

Nicht kaputt zu kriegen

Porträt: Dieter Morszeck

VON EVA-MARIA THOMS

Es gibt Tage, an denen träumt Christine Lahn von einem ganz gewöhnlichen Vorstand: unpersönlich und distanziert. Das sind einerseits die Tage, an denen die Rimowa-Betriebsratsvorsitzende ihrem Chef von Weitem schon ansieht, dass er schlechter Laune ist und für Belange der Belegschaft nicht ansprechbar. Andererseits sind es die Tage, an denen der Chef besonders gute Laune hat. Dann besteht die Gefahr, dass er wieder alles umkrempeln will: neue Modelle, neue technische Details, neue Produktionsabläufe. „Das kann ganz schön nerven", sagt Christine Lahn, „aber es ist ja der Grund, warum wir erfolgreich sind und sichere Arbeitsplätze haben."

Bei Rimowa in Köln-Ossendorf bastelt der Chef noch selbst. Dieter Morszeck ist der dritte Mann im dreiköpfigen Entwicklungsteam des Unternehmens. „Einer von uns hat immer eine Idee", erzählt Morszeck und schmunzelt, „meistens bin ich das." Ein neuartiges Rollensystem – „die Lizenz haben wir teuer an Samsonite verkauft" –, noch ausgefeiltere Schlösser, ein raffiniertes Innenleben, ein neues Material. Rimowa stellt Hartschalenkoffer her – nur Hartschalenkoffer, genauer: nur solche mit den ebenfalls patentierten Rillen. Die Rimowa-Rillen sind Kult. Das Unternehmen könnte auch Uhren oder Kugelschreiber im Rillen-Design verkaufen. Doch Morszeck will nur Koffer. „Wir wären in unserer Kernaussage nicht mehr authentisch", sagt er. „Wir produzieren Koffer, und das tun wir mit sehr großer Leidenschaft und mit Spaß."

Das Wort Spaß benutzt Morszeck in diesem Gespräch rund zwei Dutzend Mal. Während draußen, in der deutschen Industrie, die Auftragsbücher leerlaufen und ganze Belegschaften auf Kurzarbeit gesetzt werden, herrscht in der Kölner Kofferfabrik Gelassenheit. „Alles im grünen Bereich", meint der Chef. Die Bestellungen aus Japan seien leicht zurückgegangen, aber die Umsätze in Deutschland im Januar und Februar sogar um zehn Prozent gestiegen. „Das kann ich mir auch nicht erklären."

Morszeck-Koffer aus der Fabrik des Großvaters Paul waren schon in den 1920er Jahren in Deutschland bei der High Society beliebt. 1937 erregte das Unternehmen mit dem ersten Überseekoffer aus Leichtmetall Aufsehen. Die typischen Rillen, heute geschütztes Markenzeichen der Rimowa-Koffer, gibt es seit 1950. Richard Morszeck, der Vater des heutigen Unternehmenschefs, wollte damit der Aluschale des Koffers mehr Stabilität verleihen. Es ist die Unverwüstlichkeit, die den Markenkern des Gepäcks aus dem Hause Rimowa bildet. Wenn dieses Image doch einmal gefährdet ist, greift die hauseigene Reparaturwerkstatt ein. Viele Koffer dort haben die Garantiezeit lange hinter sich. Manche dürften – an der Zahl der Reiseaufkleber gemessen – schon mehrere Erdumrundungen absolviert haben. Es sind die Koffer von Globetrottern, Profireisenden, Geschäftsleuten. Etwas sperrig die traditionellen Modelle aus Aluminium, schnittiger die Kunststoffmodelle. Alle haben ihren Preis, der Trolley von rund 300 Euro aufwärts. Ihr Absatz hat sich in den vergangenen zehn Jahren vervierfacht.

Für die Werbung setzt Dieter Morszeck vor allem auf Product-Placement. Der Kinofan hat eine Agentur engagiert, die seine Koffer in Hollywood-Filmen platziert: als Geldkoffer, Agentenkoffer oder in eigens angefertigten Übergrößen. Werbeträger sind auch die Deutsche Fußballnationalmannschaft und die Kicker des 1. FC Köln. Selbst Star-Geiger David Garrett verpackt seine Stradivari jetzt im maßgeschneiderten Rillenkoffer – nachdem er sich auf die letzte aus Versehen draufgesetzt hatte.

Über Jahrzehnte war Rimowa ein Nischenanbieter im Markt für Reisegepäck, kaum spürbar für die große Konkurrenz der Samsonites und Delseys. Dann entdeckte Dieter Morszeck Mitte der neunziger Jahre bei einem Lieferanten das Polycarbonat. Dort lag ein Lampengehäuse aus dem Werkstoff, der im Flugzeugbau verwendet wird. „Schlag mal mit dem Hammer drauf", sagte der Lieferant. Und Dieter Morszeck schlug. Ohne Spuren zu hinterlassen. „Das Ding war nicht kaputt zu kriegen". Drei Jahre brauchte das Entwicklungsteam, um einen Rillenkoffer aus dem neuen Material zu entwerfen. Stabil wie der Alukoffer, aber viel leichter.

„Die Erfindung des Polycarbonat-Koffers war für uns wie ein Royal Flush im Poker", sagt Dieter Morszeck. Dabei waren die Anfänge nicht ermutigend. Als Rimowa die Kunststoff-Koffer im Jahr 2000 auf Fachmessen vorstellte, winkten viele Einkäufer ab. Im Trend lag damals Weichgepäck. Es war ein Wagnis, in die neue Fertigung zu investieren, und dafür eine zweite Fabrik in Deutschland zu bauen hielt Morszeck für ein zu großes Risiko. Er begann in Tschechien zu produzieren, zunächst in gemieteten Räumen. Der Anfang einer Erfolgsgeschichte.

Obwohl auch die großen Konkurrenten schnell mit Polycarbonat-Koffern auf den Markt kamen, stiegen bei Rimowa die Verkaufszahlen. Die Firma, die noch um die Jahrtausendwende Umsätze von umgerechnet knapp 20 Millionen Euro schrieb, berichtet 2007 einen Umsatz von rund 85 Millionen Euro, doppelt so viel wie im Vorjahr. 400.000 Koffer wurden verkauft. Besonders beliebt sind Rimowa-Koffer in Asien und den USA, in Italien und der Schweiz. Regelmäßig gingen nun Übernahme- und Beteiligungsangebote ein. Doch Morszeck will sich nicht den im Big Business üblichen Gesetzmäßigkeiten unterwerfen. „Mir sagt keiner, dass die Personalkosten zu hoch sind", stellt der Rimowa-Chef fest. „Und wenn jemand sie für zu hoch hält, dann ist mir das auch egal." Mit schlecht bezahlten Leuten lässt sich nicht Spitzenqualität produzieren.

„Das ist unsere Damenecke", stellt die Betriebsratsvorsitzende Christine Lahn drei Mitarbeiterinnen vor. In der Werkstatt der Kofferfabrik wird konzentriert gearbeitet. Die Frauen in der „Damenecke" kleben millimeterdünne Dichtungen in die Kofferdeckel. „Wir haben festgestellt, dass das eine Arbeit ist, die man am besten älteren Damen anvertraut", sagt Christine Lahn. „Wir haben das auch schon junge Leute machen lassen. Aber die meisten haben nach einigen Tagen aufgegeben."

Es gehört vermutlich zum Erfolgsrezept des Unternehmens, dass auch ältere Mitarbeiterinnen wissen, dass sie unverzichtbar sind. Die Personalfluktuation bei Rimowa ist extrem gering. Zum alljährlichen Ritual ist die Rimowa-Sitzung im Kölner Karneval geworden. Erst Ende Januar ist wieder im Zelt auf dem Rimowa-Gelände geschunkelt worden, zehn Stunden lang, in der längsten Karnevalssitzung der Stadt. Fester Termin ist auch das Fußballspiel gegen das tschechische Rimowa-Werk, das abwechselnd in Köln und in Tschechien ausgetragen wird und im letzten Herbst erstmals mit einem Sieg des deutschen Stammwerks endete – Ergebnis 5:3. Neben diesen offiziellen Unternehmensfesten organisieren die Mitarbeiter private Grillabende für die Abteilung oder helfen einander bei der Wohnungsrenovierung. Es gibt niemanden, der diese Corporate Identity inszeniert. „Es ist ein Phänomen", sagt die Betriebsrätin Christine Lahn und lacht, „Rimowa hat inzwischen wohl an die zwanzig Ehen gestiftet." Ihre eigene gehört dazu.

„Ich hab hier einfach ein Bombenteam", sagt der Chef. So viel Harmonie sorgt bei Auswärtigen manchmal für Stirnrunzeln – zum Beispiel bei der örtlichen Tarifkommission. Zu deren Sitzungen reisen Morszeck und Christine Lahn gemeinsam in einem Auto an. „Die Kollegen aus den anderen Betrieben fanden das zu Beginn nicht so passend", schmunzelt Lahn.

An einen einzigen größeren Konflikt können sich der Chef und die Betriebsrätin erinnern. Das war Anfang der neunziger Jahre, als Morszeck erstmals Leiharbeiter in die Werkstatt holte. „Wir hatten Angst um unsere Arbeitsplätze", sagt Lahn, „außerdem kamen ständig andere Leute, und jeder musste eingearbeitet werden." Inzwischen sind die Leiharbeiter zum festen Bestandteil des Unternehmens geworden. Es sind immer dieselben, und so mancher ist über die Jahre zum Festangestellten geworden. Ein einziges Mal hat Rimowa seine Leiharbeiter sämtlich zur Agentur zurückgeschickt. Das war für einige Monate in der Wirtschaftskrise nach dem 11. September 2001.

In der aktuellen Krise scheint die Rimowa-Strategie resistenter als das Geschäft der großen Hersteller. Das hat Morszeck dieser Tage auf der Reisegepäck-Messe in Las Vegas beobachtet. Während andere ihre auf Halde produzierten Mengen an Tankstellen verramschen, kam er mit vielen Aufträgen zurück. Im November hat Rimowa in Kanada eine weitere Fabrik eröffnet. Von dort aus soll der amerikanische Markt bedient werden. Auch in Köln hat das Unternehmen dieses Jahr noch neue Mitarbeiter eingestellt. Im Verwaltungsgebäude ist es eng geworden. Selbst der Chef hat die Hälfte seines Büros abgetreten und eine Wand einziehen lassen. Vielleicht, sinniert Morszeck, „ist die Krise für uns Mittelständler ja sogar eine Chance. Wenn die Massenhersteller jetzt Marktanteile verlieren, werden die Karten neu gemischt. Dann haben wir mit unseren Qualitätsprodukten neue Möglichkeiten".

Erschienen in: Die Zeit vom 26.03.2009
© 2009 Eva-Maria Thoms, Nachdruck mit freundlicher Genehmigung der Autorin

Der Tüftler

Porträt: James Dyson

Von Tim Höfinghoff

Im Forschungszentrum des Staubsaugerherstellers Dyson im britischen Malmesbury hocken drei Männer in einer fensterlosen Kammer. Sie haben Dreck auf Teppiche geworfen und Staub in Holzritzen gestreut. Dann lassen sie die Staubsauger über Holz und Teppich fahren. Immer wieder. Es ist der ultimative Saugtest, die Teststrecke für Dyson-Geräte sozusagen.

400 Ingenieure und Entwickler werkeln hier im Forschungszentrum. Ihr Job, so erzählen sie, sei wie auf einem Spielplatz: Herumschrauben, ausprobieren, so ziemlich alles ist erlaubt. Hauptsache, das Produkt wird besser und schöner.

Das mit dem Herumspielen mag James Dyson nicht gerne hören. Er sitzt oben im ersten Stock des Gebäudes im Chef-Büro und sagt: „Ein Spielplatz ist das nicht, wir arbeiten sehr konzentriert."

James Dyson ist ein großgewachsener, schlanker Mann mit kurzem grauen Haar. Der 61-Jährige spricht trotz aller Bestimmtheit unaufgeregt, er wirkt fast schon schüchtern. Seine Kleidung betont Understatement. Er kommt leger daher: mit Strickpulli und Jeans. Krawatten, findet James Dyson, schnürten die Kreativität ab.

Das können Staubsauger-Produzenten sich nicht erlauben. Er baut Geräte, die ganz anders aussehen als die der Konkurrenz und auch sonst gewöhnungsbedürftig sind.

Es fängt an mit der Farbe: Rosa war der erste Dyson-Sauger, Geräte in Violett waren auch dabei, und heute noch haben sie Räder in Orange. Mehr noch: Die Sauger kommen ohne Beutel aus. Das ist das Markenzeichen der Dyson-Geräte, die zwischen 300 und 600 Euro kosten.

Statt eines Beutels, der den Dreck sammelt, haben sie ein durchsichtiges Gehäuse, das per Zentrifugalkraft den aufgesaugten Schmutz sammelt. Das funktioniert so: Im Inneren mehrerer Zylinder tobt ein Wirbelwind, der den Dreck auffängt, gleichzeitig aber die saubere Luft entweichen lässt. Nach der Saugerei trägt man das durchsichtige Plastikgehäuse zum Mülleimer und leert es.

James Dyson hat, das kann man ohne Übertreibung sagen, die Staubsaugerwelt mit seiner beutellosen Zyklon-Technik revolutioniert. Er hat den Sauger ohne Beutel nicht nur erfunden, er hat ihn patentiert und in alle Welt verkauft – das ist seine Geschichte. Sie hat ihn zum Millionär gemacht.

Seltsam ist, dass einer wie James Dyson an das Staubsaugerwesen geraten ist. Er hat Design studiert. Und ein klassischer Erfinder ist er nicht. „Ich mag den Namen Erfinder nicht", sagt er. „Im Grunde genommen bin ich auch kein Geschäftsmann, sondern ein Techniker und Designer." Ein Tüftler.

Aufgewachsen ist James Dyson im britischen Norfolk. Dort ging er auch zur Schule. Später studierte er in London am Royal College of Art Innenarchitektur und Möbeldesign.

Das mit den Staubsaugern kam dann so: „Ich habe mich immer über die Beutel geärgert." Nicht nur wegen der Kosten, weil man sie immer nachkaufen muss. Auch weil die Dinger seiner Meinung nach immer verstopfen. Und Dyson erklärt, dass Beutel, die mit Staub gefüllt sind, natürlich zu Saugkraftverlust führen müssen. Das sehen seine Konkurrenten (die seit Jahrzehnten auf die Beuteltechnik schwören) naturgemäß anders, aber Dyson macht ziemlich schnell klar, dass die Saugkraft eine Größe im Staubsauger-Business ist, die es nicht zu unterschätzen gilt. Sein Motto: „Bags kill suction."

Also machte sich James Dyson Ende der siebziger Jahre daran, einen eigenen beutellosen Staubsauger zu bauen. Daheim in der Garage. „Ich habe gearbeitet wie ein Wahnsinniger", erzählt er. Jeden Tag hat er getüftelt, geschraubt und neue Geräte hervorgebracht, mal aus Alu, mal aus Messing.

Schnellen Erfolg konnte James Dyson aber nicht verbuchen: Mehrere Jahre war er mit seiner Mission beschäftigt, am Ende wurden es viele Prototypen. Um genau zu sein: 5.127. Geld verdient hat er während seiner Bastelzeit nicht. Er war ja jeden Tag in der Garage und hatte noch keinen einzigen Sauger verkauft. Also hat seine Frau (sie arbeitete als Kunstlehrerin) das Geld für die Familie mit den drei Kindern nach Hause gebracht.

Irgendwann war James Dyson „müde, ausgebrannt und pleite". Doch er schaffte trotzdem den Durchbruch: 1986 gelang es ihm, seinen neuen Sauger (er hieß G-Force und kostete 2.000 Dollar) an eine japanische Firma zu verkaufen. Mit den Lizenzeinnahmen machte er sich selbständig und baute eine eigene Produktion auf.

Dabei hatte James Dyson nie vor, selbst zu produzieren. Er hatte immer gehofft, einen Konzern zu finden, der ihm seinen Wundersauger abkauft. Er war deshalb auch zu allen etablierten Herstellern getingelt: Bei AEG war er, bei Electrolux, bei Vorwerk und bei Hoover ebenso. Interessiert waren die Firmen irgendwie alle, doch niemand wollte sein Ding haben. Warum auch? Das Geschäft mit dem Verkauf von Staubsaugerbeuteln wollte keiner aufgeben.

Auch sonst gab es viel Frust: Mancher Hersteller kopierte einfach seine Idee. Dauernd gab es Streit wegen Patentverletzungen.

Dieser ganze Ärger ist schon eine Weile her. Nun sitzt James Dyson in seinem Büro und sieht ziemlich entspannt aus. Es läuft gut für ihn. Sein Unternehmen hat 2.200 Mitarbeiter, liefert in 47 Länder und machte im Jahr 2007 einen Gewinn in Höhe von 129 Millionen Euro. Mehr als 20 Millionen Sauger hat James Dyson weltweit schon verkauft. In Großbritannien, Japan und Amerika nennt er sich Marktführer.

Das Unternehmen ist von Anfang an ein typischer Familienbetrieb und nicht etwa an der Börse gelistet. In Malmesbury in der Grafschaft Wiltshire ist das „Research, Design and Development Center" von Dyson. Produzieren lässt er wegen der Kosten nur noch in Malaysia. Ein wenig deplaziert wirkt die Dyson-Zentrale schon in dieser beschaulichen und ländlichen Gegend, die knapp zwei Autostunden westlich von London liegt. Es ist kein typisches Industriegebiet, mancher aus der britischen Schickimickigesellschaft lässt sich in der Region nieder. In der Nähe von Dyson hat auch der britische Thronfolger Prinz Charles eine Residenz.

Auch wenn James Dyson alles vermeidet, um irgendwie ein Schickimicki-Image zu bekommen, in seinem Heimatland ist er schon lange ein Star: ein Erfinder, der trotz aller Widerstände als Unternehmer weltweit Erfolg hat. Kein Wunder, dass ihn im vergangenen Jahr Queen Elizabeth II. zum Ritter geschlagen hat. Nun kann er sich „Sir James Dyson" nennen, er ist „Commander of the British Empire". Dyson macht keinen Hehl daraus, dass ihn die Auszeichnung freut, aber doch ein wenig peinlich ist.

Weniger peinlich sind ihm die vielen Fernseh-Werbespots für sein Unternehmen. Hauptdarsteller ist – natürlich – er selbst. Wer sollte denn sonst die Dinger besser präsentieren können als er? Die Dyson-Vermarktungsmaschinerie ist genau auf ihn abgestimmt.

Auch in Deutschland ist Dyson vertreten und hat in den vergangenen Jahren den etablierten Anbietern Marktanteile abgenommen. Dyson rangiert inzwischen – gemessen am Umsatz – auf Platz drei in Deutschland. Hinter Miele und Siemens.

Selbst die deutschen Konkurrenzhersteller müssen zugeben, dass Dyson „eine gute Story hat", wie es einer von ihnen ausdrückt. Ihnen bleibt nur zu betonen, dass ihre Beutel-Sauger auch gut saugen können und Dyson mehr Wert auf farbigen Schnickschnack lege als auf das perfekte Saubermachen. Bestes Beispiel: der Handstaubsauger von Dyson. Der sehe doch aus wie eine Handfeuerwaffe aus „Star Wars" oder etwas, das Actionstar Lara Croft benutzen würde, lästert die Konkurrenz. Dyson nimmt das Gerät in die Hand und sagt: „An Lara Croft oder ‚Star Wars' bin ich gar nicht interessiert." Ihm geht es zwar um Design, doch „schön ist nur, was auch funktioniert".

Von solchen Sticheleien der Konkurrenten will er sich nicht aufhalten lassen. Auch die Finanzkrise werde zwar das Geschäft ein wenig verlangsamen, doch er will einfach nur weiter erfinden. Damit kennt er sich ja aus.

Neben den Saugern hatte er früher schon ein Luftkissenboot, eine Schubkarre, die statt mit einem Rad auf einem Ball fährt, sowie eine Waschmaschine mit zwei gegenläufig rotierenden Trommeln entwickelt.

Wirtschaftlich erfolgreich war das alles nicht, doch die jüngste Erfindung aus dem Hause Dyson scheint vielversprechender: Es ist der Airblade, ein Handtrockner. Einer der Dyson-Techniker hatte mal wieder mit Staubsaugern herumgespielt und entdeckt, dass sich ein Staubsauger-Motor auch zum Händetrocknen eignen könnte. Also jagt der Airblade nun mit 600 km/h kalte Luft durch sein Gehäuse, in dessen Öffnung man von oben die Hände hält. In wenigen Sekunden fegt der Luftsturm das Wasser von der Haut.

Dysons Geräte haben wegen ihres ausgefallenen Designs Preise erhalten und es in Museen geschafft: So gibt es seine Staubsauger im Victoria and Albert Museum in London und in der Münchner Pinakothek zu sehen.

Diese Ehrung ist dem Airblade bisher nicht vergönnt. Das Gerät hat es zwar schon ins Deutsche Museum in München geschafft: aber nicht als Ausstellungsstück, sondern, ganz wie es sich für sein Aufgabengebiet gehört, auf die Besuchertoilette.

Erschienen in: Frankfurter Allgemeine Sonntagszeitung vom 07.12.2008
© 2008 Tim Höfinghoff, Nachdruck mit freundlicher Genehmigung der Frankfurter Allgemeinen Sonntagszeitung

Abschnitt C

Meinungen und Standpunkte

Eigentumsverfassung und Finanzkrise

Alle rufen nach einem starken Staat.
Was wir wirklich brauchen: starke Eigentümer.

Von Klaus Schweinsberg

Zwei Wahrheiten gelten derzeit im politischen Raum, denen zu widersprechen sich so recht niemand traut. Erstens: Die Lösung für die Finanz- und Wirtschaftskrise ist ein starker Staat. Und – zweitens – der Grund für die aktuelle Krise war zu viel, zu ungezügeltes Eigentum Privater.

Mehr Staat, weniger privates Eigentum – mit diesem Patentrezept will uns, fast parteiübergreifend, die Politik aus der aktuellen wirtschaftlichen Malaise herausführen. Diese Renaissance der Staatsgläubigkeit ist nicht nur gesellschaftlich brandgefährlich, vor allem ist die zugrundeliegende Analyse sachlich falsch. Richtig ist indes die Fokussierung auf das Thema Eigentum. Denn in der Tat ist die Frage des Privateigentums der Schlüssel zur aktuellen Krise. Und gleichzeitig auch der Königsweg aus der Krise heraus.

Der Eigentumsbegriff und die Krise

Im Zentrum der aktuellen Kritik steht die Shareholder-Value-Theorie, nach der das Gros der börsennotierten Konzerne in den letzten Jahren gesteuert wurde. Das Oberziel jedweden unternehmerischen Handelns war die Maximierung des Börsenkurses und damit der Marktkapitalisierung. Jetzt ist zu bestaunen, dass diese Strategie genau das Gegenteil produzierte, nämlich ein dramatisches Einbrechen der Börsenkurse und damit eine massive Vernichtung von Unternehmenswerten. Selbst der ehemalige Chef von General Electric, Jack Welch, über Jahrzehnte gewissermaßen der Hohepriester des Shareholder Value, schwört dem Konzept inzwischen ab und bezeichnet es freimütig als „blödeste Idee" der Welt.

Diese Kritik greift zu kurz. Denn gescheitert ist nicht die Shareholder-Value-Theorie, sondern, wie Peter May in seinem Aufsatz „Die BWL hat den Unternehmer vergessen" (FAZ, 20. April, siehe S. 2ff.) aufzeigt, eine Shareholder-Value-Theorie, in der der Shareholder, also der Inhaber, gar keine Rolle spielte. Und sich so der Manager-Value deutlich vom Shareholder-Value entkoppelte. Sichtbarster Ausdruck dieser Entkoppelung waren die Gehaltsexzesse in vielen von Managern dominierten Publikumsgesellschaften. Aber auch die Kurzfrist-Orientierung der Unternehmensführung. Die fast ausschließliche Orientierung der Betriebs- und Volkswirtschaftslehre am Leitbild der Publikumsgesellschaft mit Streubesitz ist ein großes wissenschaftliches Versäumnis und eine der wesentlichen Ursachen der aktuellen Krise. Vorderhand war alles auf – einen freilich diffusen – Shareholder ausgerichtet, um den Inhaber, den Eigentümer, hat sich aber keiner gekümmert. Ja, Familienunternehmen mit dominanten Inhabern wurden in der Tradition des amerikanischen Organisationstheoretikers Alfred Chandler gar als zweitklassig, nicht weltmarktfähig belächelt.

Eigentum und Marktwirtschaft
Zumindest in Deutschland hätte man diese verengte Sicht vermeiden können, hätte man nochmals sorgsam bei den Vätern der Sozialen Marktwirtschaft nachgelesen. Alfred Müller-Armack betonte ausdrücklich die tragende und stabilisierende Rolle eigentümergeführter Unternehmen für die Volkswirtschaft. Großkonzerne und Firmenzusammenschlüsse bezeichnete er rundheraus als unerwünscht. Walter Eucken ging noch weiter. Er schreibt: „Jede Beschränkung der Haftung löst eine Tendenz zur Zentralverwaltungswirtschaft aus." Nun geht es natürlich nicht darum, Kapitalgesellschaften mit Streubesitz zu verbieten. Aber wir alle sind uns wohl einig, dass der Managerkapitalismus, wie wir ihn bei DaimlerChrysler unter Herrn Schrempp, bei Infineon unter Herrn Schumacher oder bei TUI unter Herrn Frenzel erlebt haben bzw. erleben, mehr mit der Selbstbedienungsmentalität in volkseigenen Betrieben zu tun hat als mit wahrem Unternehmertum. Der Kern einer funktionierenden Marktwirtschaft ist das Eigentum Privater. Gibt es keine dominanten Inhaber, dann werden die angestellten Manager dominant. Die Folgen sind bekannt.

Eigentum verpflichtet. Inzwischen fühlt sich wieder jedermann berufen, dies den Unternehmern im Lande ins Stammbuch zu schreiben. Dabei genügte ein Blick auf die Zahlen, um zu erkennen, dass Unternehmen mit dominanten Eigentümern in der Regel automatisch nachhaltiger handeln, als dies in Konzernen mit Streubesitz der Fall ist. Vergleicht man beispielsweise, wie sich in den letzten fünf Jahren die 40 größten börsennotierten Unternehmen im Vergleich zu den 40 größten deutschen Familienunternehmen entwickelt haben, so stellt man fest, dass die Familienunternehmen beim Umsatz und der Mitarbeiterzahl wesentlich dynamischer wuchsen, ihre durchschnittlichen Gewinne aber „nur" verdoppelten, während die anonymen Aktiengesellschaften ihre Gewinne verdreifachten. Heute wissen wir, woher diese Gewinnsteigerung bei den Börsenkonzernen kam. Die Manager haben oftmals bei Innovationen gespart. Haben durch endlose Kostenprogramme mit angelsächsischen Namen ihre Konzerne ausgelaugt, sie letztlich geschwächt.

Das Ausmaß dieser Katastrophe und unternehmerischen Fehlleistung wird besonders deutlich bei der Autoindustrie.
Der Managerkapitalismus hat seine Firmen erschöpft und ist erschöpft.
Der Familienkapitalismus hingegen gewinnt an Dynamik.

Die Sündenfälle der Eigentümer
Wie aber passen da Schaeffler, Merckle und Porsche ins Bild? Diese Fälle sind tragisch. Aber einfach zu erklären. Analysiert man Familienunternehmen, die über Generationen erfolgreich sind, so erkennt man rasch sehr ähnliche Verhaltensmuster, die sich letztlich in sieben Regeln für Familienunternehmen wiederspiegeln. Porsche, Merckle und Schaeffler haben eklatant gegen die siebte Regel verstoßen: Solide bleiben. Insbesondere bei der Finanzierung. Die Kunst des nahezu unbegrenzten Hebels der Kreditfinanzierung ist ein verlockender Weg zur Steigerung der Kapitalrendite. Er ist aber ebenso ein nicht mehr beherrschbares unternehmerisches Risiko. Die erfolgreichen Familienunternehmen haben dies immer verstanden und mit Eigenkapitalquoten zwischen 35 und 50 Prozent operiert. Auch wenn es in den letzten Jahren zunehmend Mut erforderte, gegen den allgemeinen Strom zu schwimmen. Kurzfristiger Erfolg mit Bilanz- und Finanzierungstricks mag sich für Manager mit Drei-Jahres-Verträgen auszahlen, Familienunternehmen kommen sie teuer zu stehen. Zwei Lehren ergeben sich daraus. Erstens, Unabhängigkeit kostet Geld. Und zweitens, Familienunternehmen sind in ihrer Expansion natürliche Grenzen gesetzt.

Natürliche Grenzen verantwortbaren Eigentums
Bereits in den 40er Jahren wies der österreichische Staatswissenschaftler Leopold Kohr darauf hin, dass es natürliche Obergrenzen bei der Steuerbarkeit von Institutionen gibt, seien es nun Staaten oder Unternehmen. Schon 1951 sagte er den Zusammenbruch der Sowjetunion voraus. Und er war der geistige Vater des später geprägten Satzes „Small is beautiful".

Kohr zeigt anhand vieler Beispiele, dass Organisationen, sobald sie eine gewisse Größe überschreiten, schlechter funktionieren als kleinere Einheiten, ja richtiggehend gemeinschaftsschädigend werden. „Die Probleme einer Gesellschaft, die sich über ihre optimale Größe hinaus entwickelt, wachsen also mit der Zeit rascher als die menschliche Fähigkeit, mit ihnen fertig zu werden."

Ein bedenkliches Indiz, dass viele Konzerne durch das schnelle Wachstum, das eine intensive Nutzung der Kapitalmärkte erlaubt, die Größe der Steuerbarkeit überschritten haben, sind meines Erachtens moralische Verfehlungen von Großkonzern-Managern. Die Bahn zählt 237.000 Mitarbeiter. Ist es ein Zufall, dass ausgerechnet dieses Riesenunternehmen besonders unter Korruption leidet? Und wie selbstverständlich die Mitarbeiter flächendeckend mit Rasterfahndungen überzog? Siemens beschäftigt 471.000 Menschen. Ist es ein Zufall, dass dieser gigantische Konzern den wohl größten Bestechungsskandal der jüngeren Wirtschaftsgeschichte in seinen Büchern hat? Und selbst nicht davor zurückschreckte, Gewerkschafter zu bestechen? Die Deutsche Telekom hat 242.000 Mitarbeiter. Ist es ein Zufall, dass dort auch ein Spitzelskandal bislang unbekannten Ausmaßes stattfand, wo selbst Aufsichtsräte, Vorstände und Politiker überwacht wurden?

Besonders befallen von dieser Großmannssucht waren freilich die Banken. „Es herrscht der unheilvolle Drang nach Grösse, man will auf der Rangliste der Banken nach ganz oben klettern. Die allgemeine Einstellung aller Akteure, die Nummer eins sei automatisch das Beste, ist der Hauptgrund für die aktuelle Finanzkrise", sagte der inzwischen 92-jährige Grandseigneur des Schweizer Privatbankwesens, Hans Vontobel, neulich in einem Interview. So ist zu erklären, weshalb in den vergangenen Jahren Provinzbanken wie die Landesinstitute oder sogar einzelne Sparkassen anfingen, das Geld ihrer Kunden in hoch risikoreiche, völlig intransparente Papiere anzulegen. Man wollte auf Gedeih und Verderb in Sachen Umsatz und Ertragsstärke aufschließen zu den Großen. Und das weit über die Grenzen des haftenden Eigenkapitals hinaus. Hierzu nochmals Kohr: „Vernünftig ist, was sich verantworten lässt. Verantworten lassen sich Handlungen und Entwicklungen, die überschaubar sind. Deshalb ist vernünftiges Handeln auch nur in überschaubaren Einheiten praktizierbar."

Ein weiteres Indiz, dass die Großkonzerne die optimale Größe längst überschritten haben, ist das Ausmaß an Kriminalität, das es inzwischen dort gibt. Rein statistisch gesehen hat das Frankfurter Börsenparkett dem nahen Rotlichtviertel längst den Rang abgelaufen. Denn gegen 18 der 30 Dax-Konzerne wurde in den zurückliegenden Jahren wegen des Verdachts auf Schmiergeld, Korruption und Kartellvergehen ermittelt. Mit einem Plus von sieben Prozent wächst die Betrügerbranche in den Teppich-Etagen dreimal so schnell wie bisher das Bruttoinlandsprodukt.

Die Zahl ist erschreckend. Alarmierend ist aber, mit welcher Gleichgültigkeit die Verantwortlichen in den betroffenen Unternehmen damit umgehen. Selbst schwerwiegendste Gesetzesverstöße werden nicht mehr moralisch bewertet, sondern von den Top-Managern kaltschnäuzig und gesellschaftsverachtend nach ihren Kosten durchgerechnet. So war es jüngst Thyssen-Krupp gerade mal eine Randnotiz in der Quartalsmeldung wert zu erwähnen, dass dem Unternehmen von der EU eine Kartellstrafe in Höhe von 479 Millionen Euro aufgebrummt wurde, weil man mit den Wettbewerbern im Aufzugsgeschäft überhöhte Preise abgesprochen, im Klartext die eigenen Kunden übers Ohr gehauen hatte.

Selbst vom höchsten Repräsentanten des Unternehmens, Aufsichtsratschef Gerhard Cromme, kam keine Entschuldigung. Das Pikante daran: Er war damals Vorsitzender der Corporate Governance Kommission der Bundesregierung. Man versetze sich nur einmal für eine Sekunde in einen persönlich haftenden Gesellschafter, dessen Unternehmen so schwer bestraft würde. Und dessen Name damit verbunden wäre. Da verpflichtet Eigentum ganz konkret.

Too big to fail or too big to manage
Die aktuelle Situation aber zeigt, dass Politik und Öffentlichkeit aus den genannten Vorgängen entweder keine oder – schlimmer noch – die falschen Schlüsse gezogen haben. Die (Über-)Größe eines Unternehmens wird in Deutschland keinesfalls als Problem empfunden, sondern eher als unbedingte (Fort-)Existenzlegitimation. Nur so ist das dümmliche Gerede vom „too big to fail" zu erklären. In Wahrheit sind viele Unternehmen „too big to manage". Anstatt über sogenannte „systemische Unternehmen" zu diskutieren, müsste sich die Öffentlichkeit einer Diskussion stellen, welche Firmen eine optimale Größe überschritten haben und wer eigentlich haftet. Gerade die Großbanken mit ihren aus der Bilanz ausgelagerten Risiken haben auch für weite Teile der Bevölkerung spürbar gemacht, wohin ein Kapitalismus führt, in dem Eigentum nur noch eine theoretische, anonyme Größe ist, aber keinesfalls eine moralische Verpflichtung konkreter handelnder Personen.

Diese Diskussion wird es aber nicht geben, solange sich die Eigentümerunternehmer in der Öffentlichkeit weiterhin so „vornehm" zurückhalten wie bisher. Nur Inhaber können derzeit in der Öffentlichkeit glaubhaft Zeugnis geben, dass Eigentum nicht asozial ist, sondern sozial. Die Managerkaste hat sich auf Jahre hin verbrannt. Das heißt aber gleichzeitig auch: So sehr es Unternehmern auch schwer fallen mag, so sehr es ihrer natürlichen Bescheidenheit zuwider läuft – sie müssen stärker in die Öffentlichkeit gehen. Zeigen, dass sie ehrbare Kaufleute sind. Die Bevölkerung spüren lassen, dass man Firmeninhabern nicht vorschreiben muss, dass Eigentum verpflichtet, sondern dass jeder Unternehmersspross diesen Grundsatz mit der Muttermilch einsaugt. In der aktuellen Situation, wo es am dringlichsten ist, wieder Vertrauen für die Marktwirtschaft und den Kapitalismus zu gewinnen, kann das den Unternehmern niemand abnehmen. Was wir brauchen, ist kein starker Staat. Sondern starke Eigentümer.

Erschienen in: Otto Depenheuer (Hrsg.), Eigentumsverfassung und Finanzkrise. Reihe: Bibliothek des Eigentums, Springer Verlag 2009, ISBN: 978-3-642-00229-8
© 2009 Klaus Schweinsberg

„Wir haben eine Depression"

Peter Bettermann im Gespräch mit „Die Welt"

Von Vileda bis zu Autoteilen reicht das Portfolio des Mischkonzerns Freudenberg. Dessen Chef Peter Bettermann hält sich an einfache Rezepte: Liquide bleiben, Kurzarbeit und Übernahmechancen nutzen.

***Die Welt:** Herr Bettermann, wie gut schlafen Sie eigentlich zurzeit?*
Peter Bettermann: Eigentlich gut. Nur leider zu wenig. Denn die Wirtschaftskrise hält mich auf Trab. Ich bin ständig unterwegs und in Gesprächen und Konferenzen. Wobei ich das ganz bewusst so halte. Denn gerade jetzt muss ich präsent sein, Entwicklungen in den einzelnen Gesellschaften mit ihren Branchen und Märkten erkennen und viel im Unternehmen kommunizieren.

Wie ist denn die Entwicklung?
2008 war zwar ein gutes Jahr für uns, im vierten Quartal hat die Krise aber schon deutliche Spuren hinterlassen. Auch wenn Freudenberg durch seine vielen Geschäftsbereiche eine gute Risikostreuung hat, von der aktuell dramatisch schlechten Entwicklung können auch wir uns nicht abkoppeln. Das zeigt sich auch in den ersten Monaten 2009. Im Vergleich zum Vorjahr liegen die Weltmarktzahlen für unsere wesentlichen Schlüsselbranchen im Minus: im Maschinenbau zum Beispiel um 20 bis 25 Prozent, in der Bauindustrie und hier speziell im Hochbau saisonal um 35 Prozent und im Autozulieferbereich sogar um 40 bis 50 Prozent bei den PKW und um bis zu zwei Drittel bei den LKW. Deutlich besser läuft die Konjunktur noch bei der Infrastrukturausrüstung und bei den Konsumartikeln, die je nach Land nur um bis zu zehn Prozent im Minus liegen.

Wie reagieren Sie darauf?
Jetzt hilft kein Schön-Wetter-Reden mehr und kein Hoffen auf bessere Zeiten. Bei Freudenberg haben wir daher die Unternehmenssteuerung angepasst: Statt auf Wachstum und Rendite ist unser ganzes Handeln darauf ausgerichtet, liquide zu bleiben. Denn wir befinden uns in meinen Augen nicht mehr nur in einer Rezession, wir sind schon in einer Depression. Wir stellen uns auf eine lange Krise ein.

Wie bewältigen Sie diese lange Durststrecke?
Wir senken die Kosten und halten das Geld zusammen. Investitionsvorhaben werden neu überprüft und teilweise verschoben oder zurückgenommen, ohne jedoch strategische Zukunftschancen zu beschneiden. So haben wir zum Beispiel den Bau einer neuen Fabrik verschoben.

Kosten senken geht meist einher mit Stellenstreichungen.
Angesichts der massiven Einbrüche in den letzten Monaten werden auch wir um einen punktuellen Stellenabbau letztlich nicht umhin kommen. In einigen Bereichen haben wir schon Kurzarbeit angemeldet. Das wird aber nicht ausreichen.

Wie viele der 34.500 Stellen im Konzern werden gestrichen?
Die Entwicklung ist in jeder Branche, in der wir tätig sind, völlig unterschiedlich. Deshalb hilft es nicht, mit der Rasenmäher-Methode überall zu kürzen. Über einen möglichen Stellenabbau entscheiden daher die Geschäftseinheiten, die ihre Märkte und ihre Auftragslage am besten beurteilen können. Dabei kommt uns nun entgegen, dass die Freudenberg-Gruppe aus rund 400 Einzelgesellschaften besteht. Wir sind oft dafür kritisiert worden. Nun hilft es uns.

Wie konkret?
Auf eine strukturelle Krise kann man nur mit strukturellen Maßnahmen reagieren. Wir entwickeln und fördern Lösungen mit Fantasie in jedem dieser Unternehmen. Dabei wirkt sich unsere Unternehmenskultur positiv aus. Alle Lösungsbeispiele, die wir für gut halten, versuchen wir im gesamten Unternehmen bekannt zu machen. Die notwendigen Entscheidungen werden nicht pauschal von oben getroffen, sondern dort vorbereitet, wo der Einblick ins Tagesgeschäft am größten ist. Auf diese Weise können wir sehr strukturiert vorgehen. Darüber hinaus holen wir uns aber auch Anregungen von außen.

Von wem zum Beispiel?
Von anderen Familienunternehmen. Schon seit Wochen tauschen wir uns mit ihnen regelmäßig aus. Wir sprechen über die Einschätzung der Lage, über mögliche Zukunftsszenarien und über Auswege aus der Krise.

Familienunternehmen werden vielfach als die beste Form wirtschaftlichen Handelns gelobt. Was machen die inhabergeführten Firmen anders als börsennotierte Konzerne? Und wo liegt der Vorteil dieser Organisationsform?
Jede Unternehmensform hat spezifische Vor- und Nachteile. Gut und Böse oder vielmehr die eine richtige Organisationsform gibt es dabei nicht. Nichts-

destotrotz unterscheiden sich die Familienunternehmen und börsennotierte Konzerne in ihren Handlungsweisen. Bei Freudenberg schätzen wir besonders die unternehmerische Freiheit bis in die kleinste Unternehmenseinheit. Wir können losgelöst von Quartalsberichten und Aktionärserwartungen nach selbst definierten Zielen und Wertvorstellungen handeln. Und zwar langfristig und beharrlich. Auch deshalb können wir in diesem Jahr das 160. Firmenjubiläum feiern.

Wie unumstößlich ist bei Freudenberg die Organisationsform als Familienunternehmen?
Unser Gesellschaftervertrag gibt klare Ziele vor. Das Wichtigste davon ist das Überleben der Firma als solche. Daher fließen Gewinne auch ganz überwiegend zurück ins Unternehmen. Erst danach kommt der Erhalt als Familiengesellschaft und an dritter Stelle schließlich folgen die Wachstums- und Renditeziele. Aus dieser Zielhierarchie folgt, dass die Umwandlung in eine andere Unternehmensform möglich ist, wenn die Existenz der Gruppe auf dem Spiel steht. Dass wir die Vorgaben der Gesellschafter im Unternehmen entsprechend leben, zeigt aktuell die Anpassung der Unternehmenssteuerung. Denn in diesen Tagen heißt Überleben schlichtweg, zahlungsfähig zu bleiben.

Wie liquide ist Ihr Unternehmen?
Die Ratingagentur Moody's hat uns gerade erst eine solide Finanzlage bescheinigt. Das zeigt die gute Bewertung mit der Note A3. Aber wir haben auch schon frühzeitig Kreditlinien um Jahre verlängert und ausgebaut. Wie wichtig das war, wird sich in den kommenden Monaten noch zeigen. Denn wenn die Unternehmen nach dem Quartalsende am Dienstag nun nach und nach ihre wohl überwiegend schlechten Bilanzzahlen der ersten drei Monate veröffentlichen, werden die Banken noch nervöser und zurückhaltender. Dann erleben wir trotz aller gegenteiligen Beteuerungen eine heftige Kreditklemme. Für uns könnte das aber auch eine Chance sein.

Das müssen Sie erklären ...
Die Krise erzeugt einen hohen Konsolidierungsdruck. Daher werden sich für uns in den nächsten Monaten noch Gelegenheiten für interessante Akquisitionen ergeben.

Wann gibt es die erste Übernahme?
Wir erhalten immer wieder die eine oder andere Offerte. Die Unternehmensleitung sitzt derzeit jedoch eisern auf der Kasse. Denn die Krise wird noch lange genug dauern. Und ich glaube nicht, dass wir derzeit Chancen verpas-

sen. Die Angebote werden eher noch zunehmen und die Preise gleichzeitig sinken. Und wir haben genaue Vorstellungen, was zu uns passt.

Was passt denn zu Ihnen?
Wir haben fünf Zielbranchen identifiziert, in denen wir expandieren wollen, um langfristig unabhängiger von der Automobilindustrie zu werden. Das sind zum Beispiel Bereiche wie die Medizintechnik, das Öl- und Gasgeschäft oder die Luftfahrt. Wir sind zwar schon jetzt ziemlich breit aufgestellt. Das Autozuliefergeschäft hat bei uns aber immer noch einen Umsatzanteil von 35 Prozent. Ziel ist, den Anteil mittelfristig auf 30 Prozent zu reduzieren.

Wie laufen Übernahmen bei Freudenberg ab?
Das Prinzip ist immer gleich. Zuerst kaufen wir ein kleines, hochspezialisiertes Unternehmen. Wirtschaftlicher Erfolg ist dabei zweitrangig. Es geht darum, zu lernen. Anschließend wird das Geschäft ausgebaut, sei es durch weitere ergänzende Zukäufe oder mit eigenem Know-how. Das funktioniert vergleichsweise langsam. Aber wir haben mit dieser Methode noch keinen Flop erlebt. Denn durch diese Strategie lassen sich Akquisitionen zügig in die Unternehmensprozesse und die Firmenkultur integrieren. Bei großen Übernahmen dagegen rechnet sich am Ende gerade mal einer von fünf Deals.

Das Gespräch führte Carsten Dierig.

Erschienen in: Die Welt vom 27.03.2009
© 2009 Peter Bettermann und Carsten Dierig, Nachdruck mit freundlicher Genehmigung von Die Welt

Peter Bettermann steht an der Spitze der dreiköpfigen Unternehmensleitung von Freudenberg. Im Konzern ist der 61-jährige Westfale schon seit 1994, den Chefposten hat er 1997 übernommen. Zuvor war Bettermann, der jeweils einen Doktortitel in Naturwissenschaften und Jura hat, Vorstandsmitglied bei BP in Deutschland sowie Direktor bei BP Oil Europe. Zusätzlich zur operativen Arbeit hat Bettermann zahlreiche Mandate in Stiftungen, wissenschaftlichen Beiräten und Aufsichtsräten. Unter anderem ist er Mitglied des Kontrollgremiums bei Evonik.

Freudenberg ist eines der größten Familienunternehmen in Deutschland. Der Mischkonzern aus dem badischen Weinheim beschäftigt weltweit rund 34.500 Mitarbeiter. Rund ein Drittel davon arbeitet in Deutschland. 2007 kletterte der Umsatz bei einem Betriebsergebnis von 384 Mio. Euro auf den Rekordwert von gut 5,3 Mrd. Euro. Die Zahlen für 2008 werden Mitte Mai präsentiert. Gegründet wurde Freudenberg als Gerberei vor fast 160 Jahren von Carl Johann Freudenberg. Mittlerweile reicht die Produktpalette von Dichtungsringen und Filtern über Schmieröl und Mikro-Elektronik bis hin zu Medizintechnik und Haushaltswaren. Ursprung war meist das Leder. Aus den Gerbabfällen entwickelten Forscher während der Weltwirtschaftskrise von 1929 beispielsweise die ersten Dichtungen. Später entdeckten die eigenen Putzfrauen, dass man mit den Lederfetzen auch bestens Fenster putzen konnte – die Geburtsstunde der Marke Vileda („Wie Leder"). Eigentümer des Konzerns sind derzeit rund 300 Nachkommen der Familie.

Ein elftes Gebot:
Du sollst nicht über deine Verhältnisse leben!

Von Karl-Erivan W. Haub

Wir leben völlig über unsere Verhältnisse: Bürger, Unternehmen, die öffentliche Hand. Kein Wunder, dass das Kartenhaus einmal zusammenbrechen musste. Höchste Zeit, dass wir uns besinnen, umkehren und eine neue Bescheidenheit erlernen!

Die Bürger leben über ihre Verhältnisse

Der neue Fernseher steht zu Hause – Zahlungsfrist 30 Monate, null Prozent Zinsen; das neue Auto vor dem Haus – günstiger Leasingvertrag über fünf Jahre von der Autobank; die neue Eigentumswohnung – Hypothekarkredit 30 Jahre, minimale Eigenleistung; vom Lastminute-Urlaub zurück – Pauschalpreis auf Raten. Konsum per Kreditkarte oder Sofortkredit, zur Not Kontokorrent- oder Überziehungskredit. Kein Problem, an Geld zu kommen – zumindest bis vor Beginn der Krise. Kein Problem, dauerhaft auf Kredit, also über die Verhältnisse zu leben. Ergebnis? Nie waren die Menschen höher verschuldet als heute, nie hat es mehr Privatinsolvenzen gegeben, zum ersten Mal gibt es eine TV-Serie zum Thema (RTL: „Raus aus den Schulden"). Laut der Bundesarbeitsgemeinschaft Schuldnerberatung reicht bei 6,9 Millionen Menschen das Einkommen nicht aus, um fällige Zahlungsrückstände auszugleichen. Eine halbe Million Bürger ist akut insolvenzgefährdet, und für nahezu 100.000 Menschen jährlich ist dies bereits heute der letzte Ausweg. Nie hat es, vor allem schon bei den Jüngsten unter uns, eine so hohe Verschuldung gegeben – Handy und Internet sei Dank. Und RTL bereitet die dritte Staffel vor; Einschaltquote bis zu fünf Millionen Zuschauer.

Die Unternehmer wirtschaften über ihre Verhältnisse

Als die Herren Modigliani und Miller im Jahr 1958 ihr Theorem über den sogenannten Leverage-Effekt vorstellten – wofür sie später jeweils den Nobelpreis für Wirtschaftswissenschaften erhielten –, wollten sie die Unternehmen sicher nicht zum hemmungslosen Schuldenmachen ermuntern. Ihre Kernerkenntnis war, dass, je kleiner der Eigenkapitalanteil am Gesamtkapital eines Unternehmens ist, desto höher die Eigenkapitalrendite ist, sofern die Rendite insgesamt höher ist als die dafür aufzuwendenden Zinsen. „Schulden" wirken dann insofern als „Hebel" für die prozentuale Eigenkapitalrendite. Auf Risiken und Nebenwirkungen wie die eines Verlustes, gegebenenfalls sogar Totalverlustes, haben sie dabei explizit hingewiesen. Dies hat die Unternehmen nicht davon abgehalten, seit Langem mit geringem Eigenkapital zu arbeiten. In Deutschland liegt diese Kennzahl bei unter 30 Prozent. Wenige Länder liegen wie die Schweiz deutlich darüber. Realwirtschaft und Finanzwirtschaft wuchsen insbesondere in den vergangenen Jahren in geradezu hemmungsloser Weise auf Pump. Investitionen, Expansionsvorhaben und Firmenübernahmen – alles mit leicht verfügbarem fremden Geld. In welcher Bilanz findet sich heute kein hohes Fremdkapital? Bei welchem Betrieb gleichen sich noch zur Verfügung stehende Barmittel und Kredite aus? Wer kann seine Schulden heute noch zumindest in drei oder fünf Jahren zurückzahlen (vorausgesetzt, das Geschäft bricht nicht ein)? Welcher Firmenchef ist in den vergangenen Jahren nicht geradezu abschätzig belächelt worden, wenn er Bankschuldenfreiheit zu einem Primat seiner Unternehmenspolitik gemacht und sich gegen die Illusion einer kurzfristig hohen Eigenkapitalrendite gewandt hatte? Perfekt, sozusagen als letzter Auswuchs des Exzesses, haben sich die Private-Equity-Firmen das scheinbar unbegrenzte „Schuldenmachenkönnen" zunutze gemacht: Fast ohne eigenes Kapital wurden Firmen aufgekauft und diese dann mit Schulden der Kaufopfer bezahlt. Dass sich unter den ersten Krisenopfern viele auf diese Weise ausgesaugte Unternehmen befinden, kann niemanden ernsthaft verwundern. Banker haben in diesem Casino eine der Hauptrollen gespielt. Eigens für diesen Zweck haben sie quasi als Joker einen neuen Allzweck-Chip entwickelt: die Verbriefung von Schulden mittels strukturierter Finanzprodukte (Derivate), die derart anonymisiert mit hohem Renditeversprechen an die Kundschaft weltweit verkauft werden konnten. Dies hat zu einer wundersamen Geldvermehrung auf dem ganzen Globus geführt. Eine Luftblase, die vor Kurzem geplatzt ist.

Zu fragen ist auch, wer in diesem Kreditspiel Verführer und wer Verführter war. Während die Banken und die Unternehmen zweifelsfrei genau wussten, was sie taten, könnte man zur Ehrenrettung der Normalbürger anmerken, dass es ihnen letzthin immer leichter gemacht wurde, über ihre Verhältnisse zu leben.

Am längsten wirtschaftet die öffentliche Hand über ihre Verhältnisse
Auf über 1.000 Milliarden Euro belaufen sich die Nettoschulden von Bund, Ländern und Kommunen in Deutschland. Seit 40 Jahren wirtschaftet die öffentliche Hand – gemeinhin unser Staat genannt – über die Verhältnisse. In keinem einzigen Jahr konnten die Staatseinnahmen die Staatsausgaben wenigstens einmal voll begleichen. Wachstum ging mit immer neuen Schulden einher. Ein Armutszeugnis quasi im Wortsinne. Ist der Schuldenstaat also

möglicherweise das institutionalisierte Vorbild für das Über-die-Verhältnisse-Leben von uns Bürgern und Unternehmen? Nach dem Motto: Wenn der Staat, warum wir nicht auch?

Fakt ist, Bürger, Unternehmen und Staaten leben heute über ihre Verhältnisse, schon seit Langem und in zunehmendem Maße. Und dies nicht nur in Deutschland, sondern in vielen hoch entwickelten, wohlhabenden Ländern der Welt, insbesondere in Amerika. Ursache hierfür sind die anscheinend schier unerschöpfliche Menge an Kreditmitteln und die breite Akzeptanz eines Lebens mit Dauerschulden – als Bürger, als Unternehmen, als Staat.

„Kreditbescheidenheit" ist notwendig
Wer bei Google das Suchwort „Kredit" eingibt, findet 24 Millionen Einträge, wer das Wort „Bescheidenheit" eingibt, nur 645.000. Im Angelsächsischen stehen 734 Millionen Einträgen für das Wort „credit" nur 4,6 Millionen Einträge für das Wort „modesty" gegenüber. Bescheidenheit hat keine Lobby. Mit ihr kann man kein Geschäft machen. Der Kredit dagegen unterhält eine ganze Branche. Wer sich in letzter Zeit trotz aller Verführung eine gewisse Bescheidenheit zur inneren Haltung machte, vor allem nicht auf Pump lebte, wurde eher belächelt und als vorgestrig betrachtet. Zurückhaltung hatte kaum nennenswerte Fürsprecher, und wenn, dann wurden diese nicht ernst genommen. Da wir Menschen offensichtlich dazu neigen, uns zu übernehmen, stellt sich die Frage, wer oder was uns davon abhalten könnte. Gesetze, Vorschriften oder Verbote dafür gibt es nicht. Gier ist ein Laster, Bescheidenheit ist eine Tugend. Ein tugendhafter Lebenswandel ist ein Kulturgut, ein Wert, eine freiwillige Unterordnung, der Ausdruck eines gereiften Sozialverhaltens. Nehmen wir doch einfach die essenziellen Grundregeln und Werte aus den Weltreligionen als Orientierung. Von den Zehn Geboten beziehen sich neben drei Gott-Geboten sieben Gebote auf das zwischenmenschliche Verhalten: nicht töten, nicht stehlen, nicht lügen, Vater und Mutter ehren, nicht ehebrechen, nicht begehren deines Nächsten Partner sowie nicht begehren deines Nächsten Hab und Gut. In diesem letzten Gebot klingt thematisch schon an, womit wir es heute so weit verbreitet zu tun haben, denn umgangssprachlich übersetzt lautet das zehnte Gebot: Du sollst nicht habgierig sein. Zweifelsfrei muss man vielen Akteuren, insbesondere in der Finanzbranche, „übersteigertes, rücksichtsloses Streben nach materiellem Besitz" vorwerfen, jedoch letztlich nicht allen Menschen, Betrieben und öffentlichen Institutionen. Zumal die typischen Begleiterscheinungen der Habgier, nämlich der Geiz, die übertriebene Sparsamkeit (!) beziehungsweise der Unwille zu teilen, nicht ausgesprochen verbreitet waren, sondern viel eher das Gegenteil: Die Zurschaustellung des materiellen Wohlstands war selten so groß wie heute. Frei nach dem Motto einer Fernsehwerbung: mein

Haus, mein Auto, mein Boot. Den politisch Verantwortlichen ist vorzuwerfen, dass die meist nicht finanzierbaren Wahlgeschenke in erster Linie dem Machterhalt der eigenen Partei oder der eigenen Person gegolten haben und so zur Aufblähung der öffentlichen Verschuldung geführt haben. Wenigstens in den guten Jahren hätten finanzielle Polster gelegt werden müssen für schwerere Zeiten. Auf der Suche nach weiteren grundsätzlichen Wertehinweisen findet sich im Neuen Testament die Stelle, wo die Forderung nach Bescheidenheit eine Rolle spielt. Jesus erzählt im Gleichnis von geladenen Gästen, die sich beim Mahl die Ehrenplätze aussuchen (Lukas 14, 7–11) und die er auffordert, die einfachen Plätze hinten einzunehmen. Fündig wird man auch in den anderen Weltreligionen. Wer den Dalai Lama hört und sich etwas mit dem Buddhismus beschäftigt, dem bleibt nicht verborgen, dass die Bescheidenheit gerade dort eine besonders große Rolle spielt. Sinngemäß heißt es, dass nicht Reichtum und Luxus den Weg zum Glück weisen, sondern ganz im Gegenteil die Bescheidenheit. Und im Islam ist Bescheidenheit Teil des Verhaltenskodexes: In einem Hadith heißt es: Sei bescheiden auf der Welt, so wird Allah dich lieben. Und sei gegenüber den Menschen bescheiden, so werden dich die Menschen lieben. Wie wäre es, wenn wir uns von diesen schon vor Tausenden von Jahren niedergeschriebenen Werten wieder stärker und aus freiem Antrieb leiten ließen? Dabei betone ich ausdrücklich, dass wir nicht ab sofort in Askese leben müssen. So weit dürfen wir nicht gehen. Schließlich ist unser Fortschritt zu einem Großteil dem Ehrgeiz, dem Mut zur unternehmerischen Initiative, der Eigenverantwortung, dem Streben der Menschen nach höherem Wohlstand zu verdanken. Denken wir nur an die medizinischen Fortschritte und die Mechanisierung vormals körperlicher Schwerstarbeit. Aber ich meine, wir müssen einen nachhaltigeren Lebensstil erlernen. Wir müssen einen neuen Lebensstil positiv annehmen, den man sich als Privatperson beziehungsweise als Familie, eine Unternehmensstrategie, die man sich als Firma, und eine Staatsstrategie, die man sich als öffentliche Hand nachhaltig leisten kann. Wir müssen „Kreditbescheidenheit" als neuen Wert begreifen und akzeptieren. Wachstum beziehungsweise Wohlstandsmehrung um jeden Preis, vor allem „auf Pump", ist nicht nachhaltig und kann im schlimmsten Fall die Existenz kosten. Die nächste Katastrophe wäre bereits wieder vorprogrammiert. Nutzen wir diese globale Wirtschaftskrise, um uns zu besinnen. Werden wir „kreditbescheidener". Stellen wir uns einfach ein elftes Gebot vor, an dem wir uns orientieren: „Du sollst nicht über deine Verhältnisse leben!" Vielleicht leben wir dann sogar zufriedener.

Erschienen in: Jürgen Rüttgers (Hrsg.), Wer zahlt die Zeche? Wege aus der Krise (s. S. 170). Klartext-Verlag, ISBN: 978-3837501964, Preis 16,95 €

© 2009 Karl-Erivan W. Haub, Nachdruck mit freundlicher Genehmigung des Verlags und des Autors

Führung und Verantwortung

Von Jörg Mittelsten Scheid

Jeder von uns kennt das: Eine Reisegruppe unterwegs in einem fremden Land. Man befindet sich unter fremden Menschen und lernt einander zögernd kennen. Und obwohl sich alle fremd sind, hat nach kurzer Zeit ohne äußeres Zutun sich ein Führer herausgestellt, nach dessen Verhalten sich die Mitglieder bewusst oder unbewusst richten. Übrigens unabhängig vom Reiseleiter. Diese Führungsperson, männlich oder weiblich, ist nicht ernannt, nicht gewählt; sie hat sich unbewusst herausgebildet. Sie besitzt eine wahrgenommene, stille Führungsautorität.

Es gibt aus meiner Sicht fünf Führungstypen:

- Diktator
- Patriarch
- Charismatiker
- Offizier/Manager und der
- Unbewusste

Über Letzteren haben wir im Beispiel der Reisegruppe gesprochen. Beginnen wir mit dem anderen Extrem, dem Diktator.

Der Diktator führt durch die Drohung mit brutaler Gewalt. Dieser physischen und psychischen Bedrohung kann der Unterworfene nur durch bedingungslosen Gehorsam entkommen. Seine Reaktion von Angst und Gehorsam, seine bedingungslose Unterwerfung verspricht aber zugleich Geborgenheit. Denn wenn die Gewalt sich nicht gegen einen richtet, verspricht sie Schutz. Schutz vor allen anderen äußeren Gefahren. Im Hitler-Deutschland, im Russland Stalins und in Maos China war dies spürbar, und es ist gut dokumentiert, dass viele Bürger ein absolut blindes Vertrauen in die Führung des obersten Führers, des Diktators hatten. Auch wie sehr sie sich fürchteten, sich eigene Urteile oder Meinungen zu bilden, die sie in einen Konflikt mit der bedrohlichen Macht bringen konnten.

Der Patriarch ähnelt einem Diktator ohne Schreckensherrschaft. Seine Führungsform ist wohl die älteste und findet sich überall im Tierreich; der Vater, der Rudelführer, der stärkste Löwe. Der Patriarch ist allmächtig, seine Macht folgt aus seiner Stellung und seiner Persönlichkeit. Patriarch kann man nicht werden; man ist es oder ist es nicht. Patriarch heißt „Vater mit dem unbezweifelten Recht, zu bestrafen oder zu belohnen". Patriarchen sind immer streng – um ihre Position nicht zu verlieren –, sie sind übergeordnet, nie gleichgeordnet und damit nie Kollege oder Partner.

Patriarchen sind andererseits aber nicht nur streng. Sie können auch gütig sein mit Verständnis für ihre Herde. Sie tragen die Verantwortung – und sind sich dessen auch sehr bewusst – für ihre Gemeinschaft, gleichgültig ob in der Familie, der Kirche, der Gemeinde oder einer Firma. Gründungs- und Familienunternehmer sind beispielsweise häufig Patriarchen.

Als nächstes kommt die Führung durch den Charismatiker. Der Charismatiker verheißt Glück. Er gibt seinen Anhängern das Gefühl, einzigartig zu sein und zu einem Kreis von Auserwählten zu gehören. Er fordert von seinen Anhängern volle Loyalität, ja Unterwerfung. Kritik wird nicht toleriert. Er verspricht den berauschenden Erfolg als Entgelt für bedingungslose Gefolgschaft. Zwar kann er enorme Energien und hohe Leistungsbereitschaft bei seinen Anhängern freisetzen, aber gleichzeitig erstickt er Einzelinitiative und Teamwork. Er verzichtet auf Begabung und Fähigkeiten seiner Anhänger, soweit dies nicht in seinen Begeisterungsfluss hineinpasst. Auch würde ein echter Misserfolg, der nicht hinweggeredet werden kann, den Begeisterungsrausch wie eine Seifenblase platzen lassen.

Als vierte Form der Führung kommt die im Militär und in der Wirtschaft übliche Form zur Diskussion. Der Führer wird hier von außen in eine Führungsposition gestellt, ohne von den zu Führenden ausgewählt oder anerkannt worden zu sein. Dennoch wird seine Führungsposition anerkannt. Das Vertrauen steht hier am Anfang, gerichtet auf die Institution, gerichtet auf die Hierarchie, noch nicht auf die Person. Das Vertrauen besagt, dass der Offizier oder Abteilungsleiter eine bessere Ausbildung oder Qualifikation aufzuweisen hat, um die Führungsaufgabe zu erfüllen. Es ist ein Vertrauen in die hierarchische Struktur. Um wirklich führen zu können, muss allerdings der Betreffende Vertrauen in seine Person aufbauen. Er muss dies deshalb tun, um Eigeninitiative und Eigenaktivität der zu führenden Mitarbeiter zu aktivieren. Begabung und Kreativität der Mitarbeiter sind heutzutage entscheidend für den Erfolg des Führers. In unserer modernen Gesellschaft ist die Menge des Wissens so riesig – und ebenso die Veränderungsgeschwindigkeit dieses Wissens –, dass in aller Regel ein einziges Gehirn nicht mehr ausreicht. Man bedarf der Intelligenz und Begabung seiner Mitarbeiter, um neue, Erfolg versprechende Lösungen zu finden. Das aber bedeutet die Inanspruchnahme gleichberechtigten Denkens. Das bedeutet, Teamgeist zu generieren und ein Gefühl dafür zu haben, wie viel Freiraum und wie viel Richtung man dem Team mitgeben muss.

Wenn ich unter „Führung" verstehe, Menschen dazu zu bewegen, mit Überzeugung oder sogar Begeisterung ein gewünschtes Ziel zu verfolgen, so bedarf es zunächst einmal der Zielsetzung. Ziele kann man gemeinsam erarbeiten oder vorgeben. Sie müssen aber verständlich sein und die Aufgabe der Mitarbeiter sichtbar machen.

Das reicht aus meiner Sicht zur Zielfindung allerdings noch nicht aus. Zwei weitere Komponenten fehlen: Stellen Sie sich vor, ein bleicher Buchhalter tritt vor eine Vertriebsmannschaft und verkündet mit dürren Worten, dass eine Steigerung des Umsatzes und Ergebnisses von 8,753 Prozent im nächsten Jahr zu erreichen sei. Das motiviert niemanden!

Ein Ziel, das nicht innerlich das Herz einen Augenblick höher schlagen lässt, das einen Aha-Effekt auslöst, vielleicht sogar Staunen und Emotion, wird nie die Kräfte freisetzen, die notwendig sind, um Menschen voll mitzunehmen. Mitarbeiter müssen etwas emotional Greifbares haben, etwas, mit dem sie sich identifizieren können und das ein Erfolgserlebnis verspricht.

Die Zielsetzung muss also motivierend sein. Aber auch das reicht noch nicht. Stellen Sie sich vor, der Führer des ehemaligen ostdeutschen Trabi-Werkes gibt das Ziel vor, im nächsten Jahr die Nobelmarke Mercedes zu überholen oder einen zweiten Ferrari zu bauen. Das sind schöne emotionale Ziele, aber wenn sie nicht erreichbar erscheinen, so werden Zielsetzungen, so sehr sie auch das Herz des Menschen ergreifen, dennoch ohne Auswirkung bleiben, weil sie als nicht realisierbar angesehen werden. Warum sich anstrengen, wenn das Ziel schlechterdings nicht greifbar ist? Ziele müssen also nicht nur motivierend wirken – sie müssen auch erreichbar sein!

Wann aber ist ein Ziel erreichbar? In den meisten Fällen ist die Zielerreichung nicht genau abschätzbar. Es fehlt an einer Gleichung, die sagt, bei doppeltem Arbeitseinsatz erzielen wir das gewünschte Ergebnis. Was also bleibt, ist, daran zu glauben. Die Mitarbeiter müssen an das Ziel glauben können. Damit sind wir wieder beim Vertrauen. Ohne Vertrauen in die Erreichbarkeit der Zielsetzung wird man die Menschen nicht mitnehmen können. Menschen müssen Vertrauen in den Führer haben und darin, dass die Ziele, die er setzt, auch für jeden Einzelnen realisierbar sind. Dies Vertrauen bedingt aber Aufrichtigkeit und Verantwortung des Führers, der zunächst selber Vertrauen in die Mitarbeiter bewiesen haben muss. Vertrauen in die Mitarbeiter und ihre Fähigkeiten sowie ausreichend Spielraum, dieses Vertrauen zu rechtfertigen, sind aus meiner Sicht recht gute Voraussetzungen für Vertrauensbildung.

Dem Vertrauen widerspricht keineswegs eine notwendige Kontrolle. Sie dient vielmehr der Bestätigung des in die Mitarbeiter gesetzten Vertrauens. Kontrolle ist zugleich die Voraussetzung für ein weiteres wichtiges Instrument des Führens: nämlich Anerkennung und Lob. Es gibt kaum eine stärkere Motivation für Mitarbeiter, als wenn ihnen für eine gelungene Leistung Lob und Anerkennung gezollt wird.

Gleichzeitig ist aber das Vertrauen auch die Basis, um Mitarbeiter fordern zu können. Fordern ist ein Teil der Motivation. Beides gehört zusammen und beides entspricht einer Grunderkenntnis, die wir schon aus der Schule kennen. Zwar arbeiten Menschen vordergründig für Einkommen, Beförderung, gute Noten in der Schule etc., aber tief innen arbeiten wir am liebsten für Menschen. Schon in der Schule waren wir dort gut, wo ein Lehrer uns fesselte und forderte. Die beliebtesten Lehrer waren ja keineswegs die, die besonders weich und verständnisvoll mit uns umgingen, sondern die, die uns motivieren und fordern konnten.

Ich habe nun einige Prozesse der Mitarbeiterführung beschrieben, die das Verhältnis von Führer und Geführten beeinflussen. Wie aber ist es mit der Person des Geführten selber bestellt? Welche Eigenschaften muss ein Führer haben, damit er Vertrauen bei den zu Führenden aufbauen kann? Sicherlich sind es die Grundtugenden wie Ehrlichkeit, Zuverlässigkeit, Verantwortungsgefühl und Kommunikationsfähigkeit, die Vertrauen aufbauen. Diese Eigenschaften kann man nicht einfach für sich postulieren; man muss sie leben. Denn Vertrauen ist kein Prozess des Verstandes, sondern ein Gefühl. Menschen erspüren bei anderen Menschen das, was wir als Haltung bezeichnen, was nichts anderes ist als die gelebten Werte eines Menschen. Wer als Beispiel vorangeht, wird es leichter haben, Menschen zu führen.

Zwei Eigenschaften allerdings muss ein solcher Führer haben: Zum einen muss er in der Lage und willens sein, Entscheidungen zu fällen und die Verantwortung dafür zu tragen. Er muss die Verantwortung und den Mut haben, am Ende zu entscheiden. Ein Zweites kommt hinzu: Er muss nicht nur Vertrauen und Verantwortung ausstrahlen, sondern auch ein Alpha-Tier sein. Wir wissen heute nicht genau, was einen Menschen zu einem Alpha-Tier macht. Aber wir können alle unschwer feststellen, wer ein Alpha-Tier ist und wer nicht. Es nützt leider nichts, ein verantwortungsvoller, vertrauenswürdiger Mensch zu sein, wenn nicht jenes Quäntchen Durchsetzungsvermögen dabei ist, das ein Alpha-Tier auszeichnet.

Erschienen in: INTES Unternehmer-Brief, Ausgabe 6/2009
© 2009 Jörg Mittelsten Scheid, Nachdruck mit freundlicher Genehmigung des Autors

Wer was verdient

Warum Manager viel mehr erhalten als Erzieher. Und ob das so bleibt

VON MARC BEISE

Das Thema ist wieder für einen Aufreger gut: Nicht nur in Wahlveranstaltungen wird derzeit das Einkommen der Deutschen heiß diskutiert. Hier die vom Staat angestellten Erzieherinnen, die sich soeben immerhin 120 Euro monatliche Gehaltsaufbesserung erstreikt haben und dennoch gerade mal 2.240 Euro brutto bekommen. Dort Spitzenmanager mit, trotz Krise, mehreren hunderttausend Euro im Monat. Und dazwischen Normalmanager oder Selbstständige mit immerhin auch noch etlichen Zehntausend im Monat. Ist das fair?

Ein gängiges Argument der Besserverdiener lautet: Es werde eben nach Leistung bezahlt. Das ist freilich eine unscharfe Begründung. Ist damit Fleiß und Einsatz gemeint, führt sie nicht weit. Es mag sein, dass eine Führungskraft 70, 80 Stunden die Woche arbeitet und rund ums Jahr unter einem Druck steht, den die meisten von uns weder kennen noch aushalten würden, aber macht das wirklich das Mehrhundertfache eines Durchschnittsgehalts aus? Sicher nicht – selbst wenn die Leistung top wäre, was sie häufig genug gar nicht ist.

Auch die Qualifikation ist nur ein begrenzt hilfreiches Argument. Natürlich sollte es sich auszahlen, wenn einer in drei Ländern studiert hat und vier Sprachen spricht. Aber hat nicht auch mancher eine vortreffliche Ausbildung, der einen knapp bezahlten Job ausübt, als Dozent an einer Universität etwa, oder als Assistenzarzt im Krankenhaus? Gerne wird auch der Grad der Verantwortlichkeit zitiert. Der Vorstandschef eines Großkonzerns führt mehrere hunderttausend Mitarbeiter, von seinen Entscheidungen hängen Milliarden-Investitionen ab und viele Einzelschicksale. Das stimmt, nur: Von den Entscheidungen des schlecht bezahlten Polizisten oder der noch schlechter bezahlten Krankenschwester hängt Leben ab. Wiegt ein Leben nicht mehr als tausend Arbeitsplätze? Und sind nicht sogar Erzieher und Lehrer für die Gesellschaft wichtiger als Manager – weil sie unseren Nachwuchs ausbilden, den einzigen wirklich relevanten Rohstoff dieses Landes?

Fleiß, Ausbildung, Verantwortlichkeit – mit diesen Argumenten also kommt man nicht wirklich weiter. Es hilft der Blick aufs Wirtschaftssystem insgesamt. In einer staatlich gelenkten Planwirtschaft entscheidet die Frage, wie viel jemand für seiner Hände oder seines Kopfes Arbeit erhält, die Führung. Sie legt fest, welcher Job wie viel wert ist. So war das in der DDR, und so ist das heute noch in Nord-Korea. Dass das nicht besonders fair ist, erkennt man schon daran, dass in einem solchen System die Machthaber sich selbst regelmäßig mehr Privilegien einräumen als anderen. Dass es nicht effizient ist, erkennt man daran, dass es kaum noch Planwirtschaften gibt.

Wohlstand entsteht in der Marktwirtschaft, und hier bilden sich Preise nach Angebot und Nachfrage. Im Arbeitsleben ist der Preis der Lohn. Arbeit, die wenig angeboten wird, ist teuer. Wer von uns traut sich zu, Hand aufs Herz, einen Großkonzern zu steuern (erst recht eine Bank)? Da das offensichtlich ein extrem schwieriger Job ist, herrscht viel Nachfrage und wenig Angebot; also ist der Job verdammt gut dotiert. Mehr noch: Wer in diesem Job wirklich gut ist (oder dafür gehalten wird), ist umworben und kann seinen Marktwert noch weiter steigern. Weil wir alle aber im Supermarkt an der Kasse Waren über den Scanner ziehen könnten, drücken hier wenig Nachfrage und viel Angebot den Preis der Arbeit.

Eine Sonderrolle spielt der öffentliche Dienst. Auch Krankenschwestern und Lehrer sind Mangelware, und müssten also hohe Löhne durchsetzen können. Hier aber setzt der Staat die Regeln – und verweigert aus Geldnot eine marktgerechte Bezahlung.

Hinzu kommt die Wertschöpfungskraft der jeweiligen Branche. Wer in einem Bereich tätig ist, in dem das Produkt hohen Erlös abwirft, steht besser da als jemand, der in einem Bereich tätig ist, der wenig abwirft. Da man mit Finanzprodukten viel Geld verdienen kann (woran wir alle schuld sind, die wir diese Produkte kaufen oder gekauft haben), wird bei Banken und anderen Finanzdienstleistern besser verdient als im Handel, wo die Gewinnmargen extrem klein sind. Typischerweise läuft es im produzierenden Gewerbe besser als bei den Dienstleistern. Mit Autos, Energie, Chemieprodukten lässt sich viel verdienen, also ist dort auch das Gehaltsniveau hoch. Dienstleistungen sind vielen Bürgern weniger wert als zum Beispiel ein Handy oder eine Espressomaschine. Das Haareschneiden, das Verkaufen von Büchern, das Beraten über Medikamente zählt nicht viel – und eben auch nicht das Erziehen von Kindern und das Pflegen von Kranken und Alten.

Was einerseits zu beklagen ist, ist andererseits aber auch eine Chance. Denn die Industrienation muss sich wandeln, wenn sie nicht verarmen will. Die Wirtschaftswunderjahre, als Produkte made in Germany den Deutschen in aller Welt aus den Händen gerissen wurden, sind vorbei: Was wir können, können die Japaner längst auch, und bald auch die Chinesen und Inder, und sie können es billiger. Also muss Deutschland im Servicesektor stärker werden. Langsam, das ist sicher, werden Dienstleistungen auf dem freien Markt an Wert gewinnen.

Bei öffentlichen Aufgaben wiederum wird der Staat nachziehen müssen (womit er bei den Erzieherinnen bereits begonnen hat). Dann wird Arbeit im Streifenwagen, im Krankenhaus und in Ausbildungszentren hochpreisiger. Als Steuerzahler werden wir uns neu entscheiden müssen, wofür wir unser Geld ausgeben.

Erschienen in: Süddeutsche Zeitung vom 01.08.2009

© 2009 Marc Beise, Nachdruck mit freundlicher Genehmigung der Süddeutschen Zeitung

Abschnitt D

Aus Politik und Gesellschaft

Das Ende der Wall Street

Von Martin Hesse

Als im März 2008 die amerikanische Investmentbank Bear Stearns zusammenbrach, verglich der „Economist" die Finanzwirtschaft mit Wile E. Coyote. Dabei handelt es sich um eine Zeichentrickfigur, die der Amerikaner Chuck Jones in den 1940er-Jahren kreierte. Ein nicht besonders schlauer (englisch: wily) Kojote jagt in Jones' Filmen einen flugunfähigen Vogel, den Road Runner. Wile E. Coyote rennt und rennt auch dann noch, als er schon längst über dem Abgrund schwebt, bis er schließlich nach unten schaut und abstürzt.

Es ist nicht so, als habe niemand frühzeitig die Gefahr erkannt, die von Derivaten ausgeht. „Zwei Arten von Sorgen stechen hervor: die Komplexität der Produkte und das Funktionieren dieser Märkte in Stresssituationen", schrieb die BIZ im Frühjahr 2005 in ihrem Jahresbericht. Schließlich gebe es noch keine Erfahrungen damit, wie der Derivatemarkt reagiere, wenn die Zinsen steigen oder es vermehrt zu Kreditausfällen kommt. Doch trotz solcher Warnungen rannte die Finanzwirtschaft wie der dumme Kojote weiter.

Ihren beispiellosen Siegeszug hatten Derivate Ende der 80er-Jahre angetreten. Damals begannen Investmentbanker, in ihren Labors immer ausgefeiltere Finanzprodukte zu basteln. Sie trennten Risiken von Krediten und machten sie handelbar, ordneten Darlehen nach Risikoklassen und schnürten sie zu Paketen zusammen, die sie als Collateralized Debt Obligations (CDOs) bezeichneten. Doch erst zehn Jahre später nahm das Geschäft richtig Fahrt auf. Die Investmentbanker Bill Demchak und Blythe Masters begannen bei J.P. Morgan, riesige Pakete von Kreditversicherungen zu schnüren und als Spekulationsobjekt an Investoren zu vertreiben. Bei dem Wertpapierhaus Prudential Securities drehte Christopher Ricciardi ein großes Rad, er sah sich als Großvater der CDOs. 2004 führte er Merrill Lynch an die Spitze der CDO-Architekten, in einem Jahr setzte die Bank damit 16,5 Milliarden Dollar um.

Bill Gross, der Chef des weltweit größten Anleihenmanagers Pimco, bezeichnete das, was Ricciardi und andere aufgebaut hatten, als Schattenbanksystem. Was meinte er damit? Große Teile des Kredit- und Derivatehandels spielten sich außerhalb des offiziellen Bankensystems ab. Dazu trug ausgerechnet die Regulierung der Banken bei. Finanzinstitute müssen für jeden Kredit, den sie vergeben, eine bestimmte Menge Kapital vorhalten. Das begrenzt die Geldschöpfung für die Wirtschaft, aber auch die Möglichkeiten der Banken, Gewinn zu erzielen.

Deshalb verfielen die Bankmanager darauf, ihr Geschäftsmodell zu verändern: „Originate and distribute", hieß das neue Zauberwort, schaffe und vertreibe. Banken vergaben immer mehr Kredite, nur um sie gleich an Investoren weiterzureichen. Dafür kassierten sie sofort hohe Gebühren, anstatt dauerhaft niedrige Zinsen zu erhalten. Sie betrieben und finanzierten Zweckgesellschaften, über die Banken wiederum selbst und unter Umgehung von Eigenkapitalvorschriften in großem Stil in die strukturierten Produkte investieren konnten. Für eine ganze Generation von Investmentbankern war dies ein äußerst lukratives Geschäft. Ihre Boni kassierten sie unabhängig davon, welche Risiken die von ihnen geschaffenen Produkte für ihre eigene oder andere Banken bargen.

Und sie hatten den Segen von Alan Greenspan. Die neuen Finanzprodukte machten das Finanzsystem viel flexibler, effizienter und widerstandsfähiger, weil Risiken breit gestreut würden, sagte der damalige Notenbankchef 2005. Nicht nur mit solchen Aussagen half er, die Finanzwirtschaft aufzuheizen. Nach den Terroranschlägen des 11. September senkte er die Leitzinsen bis auf ein Prozent und löste so einen einzigartigen Immobilienboom in Amerika aus, der dem Land später zum Verhängnis wurde. Zum anderen führten die niedrigen Zinsen dazu, dass Investoren heiß auf alles waren, was mehr Rendite versprach. So fanden zwei zusammen: amerikanische Hauskäufer und gierige Investoren. Dazwischen standen die Männer der Schattenwirtschaft. Sie vergaben Kredite auch an Leute ohne Einkommen, Arbeit und Vermögen – die so genannten Ninjas (no income, no job, no assets) – und reichten diese Papiere in die unendliche Weite der globalen Kapitalmärkte weiter.

Die Ninjas waren das Kanonenfutter für das Schattenbanksystem. Doch solange die Immobilienpreise stiegen, bildeten sie eine lose Verbindung zwischen Realwirtschaft und dem aufgeblähten Schattenbanksystem. Solange Häuser teurer wurden und die Zinsen niedrig blieben, konnten auch Mittellose ihr gepumptes Eigenheim teurer weiterverkaufen und mit noch mehr Schulden ein neues finanzieren. Am meisten aber profitierten Banken und Schattenbanken von der Schuldenexplosion. 2007 zogen sie 40 Prozent aller Unternehmensgewinne in den USA auf sich. Sie wuchsen nicht mehr im Einklang mit Autoherstellern und Einzelhändlern, denen sie Kredite gaben. Sie wuchsen in dem Tempo, in dem sie Massenvernichtungswaffen bauten.

2005 aber stiegen die Zinsen und von 2006 an fielen die Häuserpreise, die Zahlungsausfälle häuften sich. Jetzt zeigte sich, dass die Risiken zwar überall in der Welt verteilt, aber nicht weg waren. „Die Atomisierung der Risiken hat sich als Problem herausgestellt", musste Deutsche-Bank-Chef Josef Ackermann erkennen. Atome sieht man nicht, sie können dennoch tödlich sein. Und weil niemand wusste, wer wie stark vergiftet war, begannen die Akteure des Banken- und Schattenbankensystems, einander zu misstrauen.

Sie erstickten den Geldkreislauf, der die Banken am Leben hält, und riskierten so aus Angst vor dem Tod den Selbstmord. Doch außer bei Lehman ließen die Regierungen das nirgendwo zu. Denn völlig losgelöst ist das Geldsystem eben doch nicht von der Realwirtschaft. Je tiefer die Banken die übrige Wirtschaft in den Abgrund zu reißen drohten, desto größer war die Bereitschaft der Regierungen und Notenbanken, sie aufzufangen. Die Wall-Street-Banken in ihrer alten Form sind verschwunden. Doch J.P. Morgan, Goldman Sachs, die Deutsche Bank und andere betreiben das Investmentbanking weiter. Jetzt auf kleinerer Flamme, doch sicher so bald wie möglich wieder in großem Stil.

Und die Schulden? Sind noch da. Sie werden jetzt nach und nach aus der Schattenbankwelt in die Staatshaushalte verschoben und von dort zu den Steuerzahlern der Zukunft. Aber vielleicht läuft dann die Wirtschaft wieder und bietet eine Basis, auf der die Finanzbranche zum nächsten Höhenflug ansetzen kann.

Erschienen in: Süddeutsche Zeitung vom 01.12.2008
© 2008 Martin Hesse, Nachdruck mit freundlicher Genehmigung der Süddeutschen Zeitung

Der Fluch der guten Ideen

Von Nikolaus Piper

Einer der heimlichen Helden der Wirtschaftswissenschaft heißt Benjamin Graham. Der heute in Deutschland weitgehend unbekannte Ökonom unterrichtete fast dreißig Jahre lang, von 1928 bis 1957, an der Columbia-Universität in New York. Er war aber nicht nur Professor, sondern auch ein überaus erfolgreicher Investor. Seinem Schüler Warren Buffett, heute der reichste Mann der Welt, gab er diesen Satz mit auf den Weg: „Sie können viel mehr Ärger mit einer guten Idee bekommen als mit einer schlechten."

Der Satz enthält die denkbar beste und kürzeste Krisentheorie des Kapitalismus. Etwas ausführlicher formuliert: Die Kräfte des Marktes reichen aus, um Schrott auszusondern. Wenn die Kunden ein Produkt nicht mögen, dann kaufen sie es eben nicht. Gute Ideen dagegen setzen sich durch. Dass auch diese Ideen schlechte Seiten haben, merkt man oft erst, wenn es zu spät ist. „Es liegt eine Gefahr darin, wenn man von den Erfahrungen der Vergangenheit auf die Ergebnisse der Zukunft schließt", schrieb der Ökonom John Maynard Keynes bereits 1928.

Es war eine gute Idee, die am Beginn der verrücktesten Spekulationsblase der Geschichte stand, der holländischen Tulpenzwiebel-Spekulation. Im 17. Jahrhundert wurden die Holländer durch den Überseehandel reich. Ein breites Bürgertum entstand, das sich schöne Häuser leisten konnte, die von ebenso schönen Gärten umgeben waren. Und in diese Gärten pflanzten sie Tulpen, damals noch eine Luxuspflanze. Einige Spekulanten kalkulierten so: Je reicher die Bürger, desto teurer die Tulpen – und begannen zu kaufen. Das war 1634. Tatsächlich begann der Preis zu steigen, was neue Nachfrager auf den Plan rief. Schließlich geriet das Land in einen Taumel. Wer immer Geld hatte, kaufte Tulpenzwiebeln zu horrenden Preisen. Fast mittellose Mägde und Knechte verschuldeten sich, um mitspekulieren zu können. Das ging so lange, bis im Jahr 1637 ein Spekulant den erwarteten Preis nicht mehr erlöste. Die Blase platzte, und tausende Holländer büßten für ihren Leichtsinn mit bitterer Armut.

Auch der Bau von Eisenbahnen war eine gute Idee. Die Züge ließen Raum und Zeit in zuvor undenkbarer Weise schrumpfen. Dass sich aber trotzdem nicht jede Bahnlinie zu jedem Kuhdorf lohnt, das mussten viele erst schmerzhaft bei den Börsenkrächen des 19. Jahrhunderts lernen.

Was früher die Eisenbahn war, ist heute das Internet. Eine ganze Generation wächst heran, die sich die Welt ohne E-Mail, Google und YouTube nicht mehr vorstellen kann. Es bedurfte aber erst der Krise von 2000 und 2001, damit die Märkte realisierten, dass nicht jedes Geschäft funktioniert, bei dem ein „E" davorsteht. Und dass auch im Internet-Zeitalter eine Aktie überteuert ist, wenn man 250 Jahre braucht, um aus dem Gewinn deren Kaufpreis zu finanzieren. So geschehen bei EM.TV, einem der deutschen Star-Unternehmen der New Economy.

Schließlich gab es auch unter den Finanzinnovationen der letzten Jahre viele tolle Ideen. Zum Beispiel Wertpapiere, die man wie eine Versicherung gegen die Insolvenz eines Unternehmens einsetzen kann. Die Idee ist so gut, dass viele kluge Leute an der Wall Street glaubten, es gebe gar keine Risiken mehr, gegen die man Vorsorge treffen müsse und man mit Schulden fast alles machen könne. Dabei herausgekommen ist die schlimmste Krise seit achtzig Jahren.

Gute und schlechte Zeiten hat es seit Menschengedenken gegeben. Die sieben fetten und sieben mageren Jahre aus dem zweiten Buch Moses sind sprichwörtlich geworden. In Grimms Märchen setzen die Eltern von Hänsel und Gretel ihre armen Kinder im Wald aus, weil eine „große Teuerung" das Land heimsucht und der Vater „das tägliche Brot nicht mehr schaffen" konnte. Früher waren Notzeiten die Folge von Krieg, Missernten oder Naturkatastrophen. Mit Beginn des Kapitalismus lösten sich Krisen von solchen Ereignissen. Sie wurden zwar nicht schlimmer, wohl aber schwerer fassbar.

Mitte des 19. Jahrhunderts zum Beispiel wütete in Irland die Kartoffelfäule. Die folgende Hungersnot kostete bis zu einer Million Menschen das Leben. Gleichzeitig brach in Großbritannien auch noch eine Spekulation mit Eisenbahnaktien zusammen, wodurch aus den Missernten eine gesamteuropäische Wirtschaftskrise wurde. Die war 1848 Hauptauslöser einer revolutionären Welle in Europa mit weit reichenden Folgen. Im Februar 1848 verfasste ein Rechtsanwalt aus Trier namens Karl Marx zusammen mit Friedrich Engels, einem Unternehmersohn aus Elberfeld, das „Manifest der Kommunistischen Partei", in dem das Ende des Kapitalismus vorausgesagt wurde.

Die nächste Krise folgte 1857 und sie hatte paradoxerweise etwas mit einem Friedensschluss zu tun. Im Jahr zuvor war der Krimkrieg zwischen England, Frankreich, der Türkei und Russland zu Ende gegangen. In der Folge kehrte russisches Getreide auf den europäischen Markt zurück – zu Lasten amerikanischer Importe. Das führte im Mittleren Westen der USA zu einem dramatischen Preisverfall, wodurch sich das Loch in der amerikanischen Leistungsbilanz vergrößerte. Um den Abfluss von Gold zu bremsen, erhöhten viele Banken ihre Zinsen (eine Notenbank gab es noch nicht).

Am 24. August 1857 musste die Ohio Life Insurance and Trust Company ihre Zahlungen einstellen; die Bank hatte in marode Eisenbahnen investiert. Dadurch brach das Vertrauen in das gesamte Bankensystem zusammen, ähnlich wie im September 2008 nach der Pleite der Investmentbank Lehman Brothers. Es kam zur ersten Weltwirtschaftskrise, die neben den USA auch Europa und Lateinamerika erfasste. Auf- und Abschwünge sind im Kapitalismus unvermeidbar. Der Prozess der Wirtschaftsentwicklung gleicht einer „schöpferischen Zerstörung", wie es der Ökonom Joseph Schumpeter formulierte. Und der kann niemals reibungslos verlaufen.

Ob ein Abschwung sich aber zu einer schweren Krise auswächst, hat fast immer mit Politik zu tun. Nach dem Zweiten Weltkrieg erlebten die westlichen Industrieländer eine Phase beispielloser Prosperität. Die Instrumente der Konjunkturpolitik im Sinne von John Maynard Keynes und – in Deutschland – die Soziale Marktwirtschaft wirkten so gut, dass echte Rezessionen der Vergangenheit anzugehören schienen. Der Traum endete mit der ersten Ölkrise 1973. Die keynesianische Wirtschaftspolitik wurde mit der Kombination aus Stagnation und Inflation nicht mehr fertig.

Als nach 1982 die Inflation besiegt war und in den Vereinigten Staaten und in Großbritannien marktwirtschaftliche Reformen wirkten, begann erneut eine Phase mit vergleichsweise milden Rezessionen. Der Börsenkrach vom 19. Oktober 1987 hinterließ kaum Spuren in der Realwirtschaft. Auch die amerikanische Bankenkrise der Jahre 1990 und 1991 verlief einigermaßen glimpflich. Diese Zeit der „großen Moderation", wie sie von Ökonomen genannt wird, endete am 15. September 2008 mit der Pleite von Lehman Brothers.

Die Finanzmärkte hatten eine mörderische Dynamik entfaltet – auch weil die Politiker zu sehr auf deren Selbstregulierung gebaut hatten. Besonders wichtig war der politische Faktor bei der bisher schlimmsten Wirtschaftskrise der Geschichte, der Großen Depression von 1929 bis 1933. Der Börsenkrach vom 24. Oktober 1929, der Auslöser der Krise, war zwar schlimm, aber für sich genommen nicht katastrophal. Doch er fand in einem extrem gefährlichen politischen Umfeld statt. Im Versailler Vertrag hatten die Alliierten den Deutschen Reparationen aufgezwungen, die diese weder zahlen wollten noch auf Dauer konnten. Gleichzeitig verlangten die USA von ihren Verbündeten die Rückzahlung der Kriegsschulden, wozu diese ebenfalls nicht bereit waren. So kam es, dass sich Deutschland in Amerika das Geld leihen musste, um Reparationen an Frankreich und England zu zahlen.

Nach dem schwarzen Donnerstag 1929 brach dieses System zusammen, weil die Amerikaner panikartig ihr Geld aus Europa abzogen. Danach folgte ein politischer Fehler auf den anderen. Die Notenbank Federal Reserve schränkte die Geldversorgung ein, statt sie auszuweiten. Der Kongress in

Washington beschloss das Smoot-Hawley-Gesetz, das hohe Schutzzölle für die US-Wirtschaft vorsah und den Welthandel zum Erliegen brachte. In Deutschland erhöhte Reichskanzler Heinrich Brüning die Steuern und senkte die Staatsausgaben, was den allgemeinen Preisverfall („Deflation") verschärfte.

Auch am Beginn der jetzigen Krise stand, ähnlich wie 1929, ein großes globales Ungleichgewicht. Die Volksrepublik China fördert das eigene Wachstum seit vielen Jahren durch eine unterbewertete Währung. Das Ergebnis dieser Politik sind riesige Überschüsse in der Leistungsbilanz und massive Ersparnisse, die nach Anlage suchen. Umgekehrt lebten die Vereinigten Staaten seit Jahren auf Pump, daher war die Regierung froh, dass ihr die Chinesen ihre Staatsanleihen abkauften. Die überdimensionierten Ersparnisse Chinas waren die wichtigste Ursache der Liquiditätsschwemme, die am Anfang der Weltfinanzkrise stand.

Der zweite Schuldige war US-Notenbank-Präsident Alan Greenspan, der die Leitzinsen viel zu spät erhöhte und sich weigerte, neue und gefährliche Finanzprodukte zu beaufsichtigen. Jetzt ist die Weltwirtschaft so schlimm dran wie noch nie seit dem Zweiten Weltkrieg. Die gute Nachricht dabei ist: Die Geschichte liefert genügend Material, um aus ihr zu lernen. Die Erfahrungen der dreißiger Jahre müssen sich heute nicht wiederholen.

Erschienen in: Süddeutsche Zeitung vom 17.11.2008
© 2008 Nikolaus Piper, Nachdruck mit freundlicher Genehmigung der Süddeutschen Zeitung

Kontrolle ist gut, Vertrauen ist besser

Von Thomas Straubhaar

Aus der amerikanischen Immobilienkrise ist erst eine globale Finanzmarktkrise, dann eine weltwirtschaftliche Rezession und nun eine allgemeine Vertrauenskrise geworden. Keiner traut dem andern. Gläubiger misstrauen den Schuldnern, Aktionäre ihren Vorständen, Banken anderen Kreditinstituten. Also wird Bargeld gehortet, entstehen Kreditengpässe und werden Aktien eher ver- als gekauft. Das alles trägt mit dazu bei, dass eine eigendynamisch verstärkte pessimistische Stimmung in Deutschland Oberhand gewinnt. Denn solange das Vertrauen fehlt, fehlt auch der Mut, neue Investitionen zu wagen, neue Kredite zu gewähren und sich offensiv den zweifelsfrei nicht einfachen aktuellen Herausforderungen einer Weltwirtschaft im Rückwärtsgang zu stellen. Die Angst vor schlechten Zeiten führt dann genau zu jenem Abschwung, vor dem man sich fürchtet.

Selbstredend ist das Vertrauen in die Effizienz von Märkten und vor allem in die Entscheidungsträger des Kreditgewerbes durch die Finanzmarktkrise seit Monaten mehr als nur angeschlagen. Zu offensichtlich ist zu oft bei zu vielen Anlegern, Aktionären und Vorständen der schnelle Gewinn zur moralischen Triebfeder geworden, hat kurzfristige Gier das Handeln bestimmt und ist auf der Strecke geblieben, was sich nur langfristig bezahlt macht. In der aktuellen Vertrauenskrise zeigt sich, wohin es führt, wenn in einer Gesellschaft Beliebigkeit, Schnelllebigkeit oder das Denken in Quartalsabschlüssen zur Regel werden. Das über viele Jahre aufgebaute Vertrauen in das freie Spiel der Marktkräfte und in die schöpferische, wenn auch zerstörerische Entdeckungskraft des Wettbewerbs ist für lange Zeit infrage gestellt worden.

Weltweit haben Politik und Bevölkerung das Vertrauen in die moralische Integrität von Managern und Aufsichtsbehörden verloren. Aus Brüssel, Paris, Berlin und anderen europäischen Hauptstädten höhnt eine kaum kaschierte Schadenfreude über das Ende des US-Kapitalismus. Überall werden die in den letzten Jahren von Regulierungen befreiten Märkte wieder an staatliche Fesseln gekettet. Das geht von einer Rückkehr des nationalen Protektionismus über die Außerkraftsetzung europarechtlicher Ausschreibungsverfahren oder der Schuldenbegrenzungskriterien des Europäischen Wachstums- und Stabilitätspaktes bis hin zur Anwendung notrechtlicher Maßnahmen oder zu einer Verstaatlichung notleidender Unternehmen. Vor allem aber werden weltweit strengere Regeln gegen unverantwortliche Spekulation gefordert. Es gehe um eine Zähmung des Bankenwesens und eine „Zivilisierung" der Finanzmärkte, besonders risikoträchtige Geschäfte müssten stärker abgesichert oder zum Teil gar verboten werden.

Der Ruf nach strengeren Regeln für den Finanzmarkt ist verständlich und sicher auch richtig. Nichtsdestoweniger geht es nicht unbesehen um mehr, sondern um bessere Regeln. Denn Regeln haben ihren Preis. Er besteht darin, dass Regeln und Vertrauen in einem substitutiven Verhältnis stehen. Mehr Regeln lassen weniger Raum für gegenseitiges Vertrauen. Vertrauen ist und bleibt jedoch auch nach der Finanzmarktkrise das unverzichtbare Lebenselixier offener Gesellschaften und kapitalistischer Wirtschaftssysteme. Es ersetzt formale Gesetze. Je größer das gegenseitige Vertrauen, desto größer kann der rechtsfreie Raum sein. Eine Gesellschaft ohne Vertrauen muss alles und jedes regeln, sie muss alles und jedes kontrollieren, und sie wird deswegen früher oder später an den Kontrollkosten zugrunde gehen. Niemand weiß das besser als jene, die in der Sowjetunion oder der DDR unter dem für totalitäre Regime typischen Kontrollwahn gelitten haben. Die Millionen von Stasi-Akten offenbaren, in welch absurdem Ausmaße alle allem misstrauten, alle alles überwachten und wie die Kontrolleure sich am Ende selber kontrollierten. Kontrolle ist das typische Kennzeichen diktatorischer Regime. Vertrauen ist das Wahrzeichen offener Gesellschaften.

Deshalb geht es bei der Suche nach besseren Regeln für den globalen Finanzmarkt um einen Abwägungsprozess: Freie Märkte sollen etwas, aber eben nicht zu stark durch staatliche Regulierungen begrenzt werden. Eher gilt es, wieder mehr Vertrauen zu wagen. Wer auf Vertrauen statt Kontrolle setzt, setzt auf private Vereinbarungen statt auf staatliche Vorschriften. Vertrauen heißt, auf Vorschriften zu verzichten. Vieles kann erlaubt bleiben. Nur weniges muss verboten werden. Nicht die im Voraus gesetzte Norm bestimmt das Ergebnis. Der Praxistest entscheidet.

Ein Mehr an Vertrauen bedeutet natürlich auch eine größere Versuchung, das Vertrauen zu missbrauchen. Es wird Betrüger und Spielverderber geben. Es wird moralisches Fehlverhalten, Gier und Bereicherung geben. Es wird zu Monopolen und Kartellen kommen. Weder strengere Gesetze noch schärfere Kontrollen können menschliche Makel oder einen Vertrauensmissbrauch verhindern. Sie können auch nicht ein tugendhaftes Verhalten erzwingen. Das menschliche Verhalten gleicht von Geburt an einem Wechselspiel von Neugier und Gier. Am Anfang lockt die Neugier nach etwas Neuem, Unbekanntem mit hohem immateriellem oder materiellem Gewinn. Irgendwann wird man zu frech, zu gierig, und es erfolgt ein Absturz. Dann folgt die Angst: Gebrannte Kinder scheuen das Feuer. Aber schließlich merken die Menschen, wie langweilig und eintönig ein Leben ohne Risiken und Neuanfang wird. Also beginnt sich langsam erst wieder die Neugier zu regen, und schließlich siegt die Gier, bei riskanteren Projekten einzusteigen. Neugier, die zu Gier werden kann, gehört zu den Grundlagen einer kapitalistischen Wirtschaftsordnung. Die Gier nach Gewinn stimuliert die Neugier. Sie lässt Menschen nach neuen und besseren Ideen suchen. Niemand weiß im Voraus, wer Erfolg haben und wer scheitern wird.

Die nächste Krise kommt bestimmt, nur wann, wird erst bekannt sein, wenn es für viele zu spät ist. Deshalb ist der Weg zum Ziel im Kapitalismus mit Konkursen und Verlusten gepflastert. Und dennoch ist kein anderes Wirtschaftssystem bei der Suche nach klugen Lösungen für komplexe Probleme auch nur annähernd so erfolgreich wie der Kapitalismus. Je weniger die Gemeinschaft jedoch den einzelnen Menschen vorgibt, wie sie zu leben und zu arbeiten haben, je weniger ihnen vorgeschrieben wird, was sie tun und unterlassen sollen, je mehr die Gesellschaft auf das Wechselspiel von Neugier und Gier setzt, umso stärker werden Erfinder-, Entdecker- und Unternehmerinstinkte geweckt. Das war in der Vergangenheit so. Es gibt keinen Grund, wieso es nicht auch für die Zukunft gelten soll. Werden die Möglichkeiten begrenzt, Risiken einzugehen, wird dadurch auch die Dynamik gebremst.

Zu Vertrauen gehört untrennbar Verantwortung. Das Vertrauen in die Handlungsfreiheit der Einzelnen erfordert zwingend eine Haftung für die Folgen des Handelns nach dem Verursacherprinzip. Strengere Regeln für den Finanzmarkt bedeuten somit eine strengere Durchsetzung des eisernen Gesetzes des Kapitalismus: Die Untrennbarkeit von Verantwortung und Haftung muss bestmöglich garantiert werden. Es gilt, zu verhindern, dass Konzerne so groß werden, dass sie „too big to fail" sind, ihr Untergang also auch viele andere, unbeteiligte Firmen zerstört, und im schlimmsten Fall das Land oder gar die Weltwirtschaft insgesamt mitgerissen werden. Größe tendiert immer zu Macht und Monopol zulasten von Kunden, Bürgern und, wie sich jetzt gezeigt hat, auch der Steuerzahler, wenn die Verluste von „systemgefährdenden" Banken sozialisiert werden müssen, um einen allgemeinen Zusammenbruch der Finanzmärkte zu verhindern. Daran sollten sich alle erinnern, die jetzt bei der Commerzbank eine staatliche Beteiligung einfordern, um neben der Deutschen Bank eine zweite deutsche Großbank zu etablieren.

Bessere Regeln für die globalen Finanzmärkte sollten zuallererst darauf zielen, dass die bereits heute geltenden Regulierungen und Vorschriften für alle Kreditinstitute gleichermaßen zur Anwendung gelangen und von denselben Aufsichtsbehörden nach den gleichen Grundsätzen geprüft und sanktioniert werden. Zweitens darf es keine Entbindung der Haftung geben, wenn Kredite weitergereicht werden. Das würde zwar den Hebeleffekt der Kreditschöpfung, aber eben auch das Risiko verringern, dass mit (zu) wenig Eigenkapital (zu) viel Fremdkapital gestemmt wird. Drittens darf es keine Schattenhaushalte und -bilanzen mehr geben, in die spezielle Risikopapiere ausgelagert werden können. Viertens gehört zur Forderung nach mehr Transparenz auch eine Neuorganisation der Ratingagenturen. Es kann nicht länger sein, dass die Schiedsrichter von den Spielern finanziert werden, die sie kontrollieren sollen.

Alles in allem aber gilt es, Marktmacht, aber auch politische Macht zu verhindern und Märkte so zu regulieren, dass der Wettbewerb funktioniert. Mehr nicht. Denn ohne Risiko keine Belohnung und damit kein Fortschritt. Werden Märkte zu stark gefesselt, wird das wirtschaftliche Wachstum verlangsamt, die Beschäftigungschancen werden geringer, und der Verteilungsspielraum wird enger. Das würde die gegenwärtige Rezession in der Tat zu einer längeren Wirtschaftskrise werden lassen. Das kann niemand wollen.

Erschienen in: Die Welt vom 11.02.2009
© 2009 Thomas Straubhaar, Nachdruck mit freundlicher Genehmigung von Die Welt

Moral für Banker

Von Stephen Green

Es ist an der Zeit, das ethische Fundament des Kapitalismus zu erneuern. Das Plädoyer eines Spitzenbankers

Von König Salomon heißt es, er habe einen Diener gehabt, der ihm stets, ob die Dinge nun gut liefen oder schlecht, zuflüsterte: „Auch dies geht vorbei." Krisen gehen vorüber, auch die schwersten. Nach der gegenwärtigen weltweiten Wirtschaftskrise wird es aber keine Rückkehr zum Status quo ante geben. Die Erschütterung des Glaubens an den Markt ist der Ausgangspunkt für eine neue Weltordnung. Es mag einige hartnäckig Zuversichtliche geben, die glauben, dass wir zum business as usual zurückkehren. Doch die Weltgemeinschaft erwartet von den Lenkern des Kapitalismus Reue und von den Politikern Handeln.

Die derzeitige Krise ist die umfassendste und gefährlichste Finanzkrise seit 1929. Sie könnte zu einem der großen Wendepunkte in der Geschichte der modernen Welt werden, einem epochalen Ereignis. Der Glaube an die Selbstheilungskräfte des Marktes hat, wie der Vorsitzende des National Economic Council der USA, Lawrence Summers – ein großer Verfechter der freien Märkte – im Frühjahr 2009 erklärte, „einen tödlichen Stoß" erhalten. Zugleich hat das öffentliche Ansehen der Banker einen Tiefpunkt erreicht. Zorn hat sich breitgemacht angesichts der Beobachtung, dass einige von ihnen Bezüge und Boni erhielten, die ein Vielfaches der Vergütung gewöhnlicher, hart arbeitender Menschen ausmachten – dafür, dass sie sich einer Alchemie hingaben, die ihnen um die Ohren flog und Rettungsaktionen mit gewaltigen Kosten für Steuerzahler nötig machte.

Wie sollte diese neue Weltordnung aussehen?

Erstens: Es gibt keine Alternative! Im schlimmsten Falle ist der Markt ungerecht, destruktiv und krisenanfällig. Diese Seite entdecken wir jetzt alle schmerzlich. Im besten Falle ist der Markt hocheffizient und in der Lage, Kapital an den richtigen Ort zu lenken. Davon hat die Menschheit enorm profitiert. Die Bedeutung des Kapitalismus für den Wohlstand ist daran erkennbar, wie er die chinesische oder die indische Volkswirtschaft revolutioniert hat, nachdem marktbasierte Reformen eingeführt wurden.

Selbst wenn die Finanzkrise dazu führt, dass das Weltsozialprodukt erstmals seit dem Zweiten Weltkrieg sinkt, so haben die letzten beiden Jahrzehnte des globalisierten Marktkapitalismus für Hunderte Millionen Menschen in früher armen Volkswirtschaften außerordentliche Vorteile mit sich gebracht. Das gilt auch für Deutschland. Wenn die wirtschaftliche Erholung kommt, werden Deutschlands offene Volkswirtschaft und seine wettbewerbsfähigen Unternehmen zu den Hauptgewinnern gehören. Die Dominanz des Exports, die in der Krise eine Belastung ist, wird wieder zu einer Stärke werden. Churchills berühmte Verteidigung der Demokratie („Die schlechteste Regierungsform, wenn man von allen anderen Formen absieht, die im Laufe der Zeiten ausprobiert wurden") gilt ebenso für den Markt.

Zweitens können wir die Uhr nicht zurückdrehen. Wir können nicht in die 1970er Jahre, in die Zeit vor den globalen Kapitalmärkten, zurückkehren – genauso wenig wie in ein „Goldenes Zeitalter" mit einer einfacheren, weniger vernetzten Lebensweise. Solche Gedanken sind völlig unrealistisch in einer nunmehr dicht bevölkerten und urbanisierten Welt. Der Geist ist aus der Flasche, und die damaligen Kontrollmechanismen würden nicht mehr angemessen erscheinen. Es gibt keine Alternative zu Fortschritt und Reformen. Und dazu brauchen wir moderne Kapitalmärkte.

Drittens sind staatliche Aufsicht, Regulierung und staatliche Interventionen von wesentlicher Bedeutung. Man kann sich nicht darauf verlassen, dass die Märkte stabil bleiben und sich selbst regulieren werden. Die entscheidende Frage wird sein, ob die Führer der Welt eine gemeinsame Vision einer globalen Wirtschaftsordnung finden werden, welche die Dynamik der Marktkräfte bewahrt und gleichzeitig ihre Exzesse eindämmt. Dazu ist ein internationaler Rahmen nötig.

Und schließlich wird zu akzeptieren sein, dass sich der Schwerpunkt der Wirtschaftskraft von Westen nach Osten verschiebt. Die internationalen Institutionen müssen neu ausgerichtet werden, um den neuen Realitäten Rechnung zu tragen. Die entwickelte Welt muss den aufstrebenden Volkswirtschaften Platz einräumen. Es ist unmöglich, von den asiatischen Gesellschaften zu verlangen, bei der Rettung des Finanzsystems eine Rolle zu übernehmen, ohne ihnen im Gegenzug Mitspracherechte einzuräumen. Und es ist keineswegs überraschend, dass sie beginnen, sich Gedanken darüber zu machen, vom US-Dollar als Weltreservewährung abzurücken (wie es China getan hat).

Wir müssen unseren Weg vorwärtsgehen. Das Pendel wird nicht vom Marktfundamentalismus in Richtung zentral geplanter Volkswirtschaft oder zu einer einfacheren präurbanen Welt zurückschwingen. Vielmehr gibt es eine Debatte um das Profil eines neuen, gemäßigten Kapitalismus.

Wertzuwachs sollte das Ergebnis guter Arbeit sein
Einige haben auf ein „europäisches Momentum" hingewiesen. Der relativ ungezügelte „angelsächsische Kapitalismus" würde sich in Richtung der kon-

tinentalen Variante mit strengen Regeln und großzügigen Wohlfahrtssystemen entwickeln. Selbst Befürworter des angelsächsischen Modells haben gefordert, dieses neu zu definieren: Die Maximierung des Shareholder-Value sollte nicht das alles beherrschende Ziel des Managements sein. Wertzuwachs sollte Ergebnis guter Arbeit sein. Und gute Arbeit bedeutet, auf profitable Weise werthaltige Leistungen für den Kunden zu erbringen.

Der Nobelpreisträger Amartya Sen hat die gewöhnliche Beschreibung des Kapitalismus als ein markt-, gewinn- und eigentumsorientiertes Wirtschaftssystem infrage gestellt. Er führte aus, dass gerade reiche Staaten auf Leistungen setzen, die außerhalb des Marktes erbracht werden, wie etwa Altersvorsorge, Sozialversicherungsleistungen und Bildung. Bei allen Unterschieden hätten diese Länder einen sozioökonomischen Ansatz, dessen Kennzeichen es sei, sich nicht allein auf den Markt zu verlassen.

Andere haben argumentiert, dass ein neuer Kapitalismus eine Vision brauche, die an Adam Smiths Theorie der „ethischen Gefühle" ausgerichtet ist, übermäßige Spekulationen durch Kontrolle dämpft und andere Werte als den Profit anerkennt. Es ist klar, dass der Kapitalismus im 21. Jahrhundert eine fundamental erneuerte Moral als seine Grundlage wiederentdecken muss.

Als Privatpersonen richten wir unser Handeln nicht nur am Gesetz aus
Dazu gehört die Frage nach dem Wesen des Fortschritts. Ist Fortschritt die Anhäufung von Reichtum, oder geht es um eine weiter gefasste Definition der Lebensqualität? Umfragen zeigen, dass der wirtschaftliche Fortschritt nicht mit dem erwarteten Maß an Glücksempfinden einhergeht und der von vielen dafür gezahlte Preis die Qualität der mitmenschlichen Beziehungen ist. Alles in allem halten sich die Menschen nicht für glücklicher oder bessergestellt, als es ihre Eltern waren, auch wenn ihr materieller Lebensstandard in so vielen Gesellschaften höher ist. Insbesondere hat es einen deutlichen Verlust von Vertrauen gegeben.

Das kapitalistische System aber beruht im Kern auf Vertrauen. Wenn wir es an den Märkten wiederherstellen wollen, müssen wir unser Augenmerk auf eine im Kern moralische Frage richten. Es scheint, als hätten wir akzeptiert, dass der Wert unseres Tuns voll und ganz durch Marktkräfte oder Vorschriften bestimmt wird. Dass Handeln schon als rechtmäßig gilt, wenn es den Regeln des Marktes oder den staatlichen Gesetzen folgt. Wir würden (und sollten) unser privates Leben nicht so führen. Warum sollte es im Geschäftsleben anders sein?

In Wahrheit hängt der Wert unserer Geschäfte von den Werten ab, von denen wir uns leiten lassen, wenn wir unsere Geschäfte tätigen. Der Kapitalismus muss Wert und Werte zusammenbringen. Wir, Aufsichtsräte, Manager und Aktionäre gleichermaßen, müssen erkennen, dass es um mehr geht, als sich zu nehmen, was man kriegen kann. Dass Werte letzten Endes den Wert ausmachen.

Ein besseres Risikomanagement, eine bessere Regulierung, klare Verantwortlichkeiten in den Führungsgremien, all dies ist notwendig. Doch es kann eine Kultur der Werte nicht ersetzen. Als Privatpersonen richten wir unser Verhalten nicht nur an dem aus, was das Recht oder die Aufsicht zulässt. Wir halten uns an unseren eigenen Verhaltenskodex. Wir übernehmen Verantwortung für unsere Handlungen. Die Institutionen des Kapitalismus, Unternehmen, Banken und andere, müssen dies ebenfalls tun. So sind Bonuszahlungen ein legitimes Instrument der Vergütung. Es ist aber wichtig, den sozialen Kontext im Blick zu haben. Das Vertrauen der Öffentlichkeit hängt davon ab, dass mit diesem Instrument maßvoll umgegangen wird. Ich bin mir nicht sicher, ob man sich über die Bedeutung dieser Angelegenheit überall im Klaren ist.

Eine Kultur der Werte ist die *Conditio sine qua non* für die Wiederherstellung des Vertrauens in den Markt – und damit das Wohlergehen der Gesellschaft.

Erschienen in: Die Zeit vom 06.08.2009
© 2009 Stephen Green, Nachdruck mit freundlicher Genehmigung von Die Zeit

Die ewige Suche nach der Gerechtigkeit

Von Heribert Prantl

Jedem das Seine: Dieses Wort gilt als die ewige Gerechtigkeitsformel. Sie stammt aus dem Corpus Iuris Civilis, dem Rechtsbuch des oströmischen Kaisers Justinian, welches das Recht der ganzen Welt beeinflusst hat. „Gerechtigkeit", so heißt es da, „ist der unwandelbare und dauerhafte Wille, jedem sein Recht zu gewähren. Die Regeln des Rechts sind die folgenden: ehrbar leben, andere nicht verletzen, jedem das Seine zubilligen." *Suum cuique*: Justinian hatte das abgeschrieben beim römischen Juristen Ulpian, der hatte es von Cicero, der von Seneca, der von Aristoteles. Gottfried Wilhelm Leibniz zählte das Suum cuique zu den drei ewigen Gerechtigkeitsprinzipien, Preußenkönig Friedrich I. ließ es als Devise auf den Schwarzen Adlerorden prägen. Aber was ist denn „das Seine", was steht „jedem" zu?

Ist es einfach das, was Natur, Leben und Schicksal ihm mitgeben? Dann wäre die angebliche Gerechtigkeitsformel in Wahrheit eine Ungerechtigkeitsformel: Das Leben beginnt nämlich ungerecht und endet ungerecht, und dazwischen ist es nicht viel besser. Der eine wird mit dem silbernen Löffel im Mund geboren, der andere in der Gosse. Der eine zieht bei der Lotterie der Natur das große Los, der andere die Niete. Der eine kriegt einen klugen Kopf, der andere ein schwaches Herz. Bei der einen folgt der behüteten Kindheit die große Karriere. Den anderen führt sein Weg aus dem Glasscherbenviertel direkt ins Gefängnis.

Die besseren Gene hat sich niemand erarbeitet, die bessere Familie auch nicht. Das Schicksal hat sie ihm zugeteilt. Bei der Verteilung des Natur- und des Sozialschicksals obwalten Zufall und Willkür. Jedem das Seine, jedem sein Schicksal? Thomas von Aquin hat so die Rechtmäßigkeit von Leibeigenschaft und Sklaverei begründet. Und die Nazis haben das Motto ans Tor des KZ Buchenwald schmieden lassen. Für den Rechtsphilosophen Arthur Kaufmann war das ein Beweis für die Frivolität, mit der sie Recht und Gerechtigkeit verhöhnten.

Jedem das Seine: Die Ausbeuter in Indien halten es noch heute so, wenn sie Kinder an die Webstühle schicken. Und so sagten es einst die Merkantilisten und Kapitalisten auch in Deutschland. Dass der Staat Preußen 1839 die Kinderarbeit einschränkte, geschah nicht deswegen, weil er einzusehen begann, dass zum Kind wenigstens ein wenig Kindsein gehört; sondern weil elementare Staatsinteressen berührt waren, nämlich die des Militärs. Das hatte ein Interesse daran, unverkrüppelte Rekruten zu erhalten. Jedem das Seine, in diesem Fall dem Militär. Also verbot der Staat die Fabrikarbeit von Kindern unter zehn Jahren und begrenzte die tägliche Arbeitszeit der Kinder auf zehn Stunden.

Soziale Ungleichheit, so sagen die Sozialdarwinisten, sei nichts anderes als die Widerspiegelung der biologischen Ungleichheit von Menschen – deshalb lehnen sie jede Sozial- und Umverteilungspolitik ab, weil dann der natürliche Ausleseprozess leide, der allein gesellschaftlichen und zivilisatorischen Fortschritt schaffe. Jedem das Seine: das ist dann einfach das, was jeder hat. Und der Markt wird nach dieser Lehre zur Fortsetzung der Natur. Was er macht, ist hinzunehmen wie das Schicksal. Der Markt versagt aber bei der Versorgung derjenigen, die nichts anzubieten haben.

Mit der Formel „Jedem das Seine" allein ist wenig anzufangen, weil sie keine Maßstäbe hat, weil sie jedweder Argumentation, Lehre und Irrlehre dienlich ist: Man interpretiert erst die Maßstäbe hinein, die man dann wieder herausholt. Die Formel ist tautologisch. Jedem das Seine lässt jeden alleine.

Die christliche Lehre bettete daher die alte hohle Gerechtigkeitsformel nutzbringend ein in einen göttlichen Heilsplan: Reichtum und Armut waren korrespondierende Kategorien – der Arme, der näher bei Gott war als der Reiche, war auf den Reichen angewiesen, um seine irdische Existenz zu fristen, und der Reiche war auf den Armen angewiesen, weil er nur dadurch zu Gott kam, also nur durch karitative Tätigkeit sein Seelenheil erlangen konnte. Arm und Reich – das war ein heilsgeschichtliches Geschäft auf Gegenseitigkeit. Spätestens beim Ableben kauften sich Fürsten, Bankiers und Spekulanten von der Sünde der „Geldmacherei und Krämerei" frei – weil bekanntlich eher ein Kamel durch ein Nadelöhr geht, als dass ein Reicher in das Reich Gottes kommt. Auf dieser Basis gediehen immerhin eine gewisse Caritas und eine Reihe von Spitälern.

Als sich der moderne Kapitalismus entfaltete, funktionierte die Kamel-und-Nadelöhr-Mahnung des Evangelisten Lukas nicht mehr so richtig. Individueller Reichtum wurde nun als Motor gesellschaftlicher Reichtumssteigerung betrachtet. Die ausbeutende Dynamik des Kapitalismus zerlegte die alte Gesellschaftsordnung, schleuderte Millionen ins Elend, rief die Revolution und den Kommunismus auf den Plan – und aus Furcht vor Marx, vor Sozialdemokraten und Gewerkschaften knüpfte Kanzler Bismarck 1878 an alte karitative Traditionen an, um die Arbeiter durch Sozialleistungen an den Staat zu binden.

Was Bismarck für den Staat tat, nämlich die Arbeiter an ihn heranzuführen, das taten der Kölner Gesellenvater Adolf Kolping und der Mainzer Bischof Wilhelm Emmanuel von Ketteler für die Kirche. Die sozialen Ideen

Kolpings und Kettelers begründeten in Deutschland eine Tradition des sozialen Katholizismus, der in den letzten Jahrzehnten schlief, aber jüngst wieder erwacht. Nach einer langen Zeit der sozialen Ermattung verlangen die Kirchen wieder gerechte Verteilung des Reichtums und der Arbeit. Und sie knüpfen bei ihrem Plädoyer für den gerechten Sozialstaat an das biblische Gleichnis vom barmherzigen Samariter an. Sie sehen ihre Aufgabe nicht mehr nur darin, den unter die Räuber Gefallenen zu pflegen. Sie wollen die Straßen so gesichert wissen, dass immer weniger Menschen unter die Räuber fallen.

Die Arbeiter wandten sich wegen Bismarck zwar nicht unbedingt dem Staat und wegen Kolping und Ketteler nicht unbedingt dem Glauben zu, sie waren aber in ihrem Ruf nach Gerechtigkeit gestärkt. Im Parlament der Paulskirche von 1848 war es noch vornehmlich um die Freiheitsrechte und den Rechtsstaat gegangen, das von Stephan Born gegründete Zentralkomitee für Arbeiter hatte aber schon 1848 im Blatt *Das Volk* Gerechtigkeit für die Arbeiter gefordert – durch Bestimmungen zum Schutz der Arbeit und zum unentgeltlichen Unterricht und durch Kommissionen zur Lohnfestsetzung. So wurde der Ruf nach Gerechtigkeit ins Soziale gewendet und dafür ein Sprachrohr, die Gewerkschaften, geschaffen.

Das war auch die Geburtsstunde der Sozialdemokratie. Es ging ihr um Schutz vor Unterdrückung und Ausbeutung, um Rechte, nicht um Almosen, und um Mitsprache. In der Weimarer Verfassung erhielten diese Forderungen einen eigenen Abschnitt, mit dem die Arbeitskraft unter den besonderen Schutz des Staates gestellt, die Koalitionsfreiheit gewährleistet, ein umfassendes Sozialversicherungswesen garantiert und betriebliche wie überbetriebliche Organe der Interessenvertretung für Arbeitnehmer vorgesehen wurden.

Jedem das Seine: Der Satz hatte nun einen Maßstab, eine Grundorientierung, die soziale Gerechtigkeit hatte Fasson. Das Grundgesetz hat diese Orientierung ausgebaut. Es hat die Bundesrepublik als Sozialstaat gegründet – als eine Art Schutzengel für jeden Einzelnen. In den Kinderzimmern der ersten Hälfte des zwanzigsten Jahrhunderts hing oft das Bild mit den Kindern auf der schmalen Brücke über der Klamm mit dem rauschenden Wildbach, daneben flog der Schutzengel. So ähnlich hat das Grundgesetz den Sozialstaat konzipiert, als Schutz und Hilfe in Notfällen.

Der Sozialstaat kümmerte sich dann in dem Maß, in dem der Wohlstand im Lande wuchs, nicht nur um das blanke Überleben seiner Bürger, sondern um ihre Lebensqualität. „Teilhabe" nannte man das in den siebziger Jahren. Nicht die Polizei oder die Justiz waren jahrzehntelang Garant des inneren Friedens. Der Sozialstaat war das Fundament der Prosperität, die Geschäftsgrundlage für gute Geschäfte, er verband politische Moral und ökonomischen Erfolg. Das Grundgesetz hat das Fundament für die soziale Gerechtigkeit stark gemacht.

Jedem das Seine: Das bedeutet im Staat dieses Grundgesetzes, jedem ein Leben in Würde zu ermöglichen; dazu gehört, dass jeder ein ausreichendes Stück vom Ganzen erhält. Es geht dem Sozialstaat des Grundgesetzes nicht um gleiche Geldbeutel und gleich große Autos – es geht ihm um die Förderung der Kräfte und Talente, die in jedem stecken, und es geht diesem Sozialstaat um so viel Hilfe für jeden Einzelnen, dass der nicht gebückt durchs Leben gehen muss.

Ein Sozialstaat ist ein Staat, der gesellschaftliche Risiken, für die der Einzelne nicht verantwortlich ist, nicht bei diesem ablädt. Er verteilt, weil es nicht immer Manna regnet, auch Belastungen. Aber dabei gilt, dass der, der schon belastet ist, nicht noch das Gros der Belastungen tragen kann. Ein Sozialstaat gibt nicht dem, der schon hat; und er nimmt nicht dem, der ohnehin wenig hat. Er schafft es, dass sich die Menschen trotz Unterschieden in Rang, Talenten und Geldbeutel auf gleicher Augenhöhe begegnen.

Der Sozialstaat ist der große Ermöglicher. Er ist mehr als ein liberaler Rechtsstaat, er ist der Handausstrecker für die, die eine helfende Hand brauchen. Er ist der Staat, der es nicht bei formalrechtlicher Gleichbehandlung belässt, nicht dabei also, dass das Gesetz es in seiner majestätischen Erhabenheit Armen und Reichen gleichermaßen verbietet, unter den Brücken zu schlafen, wie der französische Schriftsteller Anatole France das so schön gesagt hat. Der Sozialstaat gibt den Armen nicht nur Bett und Dach, sondern ein Fortkommen aus der Armut. Ein Sozialstaat entwickelt eine emanzipatorische Gerechtigkeitspolitik, also eine Politik, die Chancenungleichheiten ausgleicht. Das hat nichts mit Gleichmacherei zu tun. Das Übel, dass manche Leute ein schlechtes Leben führen, besteht nicht darin, dass andere Leute ein besseres Leben führen. Das Übel liegt darin, dass schlechte Leben schlecht sind. Und das Gute ist, dass – auch mittels derer, die ein besseres Leben führen – denjenigen geholfen werden kann, deren Leben schlecht ist.

Der Sozialstaat erschöpft sich aber nicht in der Fürsorge für Benachteiligte, sondern zielt auf den Abbau der strukturellen Ursachen für diese Benachteiligungen. Madame de Meuron, die 1980 gestorbene „letzte Patrizierin" von Bern, sagte einem Bauern, der sich in der Kirche auf ihren Stuhl verirrt hatte: „Im Himmel sind wir dann alle gleich, aber hier unten muss Ordnung herrschen." Der Sozialstaat ist ein Staat, der sich gegen diese Ordnung stellt. Er ist ein Schicksalskorrektor. Jedem das Seine.

Erschienen in: Süddeutsche Zeitung vom 19.11.2008
© 2008 Heribert Prantl, Nachdruck mit freundlicher Genehmigung der Süddeutschen Zeitung

Nach der Krise: Zurück zur protestantischen Ethik?

Sechs Anmerkungen

Von Ralf Dahrendorf

Erstens: Erklärungen
Wer in diesem Jahr 2009 von „der Krise" spricht, braucht seinen Lesern oder Zuhörern nicht zu erklären, wovon die Rede ist. Einen Namen für die Geschichtsbücher hat das Ding dennoch einstweilen nicht. „Es" begann als Finanzkrise, wuchs sich dann zur Wirtschaftskrise aus und wird mittlerweile von vielen als tiefergehende soziale, vielleicht auch politische Wendemarke gesehen. Die Erklärungen des sozialökonomischen Einbruchs sind denn auch so vielfältig wie die Reaktionen auf die Krise. Sie reichen vom Überspezifischen zum Übergenerellen und verwirren mehr, als sie wirklich erklären.

Am überspezifischen Ende des Spektrums steht die These, alles was seit (September) 2008 in der Weltwirtschaft geschehen sei, ginge auf die Entscheidung der amerikanischen Regierung zurück, die Bank Lehman Brothers nicht vor der Insolvenz zu bewahren. Diese Entscheidung wird zudem zurückgeführt auf persönliche Animositäten zwischen dem Lehman-Chef Richard Fuld und dem damaligen Finanzminister Henry Paulson. Eine einzelne Entscheidung habe also einen Dominoeffekt ausgelöst, der zuerst die Finanzwirtschaft, dann die Realwirtschaft erschütterte. Das hätte aber vermieden werden können, wenn die in den USA Verantwortlichen den europäischen Weg der Bankenrettung mit öffentlichen Mitteln gewählt hätten.

Am anderen Ende des Erklärungsspektrums steht die Rede vom „System", das nun zusammenbreche. Hatte nicht Karl Marx schon prophezeit, dass es mit dem Kapitalismus ein schlimmes Ende nehmen werde? Das war zwar vor anderthalb Jahrhunderten, in denen allerlei geschehen ist, aber manche kümmert die kleine Verzögerung wenig. Sie sehen ein System kollabieren und sind darüber weder sonderlich überrascht noch sonderlich betrübt.

Zwischen den Extremen gibt es allerlei politisch-ökonomische Erklärungen im Angebot. Auf der ökonomischen Seite ist vor allem der Hinweis auf die Unsitten des Immobilienhandels in der angelsächsischen Welt verbreitet. Hypotheken von 120 Prozent des Marktwertes von Häusern (in Erwartung zukünftiger Wertsteigerungen) waren eben unhaltbar. Das Risiko wurde auch durch trickreiche neue Finanzinstrumente nicht geringer; im Gegenteil. Und die Bankiers, unterstützt von zahlreichen Beratern, haben ihre Kunden hinters Licht geführt. Oft wussten sie möglicherweise nicht einmal, was sie taten. Am Ende wurden Finanztransaktionen so „deriviert", dass jeder Realbezug verlorenging.

Hier beginnen dann die eher politischen Erklärungen. Wer ist an der Malaise schuld? Die Bankiers natürlich, unter die sich ein paar regelrechte Betrüger wir Bernard Madoff geschlichen hatten. Schuld sind aber auch die Politiker, die die Mode der Deregulierung so weit trieben, dass am Ende niemand mehr kontrollieren konnte, was auf den Finanzmärkten geschah. Der Glaube, der Markt würde das schon regeln, wuchs sich zum fundamentalistischen Irrglauben aus. Eine neue Version des Nachtwächterstaates machte sich breit.

Wenn die Erklärungen eines Phänomens so vielfältig werden, tut es gut, die Ruhe zu bewahren. Offenkundig wissen wir noch gar nicht, wohin die Krise führt. Wir wissen nicht, wie lange sie dauern wird, und haben nur vage Vorstellungen von der Welt danach. Im Folgenden wird daher eine Erklärungsform der Krise verfolgt, die Mentalitäten beschreibt. Der alte Begriff soll darauf hinweisen, dass es vorherrschende Wertvorstellungen gibt, tonangebende Einstellungen der Menschen. Nicht nur die wenigen Akteure etwa des Finanzmarktes teilen solche Mentalitäten, sondern ihre Kunden, die neuerdings gerne zitierten „kleinen Anleger" auch. In der Tat handelt es sich um verhaltensprägende Leitkulturen, die bei Minderheiten beginnen, dann aber ganze Gesellschaften erfassen.

Zweitens: Sparkapitalismus, Pumpkapitalismus

Die hier verfochtene These ist, dass wir einen tiefgehenden Mentalitätswandel erlebt haben und dass jetzt, in Reaktion auf die Krise, wohl ein neuerlicher Wandel bevorsteht. Man kann dem hinter uns liegenden Wandel einen simplen Namen geben: Es war ein Weg vom Sparkapitalismus zum Pumpkapitalismus. (Ich habe diesen Weg vor einem Vierteljahrhundert beschrieben[1].) Es geht also um vorherrschende Einstellungen zu Wirtschaft und Gesellschaft. Das sind nicht etwa nur Einstellungen der Unternehmer und Manager aller Art, sondern auch der Verbraucher, also der meisten Bürger. Das ist wichtig, auch wenn viele es nicht gerne hören, weil sie lieber ein paar Schuldige an den Pranger stellen wollen, als Selbstkritik zu üben.

Die Mentalitäten, von denen hier die Rede ist, haben etwas zu tun mit Max Webers Analyse „Die protestantische Ethik und der Geist des Kapitalismus". Die brillante Schrift hat ihre Schwächen, Richard Henry Tawney hat schon früh gezeigt, dass es auch in katholisch geprägten Gegenden Kapitalis-

---

[1] Vgl. Ralf Dahrendorf, „Reisen nach innen. Aspekte der Zeit". Stuttgart, DVA 1984

mus gab[2]. Plausibel bleibt jedoch Webers These, dass der Anfang des kapitalistischen Wirtschaftens eine verbreitete Bereitschaft verlangt, unmittelbare Befriedigung aufzuschieben. Die kapitalistische Wirtschaft kommt nur in Gang, wenn Menschen zunächst nicht erwarten, die Früchte ihres Tuns genießen zu können. In jüngerer Zeit ist diese Wirkung häufig eher durch staatlichen Zwang erzielt worden. Russland, auch China haben diesen „sowjetischen" Weg genommen. Es lässt sich aber argumentieren, dass es in Teilen Europas eine Zeit gab, in der religiöser Glaube Menschen zum Verzicht und zum Sparen trotz harter Arbeit anhielt. Im calvinistischen Protestantismus zumal galt das Jenseits als der Ort der Belohnung für den Schweiß der Arbeit im Diesseits.

Max Weber hatte England und Amerika im Sinn, als er derlei schrieb, wobei er für die lutherische Variante Raum fand. Auch gibt es in Europa noch sehr alte Leute, die sich an eine Zeit erinnern können, als Arbeit und Sparen die prägenden Lebensmaximen waren. (In den Vereinigten Staaten haben Veränderungen schon früher, gleich nach dem Ersten Weltkrieg, begonnen.) Seitdem aber hat überall ein Mentalitätswandel stattgefunden, den Daniel Bell in seinem Buch „Cultural Contradictions of Capitalism" in mehreren Aufsätzen beschrieben hat. Sein Thema dort ist „die Entwicklung neuer Kaufgewohnheiten in einer stark auf Konsum angelegten Gesellschaft und die daraus resultierende Erosion der protestantischen Ethik und der puritanischen Haltung".

Das Buch erschien 1976. Schon damals sah Bell ein explosives Paradox im Kapitalismus. Auf der Seite der Produktion werden weiter die alten Werte von Fleiß und Ordnung verlangt; aber der Antrieb der Produktion ist in zunehmendem Maße „materialistischer Hedonismus und psychologischer Eudaimonismus". Mit anderen Worten, der entwickelte Kapitalismus verlangt von den Menschen Elemente der protestantischen Ethik am Arbeitsplatz, aber das genaue Gegenteil jenseits der Arbeit, in der Welt des Konsums. Das Wirtschaftssystem zerstört gleichsam seine eigenen Mentalitätsvoraussetzungen.

Als Bell das schrieb, war der nächste Schritt der Wirtschaftsmentalität noch nicht getan, nämlich der vom Konsumwahn zum fröhlichen Schuldenmachen. Wann begann dieser Weg? In den 80er Jahren gab es jedenfalls schon Menschen, die für ein paar hundert Mark auf eine sechswöchige Weltreise gingen und deren tatsächliche Kosten noch abzahlten, als schon niemand von ihren Freunden und Bekannten die Dias mehr sehen wollte, die sie in Bangkok und Rio gemacht hatten. Daniel Bell spricht zu Recht vom Ratenzahlen als dem Sündenfall. Nun begann der Kapitalismus, der schon vom

---

[2] Tawneys „Religion and the Rise of Capitalism" (1926) argumentiert, dass die Marginalisierung der Religion die Entwicklung moderner Wirtschaftsgesellschaften gefördert hat.

Sparkapitalismus zum Konsumkapitalismus mutiert hatte, den fatalen Schritt zum Pumpkapitalismus.

Genau hier liegt denn auch der Schritt vom Realen zum Virtuellen, von der Wertschöpfung zum Derivathandel. Die Haltung, die sich ausbreitete, erlaubte den Genuss nicht nur vor dem Sparen, sondern überhaupt vor dem Bezahlen. „Enjoy now, pay later!" wurde zur Maxime. Sie erfasste alle Bürger, auch die, die das heute nicht gerne hören. Sie wurde dann aber zur Einladung an die subtilen Konstruktionen derer, die sich darauf kaprizierten, aus Geld Geld zu machen. Genauer gingen die daran, aus Geld, das ihnen nicht gehörte und das es vielleicht gar nicht gab, Geld zu machen, das sie in die Welt der Superreichen katapultierte.

Eine Frage eigenen Reizes wäre, welche Folgen der fortgeschrittene Pumpkapitalismus für die Wertschöpfung, also die sogenannte Realwirtschaft, hatte. Mussten die letzten Anhänger einer protestantischen Ethik importiert werden? Oder musste die Produktion selbst exportiert werden zu denen, die noch nicht vom Pumpkapitalismus befallen sind? Oder lässt der „protestantische" Teil der Wirtschaft sich wegrationalisieren, elektronisieren? Sicher ist indes, dass der hier angedeutete Mentalitätswandel instabil ist. Alles Schuldenmachen hat Grenzen. Das eben ist ja die Erfahrung der Krise, in der zugleich die Versuchung wächst, private durch öffentliche Schulden zu ersetzen.

Drittens: Global oder weltweit
Manche sehen die Krise im Zusammenhang mit einem Prozess, der ihnen ohnehin unheimlich ist, nämlich der Globalisierung. Richtig ist, dass die universelle Verfügbarkeit von Information und der Abbau von Grenzen einschließlich des Eisernen Vorhangs den Aktionsradius des Pumpkapitalismus enorm erweitert hat. Richtig ist auch, dass diese Erweiterung Regulierung erschwert und insoweit zum Beispiel die Entwicklung raffinierter Finanzinstrumente erleichtert hat. Richtig ist zudem, dass der Dominoeffekt im Zeichen der Globalisierung noch ausgeprägter ist als schon in der Zeit der großen Freihandelsrunden („Kennedy-Runde", „Nixon-Runde"). Dennoch ist vor einem folgenschweren Irrtum zu warnen.

Manche politischen Führer glauben, die Krise selbst sei global und könne daher nur durch globale Entscheidungen überwunden werden. Dies ist jedenfalls die Meinung des britischen Premierministers Gordon Brown, wenngleich nicht die des amerikanischen Präsidenten Barack Obama. Die Rede von der globalen Krise verkennt jedoch einen wichtigen Unterschied. Im strengen Sinn global sind nämlich nur Probleme, die alle auf der Erde betreffen und daher allein durch gemeinsames Handeln bewältigt werden können. Das wichtigste zeitgenössische Beispiel ist der Klimawandel. Andere Fragen sind nicht so sehr global wie weltweit in ihren Auswirkungen. Entwicklungen werden vielerorts in der Welt spürbar, aber sie sind nicht dieselben in den USA und China, in Frankreich und Polen. Ihre Bewältigung mag daher von einer gewissen Koordination profitieren, verlangt aber grundsätzlich nationale, auch regionale, zum Beispiel europäische Lösungen.

Man kann darüber streiten, ob die Bankenkrise eine globale Erfahrung ist. Wenn sie als „systemisch" bezeichnet wird, ist ja gemeint, dass viele andere Aspekte der Wirtschaft untrennbar sind von der Fähigkeit der Banken, Kredite in einem Klima des Vertrauens zu geben. Es könnte daher sein, dass nur globales Handeln das Vertrauen in die Banken wiederherstellen kann.

Für die Krise im allgemeineren Sinn, also die Rezession und den Einbruch der Mentalität des Pumpkapitalismus, gilt das jedoch nicht. Gewiss wirken sich auch hier wechselseitige Abhängigkeiten von Volkswirtschaften aus. Es kann Dominoeffekte des Abschwungs und umgekehrt sich ausbreitende Aufschwungzeichen geben. Das aber bestätigt nur den weltweiten Charakter der Krise, die komplizierte Vernetzung von Unternehmen und ganzen nationalen Ökonomien; es schafft hingegen kein globales Problem von der Art des Klimawandels.

Es ist daher auch nicht möglich, durch einen globalen Kraftakt die Krise zu bewältigen. In gewisser Weise würde ein Kraftakt der nach wie vor dominanten Vereinigten Staaten zureichen. Es ist insofern auch ein Irrtum zu meinen, dass alle Staaten dasselbe tun müssen, um Vertrauen wiederherzustellen und die Konjunktur in Gang zu bringen. Internationale Treffen sind wichtig, um „Beggar thy neighbour"-Politiken zu vermeiden, also die Wahrscheinlichkeit einzudämmen, dass allzu viele nationale Entscheidungen auf Kosten der Nachbarn getroffen werden. Was aber im Einzelnen angemessen ist, das lässt sich nicht generell festlegen.

Das ist kein Argument gegen weltweite Regeln. Auch hier allerdings empfiehlt es sich, genau zu sein. Regeln entstehen nicht aus dem herrschaftsfreien Diskurs aller Betroffenen. Sie verlangen vielmehr nach einer Garantiemacht, die Sanktionsmechanismen stützt. Hier liegt die große Schwäche der Eurozone in ihrer bisherigen Form, also einer Bank, die nicht eingebunden ist in einen politischen Prozess (wie es die Bundesbank immer war). Weltweit bedeutet es, dass es kein „neues Weltwirtschaftssystem" geben wird, wenn die Vereinigten Staaten sich aus der Rolle einer Garantiemacht zurückziehen. Die Welt von Bretton Woods mit der Weltbank und dem Währungsfonds (und zumindest indirekt auch der Welthandelsorganisation) war jedenfalls eine amerikanische Welt. Sie war kein globales, sondern ein von den USA garantiertes weltweites Regelwerk.

Die hier vorgeschlagene Unterscheidung von globalen und weltweiten Problemen – und Lösungen – ist also von beträchtlicher praktischer Bedeutung.

Wenn wir die globale Aufgabe der Kontrolle des Klimawandels nicht in für alle verbindlicher Weise anpacken, folgt ein globales Desaster. Die Krise hingegen verlangt ein paar strategische Entscheidungen, möglicherweise vor allem in einigen Ländern, deren „ripple effect" sich weit, vielleicht weltweit, ausbreitet. Für die Thematik internationaler Konferenzen und Aktionen ist die Unterscheidung unentbehrlich.

Viertens: Volkszorn und Wandel
Im günstigen Fall sind Krisen reinigende Gewitter. Es könnte also sein, dass die gegenwärtige Krise eine Veränderung der Mentalitäten befördert, an deren Ende eine nachhaltigere Einstellung des Handelnden steht, als der Pumpkapitalismus sie erlaubte. Die sozialen Mechanismen, die zu solchen Veränderungen führen könnten, sind jedoch nicht offenkundig. Es sieht jedenfalls nicht so aus, als ob politische Bewegungen entstehen, die alternative Zukunftsentwürfe mit einiger Hoffnung auf breite Unterstützung anbieten könnten. Insbesondere fällt auf, dass in den meisten Ländern weder die extreme Rechte noch die extreme Linke sonderlich von der Krise profitiert. Der Grund dafür ist einfach: Die Krise kennt zwar Opfer, hat aber keine neue politisch-soziale Kraft geschaffen, die im Namen eines Erfolg versprechenden Zukunftsbildes den Wandel der Mentalitäten betreibt.

Für den Sozialwissenschaftler ist dies nicht überraschend. Er denkt bei der Untersuchung der Krise weniger an das „Kommunistische Manifest" als an „Die Arbeitslosen von Marienthal" (1933). Die Studie von Marie Jahoda und anderen hat angesichts der großen Krise vor 80 Jahren gezeigt, dass Menschen, die alles verlieren oder zu verlieren befürchten, eher apathisch als aktiv werden. Sie sind allerdings – ein Gedanke, der übrigens auch im „Kommunistischen Manifest" steht – mobilisierbar. Sie sind willige Opfer von Demagogen, die sie in geeigneten Situationen dazu bewegen, aufzustehen und zu protestieren. Solche Situationsproteste sind zudem häufig mit Gewalt verbunden.

Der britische Polizeichef, der unlängst im Blick auf die kommenden Monate vor einem „Sommer der Gewalt" gewarnt hat, mag die Kritik der Regierung an seiner „aufwiegelnden" These verdient haben, könnte aber trotzdem Recht behalten. Zwei Reaktionen von Menschen sind absehbar. Die eine ist eine verbreitete Individualisierung sozialer Konflikte. Das heißt, um Fraktur zu reden, Verletzungen von Recht und Ordnung, Einbrüche, Überfälle. Das andere ist der kollektive Unwille in Form von gewaltsamen Ausschreitungen, wo immer Menschen in großer Zahl zusammenkommen, beim Fußball also, bei Popkonzerten, bei politischen Demonstrationen, aber auch beim Karneval.

Hinter solchen Ausbrüchen steckt ein diffuser Zorn vieler Menschen angesichts einer weithin unverständlichen Verschlechterung ihrer Lebensverhältnisse und Erwartungen. Meist gehört dazu noch eine Portion Angst; immer aber wird diese begleitet von einem Gefühl der Ohnmacht. Da ist dann die Suche nach Schuldigen nicht weit. An den Pranger sollen die Bankiers, wenn sie schon nicht geteert und gerädert werden können! Die Politiker am liebsten gleich noch dazu! Wie kann es sein, dass die Schuldigen mit einer Pension von 20 Millionen Euro nach Italien entschwinden, während die Zahl der Arbeitslosen jeden Monat steigt und viele auf liebgewordene Dinge verzichten müssen? An die Stelle der klassischen Politik der Parteien tritt ein diffuser Volkszorn.

Auch so kann indes Veränderung in die Wege geleitet werden. Die Maßnahmen, die von Regierungen gefordert und vielfach ergriffen werden, sind ja nur ein Teil des Wandels, den die Krise auslöst. Schon wegen ihres kurzfristigen Charakters sind sie nicht einmal der wichtigste Teil, ganz zu schweigen von der Tatsache, dass sie oft neue Probleme schaffen. Die Grundstimmung von Zorn und Misstrauen jedoch wird sich so rasch nicht legen. Sie zwingt die Handelnden zu einer Veränderung ihres Verhaltens. Hier und da verzichtet einmal jemand auf einen Bonus. Es gibt sogar Finanzmanager und Politiker, die sich entschuldigen für die Wirkungen ihres Tuns. Aktionäre werden aufmerksamer. Der demonstrative Reichtum der wenigen wird zumindest weniger sichtbar. Die Medien erinnern an schlechtere Zeiten und daran, wie man alte Kleidung repariert und wie man Petersilie im Balkonkasten anpflanzt. Manche meinen, die Glitzerwelt der Spekulation gebe wieder einem Sinn für Realitäten und für Dauer Raum.

Fünftens: Eine neue Zeit
Da stellt sich die Frage, wie die Welt nach der Krise aussehen wird. Darüber im Frühjahr 2009 ernsthaft zu reden, ist ein verwegenes Unterfangen. Immerhin sind eine Reihe von Entwicklungen zumindest sehr wahrscheinlich. Die Krise wird noch eine Weile dauern. Zwei Jahre? Drei Jahre? Wenn der Abschwung – eher Absturz – zu Ende geht, werden die meisten entwickelten Länder beträchtlich ärmer sein. (Zudem wird die Verarmung nicht alle Bürger gleichmäßig treffen.) Eine neue Phase des wirtschaftlichen Wachstums wird vermutlich sehr viel langsamer vonstatten gehen, als es im vergangenen Jahrzehnt der Fall war. In vielen Ländern wird zudem eine große Schuldenlast die Früchte des Wachstums auffressen. Es wird neue Steuern geben. Vielfach wird ein großer Inflationsschub vor allem die weniger Betuchten treffen.

Die Rahmenbedingungen für Wirtschaft und Gesellschaft sind also vielerorts und gerade in Europa nicht sonderlich erfreulich. Sie könnten aber auch zum Anlass einer veränderten Mentalität werden. Deren Kern ist ein neues Verhältnis zur Zeit.

Ein Merkmal des fortgeschrittenen Pumpkapitalismus war ja die außerordentliche Kurzatmigkeit allen Handelns. Im Extremfall der Derivatehändler bedeutete das, dass sie fiktives Geld schon weitergereicht hatten, bevor sie auch nur die Frage stellen konnten, welche realen Werte möglicherweise dahinterstecken. Das war jedoch nur Teil einer allgemeinen Hast. Kaum war eine Transaktion beendet, da gab es schon Bonuszahlungen für die Beteiligten. Über Entwicklungen von Unternehmen wurde nicht mehr jährlich, sondern vierteljährlich und oft in noch kürzeren Abständen berichtet. Spitzenmanager traten nicht mehr mit langfristigen Perspektiven an; viele wurden nach erstaunlich kurzer Zeit mit einem goldenen Händedruck verabschiedet. Politiker beklagen sich zwar über das kurzfristige Denken, teilten aber zunehmend dessen Schwächen.

Ein neues Verhältnis zur Zeit müsste denn auch an der Spitze beginnen. Die Frage der Managergehälter – eine der Quellen des Volkszorns – wird in dem Augenblick lösbar, in dem Einkommen an längerfristige Errungenschaften gekoppelt werden. Bei dieser Gelegenheit sollten Aufsichtsräte und andere Verantwortliche dann auch Nachfolgeregelungen finden, die den wenig transparenten Wechsel an der Spitze von Unternehmen normalisieren. Mittelfristiges Denken an der Spitze von Unternehmen führt notwendig zu durchdachteren Planungen und überdies zu mehr Berechenbarkeit für die Beschäftigten angesichts der Zumutungen der Flexibilität, die moderne Wirtschaften von allen verlangen.

Bei dieser Gelegenheit kann dann auch ein Begriff wieder in das Zentrum der Entscheidungen gerückt werden, der in den Jahren des extremen Pumpkapitalismus in Vergessenheit geraten ist, nämlich der Begriff „stakeholder". Damit sind alle gemeint, die vielleicht keine Anteile an Unternehmen haben, also keine „shareholder", wohl aber am erfolgreichen Fortbestand von Firmen existenziell interessiert sind: Dazu gehören Zulieferer und Kunden, vor allem aber auch die Bewohner der Gemeinden, in denen Unternehmen tätig sind. Für sie ist nicht so sehr Mitbestimmung wie die Anerkennung ihrer Interessen durch das Management wichtig, und dieses wiederum setzt voraus, dass die Führenden über den Tellerrand hinausblicken und nicht nur die Gewinne und Bonuszahlungen des nächsten Quartals im Auge haben.

Mit neuen Zeitperspektiven hat es dann auch die Bewältigung der im strengen Sinn globalen Fragen zu tun. An der Politik zur Bekämpfung des Klimawandels – vielmehr am Fehlen einer solchen Politik – lässt sich erkennen, ob kurz- oder mittelfristiges Denken die Handelnden bestimmt. Vielleicht sind einschneidende Ereignisse nötig, um zukunftsfähiges Handeln zu befördern. Bangladesch, ja Holland muss möglicherweise in den Fluten des Meeres versinken, bevor die Botschaft von Al Gore oder Nicholas Stern sich durchsetzt[3].

---

[3] Vgl. Anthony Giddens, „The Politics of Climate Change". Oxford, Polity Press 2009

Ein neues Verhältnis zur Zeit in Wirtschaft und Gesellschaft ist also der zentrale Mentalitätswandel, der aus der Krise hervorgehen könnte. Es wird neuerdings viel von Vertrauen und Verantwortung geredet. Beide sind nötig; beide setzen aber voraus, dass das extrem kurzfristige Denken der Führenden aufhört. Damit das geschieht, muss das Management von seiner abgehobenen Position erlöst und wieder auf diejenigen bezogen werden, für deren Wohl und Wehe Entscheidungsträger verantwortlich sind. Um diesen Mentalitätswandel zu befördern, sind teils reale, teils auch symbolische Maßnahmen nützlich. Realistische und begründbare Manager-Einkommen leisten beides; sie sind insofern ein wichtiger Ansatzpunkt. Auf längere Frist ist auch eine Rekonstruktion des Sozialstaates mit einer finanzierbaren Kombination von Flexibilität und Sicherheit unausweichlich. Es gibt andere praktische Veränderungen, die dokumentieren würden, dass neue Zeitperspektiven die politische Ökonomie bestimmen.

Sechstens: Verantwortlicher Kapitalismus
Sollte es also eine Rückkehr zur protestantischen Ethik seligen Andenkens geben? Ist eine solche Rückkehr wahrscheinlich? Die Antwort auf die letztere Frage muss wohl lauten: eher nicht. Damit wird die erstere Frage hinfällig. Was nicht sein kann, soll auch nicht sein. Hinter Keynes werden wir moderne Volkswirtschaften nicht zurückdrehen, und nach Keynes hat das Denken in Ewigkeiten mit der Hoffnung auf Entlohnung im Jenseits seinen Reiz und seine Kraft verloren. Aus gutem Grund war hier im Zusammenhang der neuen Zeitperspektiven wiederholt von der mittleren, nicht der langen Frist die Rede. Es geht um überschaubare Zeiträume, also Jahrzehnte, nicht Jahrhunderte.

Ein Zurück zur protestantischen Ethik wird es also nicht geben. Wohl aber ist eine Wiederbelebung alter Tugenden möglich und wünschenswert. Ganz wird man Daniel Bells Paradox des Kapitalismus nicht auflösen: Der Antrieb des modernen Kapitalismus liegt in Präferenzen, die die Methode des modernen Kapitalismus nicht gerade stärken. Weniger abstrakt formuliert: Arbeit, Ordnung, Dienst, Pflicht bleiben Erfordernisse der Voraussetzungen des Wohlstandes; der Wohlstand selbst aber bedeutet Genuss, Vergnügen, Lust und Entspannung. Menschen arbeiten hart, um im strengen Sinn überflüssige Dinge zu schaffen. Da tut es gut, an Ludwig Erhards ständige Mahnungen zum Maßhalten zu erinnern. Es ist auch wichtig, dass Menschen den Bezug zu unentbehrlichen Elementen des Lebensstandards – in diesem Sinne zu Realitäten – nicht verlieren.

Hat die Welt nach der Krise einen Namen? Das Fragezeichen, mit dem diese Anmerkungen begonnen haben, bleibt bestehen. Allzu viele Ungewissheiten verbieten die entschiedene Stellungnahme für den einen oder anderen

Begriff. Zum Sparkapitalismus werden wir nicht zurückkehren, wohl aber zu einer Ordnung, in der die Befriedigung von Bedürfnissen durch die nötige Wertschöpfung gedeckt ist. Der „rheinische Kapitalismus", also die Konsenswirtschaft der Großorganisationen, hat wahrscheinlich ausgedient. Sogar die Frage muss erlaubt sein, ob das System der Mitbestimmung irgend hilfreich war und ist bei der Bewältigung der Krise. Wenn die Frage nicht eindeutig bejaht werden kann, ist neues Nachdenken über die Formen der Berücksichtigung der „stakeholder" nötig. Der Pumpkapitalismus muss jedenfalls auf ein allenfalls erträgliches Maß zurückgeführt werden. Nötig ist so etwas wie ein „verantwortlicher Kapitalismus", wobei in dem Begriff der Verantwortung vor allem die Perspektive der mittleren Fristen, der neuen Zeit, steckt.

Aber Namen sind Schall und Rauch. Es spricht viel dafür, über reale Entwicklungen und nicht über Begriffe zu reden. Der schwammige, selten definierte Begriff der Sozialen Marktwirtschaft leistet für alle praktischen Zwecke genug. (Man kann allenfalls bedauern, dass Angela Merkel sich mit ihrem Vorschlag einer „neuen Sozialen Marktwirtschaft" nicht hat durchsetzen können.) Worauf es ankommt, ist, dass vor lauter Konjunkturpaketen und Rettungsschirmen der Blick auf die Zeit nach der Krise nicht getrübt wird. In diesen Jahren entscheidet sich, in welcher Welt die nächste Generation der Bürger freier Gesellschaften leben wird.

Erschienen in: Merkur, Ausgabe Nr. 720, Mai 2009
© 2009, Nachdruck mit freundlicher Genehmigung des Wissenschaftszentrums Berlin für Sozialforschung

Die Glaubwürdigkeit der Freiheit

BERLINER REDE 2009 VON BUNDESPRÄSIDENT
HORST KÖHLER AM 24. MÄRZ 2009

„Ich will Ihnen eine Geschichte meines Scheiterns berichten.
Es war in Prag, im September 2000. Ich war neu im Amt als Geschäftsführender Direktor des Internationalen Währungsfonds. Mein Ziel war es, den IWF zum Exzellenzzentrum für die Stabilität des internationalen Finanzsystems zu machen.

Die Entwicklung auf den Finanzmärkten bereitete mir Sorgen. Ich konnte die gigantischen Finanzierungsvolumen und überkomplexen Finanzprodukte nicht mehr einordnen. Ich begann, kapitalmarkt-politische Expertise im IWF aufzubauen. Das sahen nicht alle gern. Und ich wunderte mich, dass sich die G7-Staaten nur zögerlich einer Überprüfung ihrer Finanzsektoren unterziehen wollten; solche Überprüfungen waren von den Mitgliedstaaten des Internationalen Währungsfonds 1999 als Lehre aus der Asienkrise beschlossen worden.

Viele, die sich auskannten, warnten vor dem wachsenden Risiko einer Systemkrise. Doch in den Hauptstädten der Industriestaaten wurden die Warnungen nicht aufgegriffen: Es fehlte der Wille, das Primat der Politik über die Finanzmärkte durchzusetzen.

Jetzt sind die großen Räder gebrochen, und wir erleben eine Krise, deren Ausgang das 21. Jahrhundert prägen kann. Ich meine: zum Guten, wenn wir aus Schaden klug werden.

Noch aber entfaltet die Rezession sich weiter. Jeder Kontinent ist erfasst. Die Finanzkrise hat blitzschnell durchgeschlagen auf die reale Wirtschaft. Gestern war Deutschland noch Exportweltmeister. Ein stolzer Titel fällt uns heute vor die Füße. Aufträge brechen weg, mit nie da gewesener Geschwindigkeit.

Es ist ein gutes Zeichen, dass die meisten Unternehmen in Deutschland versuchen, Entlassungen zu vermeiden. Sie wissen, dass sie ihre hoch motivierten und gut qualifizierten Mitarbeiterinnen und Mitarbeiter dringend brauchen, wenn sie die Krise überwinden wollen. Wir müssen aber auch ehrlich sein: Viele Unternehmen werden ihr Überleben und damit zugleich Arbeitsplätze nur sichern können, wenn sie sich auch von Mitarbeiterinnen und Mitarbeitern trennen. Wir müssen uns darauf einstellen: Die Arbeitslosigkeit in Deutschland wird sich wieder deutlich erhöhen.

Manche fragen: Können wir nicht einfach aussteigen aus der Globalisierung? Aber eine Volkswirtschaft, in der vom Brot bis zum Hemd, vom Computer bis zum Auto alles im eigenen Land hergestellt werden müsste, ist nicht mehr denkbar. Der Ausstieg aus den Weltmärkten würde unseren Wohlstand in kürzester Zeit vernichten.

Stellen wir uns also der Verantwortung. Sie deckt sich mit unserem Interesse. Wir verkaufen die Hälfte unserer Wirtschaftsleistung ins Ausland. Die Weltwirtschaft ist unser Schicksal. Deshalb müssen wir unser Gewicht jetzt aktiv und konstruktiv in die internationale Zusammenarbeit zur Überwindung der Krise einbringen.

Die große Chance der Krise besteht darin, dass jetzt alle erkennen können: Keiner kann mehr dauerhaft Vorteil nur für sich schaffen. Die Menschheit sitzt in einem Boot. Und die in einem Boot sitzen, sollen sich helfen. Eigennutz im 21. Jahrhundert heißt: sich umeinander kümmern.

Vor allem wir im Norden müssen umdenken. Auf unserer Erde leben derzeit etwa 6,5 Milliarden Menschen. Nur rund 15 Prozent von ihnen leben in Umständen wie wir. Weit über zwei Milliarden Menschen müssen mit zwei Dollar pro Tag auskommen, eine Milliarde sogar nur mit einem Dollar. Wir sollten uns nicht länger einreden, das sei gerecht so. Sicherheit, Wohlstand und Frieden wird es auch in den Industrieländern dauerhaft nur geben, wenn mehr Gerechtigkeit in die Welt kommt. Wir brauchen eine Entwicklungspolitik für den ganzen Planeten. Das heißt: Die Industrieländer – auch Deutschland – müssen sich fragen, was sich auch bei ihnen verändern muss, um der Welt eine gute Zukunft zu sichern.

Bundesregierung und Bundestag haben in den vergangenen Monaten Handlungsfähigkeit bewiesen und kurzatmigen Aktionismus vermieden. Ihr Wort hat Gewicht auch im europäischen und internationalen Krisenmanagement.

In Deutschland steht unsere Regierung vor schwierigsten Abwägungen und Entscheidungen. Sie betreffen das Wohl und Wehe vieler Menschen. Niemand hat fertige Rezepte. Wir können über unsere konkreten Schritte und die Schwierigkeiten, auf die wir stoßen, keine Sicherheit haben. Aber wir können darauf vertrauen: Die eingeschlagene Richtung stimmt.

Jeder ernsthafte Vorschlag muss ernsthaft gewogen werden. Das Ringen um die beste Lösung gehört zur Demokratie. Auch im Vorfeld einer Bundestagswahl gibt es aber keine Beurlaubung von der Regierungsverantwortung. Die Bevölkerung hat gerade in der Krise den Anspruch darauf, dass ihre Regierung geschlossen handelt und Lösungen entwickelt, die auch übermorgen noch tragfähig sind. Die Krise ist keine Kulisse für Schaukämpfe. Sie ist eine Bewährungsprobe für die Demokratie insgesamt.

Viele Bürgerinnen und Bürger sind verunsichert. Sie fragen, was uns bevorsteht und was nun getan werden soll. Sie sehen die Einkommen der Banker, die Verluste der Anleger, die Krise vieler Betriebe und die riesigen Hilfsprogramme der Staaten. Und viele beginnen, am Wert und am Fortbestand des marktwirtschaftlichen Systems zu zweifeln.

Die Menschen brauchen mehr Information und Erklärung über das, was abläuft. Sie wollen wissen, wie sie sich selbst einbringen können, mit ihren eigenen Ideen und Vorstellungen. Parlamente und Regierungen im Bund und in den Ländern sind bei der Bewältigung der Krise auf die Unterstützung und Mitwirkung der Bürgerinnen und Bürger angewiesen. Es geht darum, gemeinsam neue Wege zu finden.

Am Anfang steht die Frage: Wie konnte es zu dieser Krise kommen?

Noch kennen wir nicht alle Ursachen. Aber vieles ist inzwischen klar. Zu viele Leute mit viel zu wenig eigenem Geld konnten riesige Finanzhebel in Bewegung setzen. Viele Jahre lang gelang es, den Menschen weiszumachen, Schulden seien schon für sich genommen ein Wert; man müsse sie nur handelbar machen. Die Banken kauften und verkauften immer mehr Papiere, deren Wirkung sie selbst nicht mehr verstanden. Im Vordergrund stand die kurzfristige Maximierung der Rendite.

Auch angesehene deutsche Bankinstitute haben beim Umgang mit Risiko zunehmend Durchblick und Weitsicht verloren. Das konnte nur geschehen, weil sie den Bezug zu ihrer eigenen Kultur aufgaben: zu dem, was diese Häuser überhaupt erst zu Größe und Bedeutung geführt hatte – Sinn für Geldwertstabilität, Respekt vor dem Sparer und langfristiges Denken. Auch Banken können nur dauerhaft Wertschöpfung erbringen, wenn sie sich als Teil der ganzen Gesellschaft sehen und von ihr getragen werden. Wenn sie den Grundsatz unserer Verfassung achten: Eigentum verpflichtet. Sein Gebrauch soll auch dem Allgemeinwohl dienen.

Doch das Auftürmen von Finanzpyramiden wurde für viele zum Selbstzweck, insbesondere für sogenannte Investmentbanken. Damit haben sie sich nicht nur von der Realwirtschaft abgekoppelt, sondern von der Gesellschaft insgesamt. Dabei geht es auch um Fragen der Verantwortung und des Anstands. Was vielen abhanden gekommen ist, das ist die Haltung: So etwas tut man nicht. Bis heute warten wir auf eine angemessene Selbstkritik der Verantwortlichen. Von einer angemessenen Selbstbeteiligung für den angerichteten Schaden ganz zu schweigen.

Derweil stockt das Blut in den Adern des internationalen Finanzwesens. Das hat überall Folgen, auch bei uns: Für Investitionen brauchen Unternehmen Kredite, und dafür müssen die Banken zusammenarbeiten. Aber sie misstrauen einander immer noch. Sie halten ihr restliches Geld fest. Die Finanzkrise stiftet Unsicherheit und lähmt weltweit den Unternehmungsgeist.

Wir erleben das Ergebnis fehlender Transparenz, Laxheit, unzureichender Aufsicht und von Risikoentscheidungen ohne persönliche Haftung. Wir erleben das Ergebnis von Freiheit ohne Verantwortung.

Aber Schuldzuweisungen und kurzfristige Reparaturen reichen nicht aus, wenn wir die tiefere Lehre aus der Krise ziehen wollen. Denn es gibt einen Punkt, der geht uns alle an. Obwohl der Wohlstand in der westlichen Welt, in Europa und auch in Deutschland seit den 70er Jahren beständig zunahm, ist auch die Staatsverschuldung kontinuierlich angestiegen. Man stellte Wechsel auf die Zukunft aus und versprach, sie einzulösen. Das ist bis heute nicht geschehen. Denn wir scheuten uns vor den Anstrengungen, die mit jedem Schuldenabbau verbunden sind. Wir haben die Wechsel an unsere Kinder und Enkel weitergereicht und uns damit beruhigt, das Wirtschaftswachstum werde ihnen die Einlösung dieser Wechsel erleichtern. Jetzt führt uns die Krise vor Augen: Wir haben alle über unsere Verhältnisse gelebt.

Die Krise ging von den Industriestaaten aus – von denen, die sich bislang am stärksten fühlten. Und sie wirft ein Schlaglicht auf die Widersprüche, in die sich die industrialisierte Welt in den vergangenen Jahrzehnten verstrickt hat. Wir haben diese Welt selbst mitgestaltet. Aber wir finden uns immer weniger darin zurecht. So wuchs die Kluft zwischen den neuen Anforderungen der Wirklichkeit und unserem Anspruch, alles möge beim Alten bleiben.

Und wir haben uns eingeredet, es gebe einen Königsweg, diese Widersprüche aufzulösen: Wir haben uns eingeredet, permanentes Wirtschaftswachstum sei die Antwort auf alle Fragen. Solange das Bruttoinlandsprodukt wächst, so die Logik, können wir alle Ansprüche finanzieren, die uns so sehr ans Herz gewachsen sind – und zugleich die Kosten dafür aufbringen, dass wir uns auf eine neue Welt einstellen müssen.

Die Finanzmärkte waren Wachstumsmaschinen. Sie liefen lange gut. Deshalb haben wir sie in Ruhe gelassen. Das Ergebnis waren Entgrenzung und Bindungslosigkeit. Jetzt erleben wir, dass es der Markt allein nicht richtet. Es braucht einen starken Staat, der dem Markt Regeln setzt und für ihre Durchsetzung sorgt. Denn Marktwirtschaft lebt vom Wettbewerb und von der Begrenzung wirtschaftlicher Macht. Sie lebt von Verantwortung und persönlicher Haftung für das eigene Tun; sie braucht Transparenz und Rechtstreue. Auf all das müssen die Menschen vertrauen können.

Dieses Vertrauen ist jetzt erschüttert. Den Finanzmärkten fehlte eine ordnende Kraft. Sie haben sich den Staaten entzogen. Die Krise zeigt uns: Schrankenlose Freiheit birgt Zerstörung. Der Markt braucht Regeln und Moral.

Und noch etwas müssen wir wissen: Freiheit ist ein Gut, das stark macht. Aber es darf nicht zum Recht des Stärkeren werden. Denn das ist der Haken an der Freiheit: Sie kann in denjenigen, die durch sie satt und stark geworden sind, den Keim der Selbstüberhebung legen. Und die Vorstellung, Freiheit sei auch ohne Verantwortung zu haben.

Freiheit ist kein Vorrecht, die besten Plätze für sich selbst zu reservieren. Wir wollen lernen, Freiheit nicht nur für uns zu nehmen, sondern sie auch anderen zu ermöglichen. Die Glaubwürdigkeit der Freiheit ist messbar: in unserer Fähigkeit, Chancen zu teilen. Nach innen. Und nach außen. Und in unserer Bereitschaft zur Verantwortung für den Nächsten und das Wohl des Ganzen. Wenn wir das schaffen, dann holen wir das Beste aus uns Menschen heraus, was in uns steckt.

Deshalb: Gerade die Krise bestätigt den Wert der Sozialen Marktwirtschaft. Sie ist mehr als eine Wirtschaftsordnung. Sie ist eine Werteordnung. Sie vereinigt Freiheit und Verantwortung zum Nutzen aller. Gegen diese Kultur wurde verstoßen. Lassen Sie uns die kulturelle Leistung der Sozialen Marktwirtschaft neu entdecken. Es steht allen, insbesondere den Akteuren auf den Finanzmärkten, gut an, daraus auch Bescheidenheit abzuleiten und zu lernen.

Die Krise entfaltet aber auch schon ihr Gutes: Was zum Beispiel Barack Obama für die Wirtschaft und Gesellschaft der Vereinigten Staaten anstrebt, das ähnelt in Grundzügen unserem Modell der Sozialen Marktwirtschaft. Das zeigt auch: Die Deutschen haben etwas anzubieten beim Aufarbeiten der Krise.

Unsere Regierung und unsere Parlamentarier stehen vor einer immensen Herausforderung. Sie müssen eine doppelte Gestaltungsaufgabe bewältigen: Zum einen geht es darum, eine sich selbst verstärkende Spirale nach unten zu verhindern. Und gleichzeitig müssen sie die Grundlagen für Stabilität und Wohlstand in einer Welt schaffen, die einen tiefgreifenden Wandel durchmacht.

Unmittelbar gilt es, den Geldkreislauf wieder in Gang zu bringen. Wir sprechen von der Lebensader der Wirtschaft. Sie muss versorgt sein, damit Menschen, die hart arbeiten und sich an die Regeln halten, auch morgen noch Arbeit haben. Es geht zugleich darum, einer länger anhaltenden, weltweiten Rezession entgegenzuwirken. Und die internationalen Finanzmärkte brauchen eine neue Ordnung durch bessere Regeln, effektive Aufsicht und wirksame Haftung.

An allen drei Aufgaben wird gearbeitet. Die Politik hat schnell und entschlossen reagiert. Die Banken werden mit Kapital und Garantien versorgt, damit der Geldkreislauf nicht völlig zum Stehen kommt. Die Konjunkturprogramme schaffen Nachfrage und helfen den Betrieben, durch die Krise zu kommen. Die staatlichen Hilfen für Banken und Betriebe kosten viel Geld. Dafür muss jetzt auch eine höhere Staatsverschuldung in Kauf genommen

werden. Aber sie ist nur zu rechtfertigen, wenn das Geld klug eingesetzt wird. Für uns in Deutschland bedeutet kluger Einsatz:
- Wir sind uns bewusst, die globale Krise verlangt eine globale Antwort. Das verlangt eine neue Qualität der internationalen Zusammenarbeit. Deutschland als größter Volkswirtschaft in der Europäischen Union kommt eine Führungsrolle zu. Es geht darum, der Krise die volle Wucht einer gemeinsamen Kraftanstrengung von 500 Millionen Menschen entgegenzusetzen. Nutzen wir die Krise, um der Einheit Europas ein neues Momentum zu geben.
- Wir wirken mit Nachdruck darauf hin, den internationalen Finanzmärkten eine neue Ordnung zu geben. Grundsätzliche Orientierungen hierfür sollten sein: Die Banken müssen mit einem deutlich höheren Anteil an Eigenkapital arbeiten. Das schärft ihr Risikobewusstsein. Der Finanzmarkt braucht mehr Verbraucherschutz. Banker sollten nicht für Umsatz bezahlt werden. Sondern für Kundenzufriedenheit über den Tag hinaus. Es darf keine unregulierten Finanzräume, Finanzinstitute und Finanzprodukte mehr geben. Und: Die großen Finanzinstitute werden international unter eine einheitliche Aufsicht gestellt.
- Wir verschenken das Geld nicht an die Banken. Wir fordern Gegenleistungen in Gestalt von Mitsprache, Zinsen und Mitarbeit bei der Krisenbewältigung. Die Steuerzahler haften mit gewaltigen Summen. Der Staat steht deshalb in der Verantwortung. Auch vorübergehende staatliche Beteiligungen können nicht ausgeschlossen werden. Der Schutz des Privateigentums, das konstitutiv ist für Freiheit und Wohlstand, wird dadurch nicht berührt.
- Bei alledem gilt: Die Finanzkraft des Staates hat Grenzen. Auch Staaten können ihre Kreditwürdigkeit verlieren. Das dürfen wir nicht riskieren. Darum verpflichten wir uns schon jetzt verbindlich, die Staatsschulden wieder zurückzuführen, sobald die Krise überstanden ist. Denn wir dürfen die Frage der Generationengerechtigkeit nicht auf die lange Bank schieben. Wir stehen vor einem Glaubwürdigkeitstest für den Zusammenhalt in unserer Gesellschaft.

Als Land in der Mitte Europas und als Exportnation sind wir auf freien Handel und möglichst viele Nationen angewiesen, die daran teilnehmen. Daraus ergibt sich für uns ein weiterer Handlungsauftrag:

Wir Deutsche sollten besonders engagiert eintreten für den raschen Abschluss der laufenden Verhandlungen über entwicklungsfreundliche Handelserleichterungen. Der Generaldirektor der Welthandelsorganisation, Pascal Lamy, hat mir berichtet: 80 Prozent der Streitfragen sind ausgeräumt. Es braucht eine letzte Anstrengung, Vernunft und politischen Entscheidungswillen, damit der Welthandel und so die weltweite Vertrauensbildung einen Schub bekommen. Die Europäische Union sollte Flagge zeigen. Auch ihre Zukunft hängt von offenen Weltmärkten ab. Und wir müssen auch im europäischen Binnenmarkt energisch allen protektionistischen Tendenzen entgegentreten.

Wir erleben Spannungen in der Eurozone. Und einige unserer Partner in Mittel- und Osteuropa stecken in der Klemme. Hier rächen sich Wachstumseuphorie und Reformversäumnisse. Dennoch sollte die Europäische Union zu Hilfe bereit sein. Aber sie muss auf der Bereitschaft unserer Partner zu Disziplin und Eigenverantwortung aufbauen können.

Auch in Asien, Lateinamerika und Afrika geraten immer mehr Länder in Schwierigkeiten. Und wir stellen fest: Die Weltwirtschaft ist deutlich unterversichert; die Mittel für solche Notlagen, für die vor Jahrzehnten Institutionen wie der Internationale Währungsfonds und die Weltbank gegründet wurden, sind nicht ausreichend. Es scheint sich ein Konsens zu entwickeln, die Finanzierungsmittel des IWF zu verdoppeln. Das ist gut. Mehr wäre besser.

Ich bleibe bei meinem Vorschlag, ein Bretton Woods II unter dem Dach der Vereinten Nationen zu organisieren, um eine grundsätzliche Reform der internationalen Wirtschafts- und Finanzordnung voranzutreiben. Wir brauchen ein neues, durchdachtes Weltwährungssystem und ein politisches Verfahren für den Umgang mit globalen Ungleichgewichten.

Die Europäische Union kann einen großen Anstoß zur Reform der internationalen Finanzinstitutionen geben, wenn sich die Mitgliedstaaten darauf einigen, ihre Interessen im Internationalen Währungsfonds und in der Weltbank in einem Sitz zu bündeln. Schon mit dem Euro hat Europa mehr Kraft und Schutz gewonnen. Freiheit gewinnen durch Bündelung von Souveränität: Die Europäische Union sollte die Chance nutzen, dieses Friedensprinzip in eine neue Ära der kooperativen Weltpolitik einzubringen. Wir wollen dabei aber weiter sorgsam darauf achten: Was die Menschen vor Ort selbst besser entscheiden können, das bleibt ihnen auch in Zukunft überlassen.

Es ist eine Zeit gekommen, in der wir uns auf gemeinsame Menschheitsaufgaben verständigen und uns an sie binden können. Jetzt erkennen alle: Wir brauchen Ordnung in der Globalisierung, anerkannte Regeln und effektive Institutionen. Diese Ordnung muss dafür sorgen, dass globale öffentliche Güter wie internationale Finanzstabilität, Begrenzung der Erderwärmung und die Gewährleistung freien, fairen Handels gemeinsam definiert und bereitgestellt werden.

Es geht um unsere Verantwortung für globale Solidarität. Es geht um die unveräußerliche Würde aller Menschen. Es geht um eine Weltwirtschaft, in der Kapital den Menschen dient und nicht Herrscher über die Menschen werden kann.

Begreifen wir den Kampf gegen Armut und Klimawandel als strategische Aufgaben für alle. Die Industriestaaten tragen als Hauptverursacher des Klimawandels die Verantwortung dafür, dass die Menschen in den Entwicklungsländern am härtesten davon getroffen sind. Der Kampf gegen die Armut und der Kampf gegen den Klimawandel müssen gemeinsam gekämpft werden.

Heute stellt die Welt uns die Globale Soziale Frage. Es ist unsere Pflicht, darauf Antworten zu finden. Es ist auch unsere große Chance. Zeigen wir: Der Norden lässt den Süden nicht im Stich. Die nötige Veränderung muss von überall her kommen.

Wir brauchen als Weltgemeinschaft ein gemeinsames, verbindendes Ethos. Wir müssen uns auf Werte verständigen, die wir alle teilen und deren Missachtung die Gemeinschaft nicht dulden wird. Das Grundprinzip lautet: Wir wollen andere in Zukunft nur so behandeln, wie wir selbst behandelt werden wollen.

Deshalb müssen wir künftig auch Doppelstandards schärfer ins Visier nehmen. Das tut unserer Glaubwürdigkeit gut.

Ein Beispiel: Mit jahrzehntelangem, industriellem Fischfang hat auch die Europäische Union dazu beigetragen, dass die Küsten vor Westafrika inzwischen stark überfischt sind. Die Fischer Westafrikas können mit ihren Booten vom Fischfang heute immer schlechter leben. Da darf es uns nicht wundern, dass die Fischerboote immer mehr dazu benutzt werden, Flüchtlinge nach Europa zu transportieren. Wie viel effektiver, nachhaltiger und auch billiger wäre es doch gewesen, frühzeitig eine echte Partnerschaft mit den westafrikanischen Ländern einzugehen; gemeinsam Überwachungsmechanismen gegen Überfischung zu schaffen; gemeinsam dazu beizutragen, dass der Reichtum ihrer Fischgründe vor allem ihnen zugute kommt.

Ich stehe dazu: Für mich entscheidet sich die Menschlichkeit unserer Welt am Schicksal Afrikas.

Und wir wissen heute: Es wäre ein geringeres Risiko gewesen, eine Eisenbahnlinie quer durch Afrika zu bauen, als in eine angesehene New Yorker Investmentbank zu investieren.

Machen wir was aus unseren neu gewonnenen Erkenntnissen. Überprüfen wir unsere alten Gewissheiten und überwinden wir unsere Angst vor dem Unbekannten. Dann können wir die Freude entdecken, die in der schöpferischen Aufgabe liegt, Verantwortung für die Zukunft zu übernehmen. Mir ist nicht bange darum, dass wir es schaffen.

Denn wir haben damit schon lange angefangen. Mir macht es Mut zu sehen, wie immer mehr Menschen in Deutschland erkennen: Wenn die ganze Menschheit schon heute so leben wollte wie wir, dann bräuchten wir schon jetzt mehr als eine Erde. Aber wir haben nur die eine. Sie ist uns anvertraut. Immer mehr ziehen daraus persönliche Schlussfolgerungen und ändern ihre Lebensgewohnheiten. Sie haben erkannt: Jeder kann etwas beitragen.

Der Klimawandel zeigt: Die Erde wird ungeduldig. Wir brauchen eine neue Balance zwischen unseren Wünschen und dem, was der Planet bereit ist zu geben. Das geht auch die Staatengemeinschaft an. Denn dazu müssen die armen und die reichen Nationen aufeinander zustreben. Die reichen, indem sie Energie und Ressourcen einsparen und die Technik dafür liefern. Die armen, indem sie von vornherein ihr Wirtschaften auf das Prinzip der Nachhaltigkeit ausrichten und unsere Fehler vermeiden. Es geht um ein Wohlstandsmodell, das Gerechtigkeit überall möglich macht.

Wir wollen gemeinsam beschließen, nicht mehr auf Kosten anderer zu leben.

Die Klimaforscher sagen mir: Die Erde braucht ein weltweites System zum Handel mit Verschmutzungsrechten. Und sie sagen mir auch: Das gelingt umso besser, je mehr die Regeln der Marktwirtschaft zur Anwendung kommen. Durch Märkte und Regeln kann die Vergiftung der Umwelt überall und so schnell wie möglich zurückgeführt werden. Genauso wichtig ist es, in den Preis einer jeden Sache und Dienstleistung einzurechnen, was sie die Allgemeinheit kosten – an sauberer Luft, an endlichen Rohstoffen, an Abfall, an Lärm und Staus.

Ich bin überzeugt: Kostentransparenz und das Bemühen um möglichst umweltschonendes Wirtschaften werden ein Wettrennen in Forschung und Wissenschaft auslösen. Da bieten sich gerade uns Deutschen große Chancen. Wir sind schon jetzt weltweit führend in Umweltwirtschaft und Umwelttechnik. Fast zwei Millionen Menschen arbeiten da schon, Tendenz steigend.

Ernst Ulrich von Weizsäcker, der Träger des Deutschen Umweltpreises, hat schon vor Jahren die Vision von „Faktor 4" beschrieben. Das bedeutet die Verdoppelung des Wohlstands bei halbem Naturverbrauch. Machen wir uns klar, welcher Quantensprung bei Energie- und Ressourcenproduktivität möglich ist.

Nehmen wir uns deshalb die nächste industrielle Revolution bewusst vor: diesmal die ökologische industrielle Revolution. Dafür gute Voraussetzungen zu schaffen, verlangt ein intelligentes Zusammenwirken von Markt und Staat. Und die Verbraucher können wach und kritisch sein. Wir brauchen ein gesellschaftliches Klima der Innovationsfreude und ein starkes ökologisches Bewusstsein.

Das ist nicht nur eine Aufgabe der Wirtschaft. Es ist eine kulturelle Herausforderung. Der Mensch lebt nicht vom Brot alleine. So sah es auch Ludwig Erhard. Wohlstand war für ihn nicht Selbstzweck. Wohlstand war und ist auch heute Grundlage für ein Leben, das darüber hinausweist.

Machen wir aus Erhards Erkenntnis eine Frage an uns selbst: Wie viel ist genug? In der Welt nach der Krise wird es auch um Antworten auf diese Frage gehen. Wir haben allen Anlass, dankbar dafür zu sein, dass wir uns in freier Selbstbestimmung auf die Suche danach machen können. Dabei sollten wir wissen: Wir können uns nicht mehr hauptsächlich auf wirtschaftliches Wachstum als Problemlöser und Friedensstifter in unseren Gesellschaften verlassen.

Was ist das: Glück? Ich finde, wir sollten uns neue Ziele setzen auf unserer Suche nach Erfüllung. Ja, unser Lebensstil wird berührt werden. Und: Unsere Lebensqualität kann steigen. Sparsamkeit soll ein Ausdruck von Anstand werden – nicht aus Pfennigfuchserei, sondern aus Achtsamkeit für unsere Mitmenschen und für die Welt, in der wir leben. Demokratie ist mehr als die Sicherstellung materieller Zuwächse. Wir wollen nicht nur gute Demokraten sein, solange sichergestellt wird, dass wir reich genug dafür sind.

Wir wollen Zufriedenheit und Zusammenhalt in unserer Gesellschaft nicht länger nur von einem quantitativen „Immer Mehr" abhängig machen. Was in unserem Land wachsen muss, sind vor allem das Wissen und die Intelligenz, mit der wir unser Leben besser gestalten können.

Wir bauen die besten Autos der Welt. Das reicht aber nicht. Wir müssen die besten Autos der Zukunft der Welt bauen. Der Verband der Automobilhersteller sagt, das Null-Emissions-Auto kommt in 15 Jahren. Ich denke, das kann sogar schneller gehen. Ich habe großes Vertrauen in die Ingenieurskunst unserer Autobauer. Da gibt es zurzeit einen deutschen Hersteller, der in besonderen Schwierigkeiten steckt. Auch seine Ingenieure sind gut. Mir wird gesagt, sie haben weit in die Zukunft gearbeitet. Darin möchte ich Hoffnung für Opel sehen. Und in der Bereitschaft von Arbeitnehmern und Vorstand zum vertrauensvollen Miteinander jenseits aller Schablonen auch.

Das nötige Wachstum an Wissen und Können macht uns auch wach für unsere Versäumnisse bei Bildung und Integration. Wir können es uns nicht leisten, junge Menschen verloren zu geben. Jeder Einzelne von den rund 70.000 wird gebraucht, die Jahr für Jahr in Deutschland die Schule ohne einen Abschluss verlassen. Wir müssen mehr tun für die Durchlässigkeit unserer Gesellschaft. Das ist nicht nur gut für die Durchgelassenen. Das stärkt die Dynamik und Kreativität der Gemeinschaft insgesamt. Dünkel macht uns lahm. Genau wie das Verharren in Lebensumständen, in die wir hineingeboren werden.

Wir wollen auch den Wert und die Würde der Arbeit neu entdecken, die Menschen für Menschen leisten. Denn machen wir uns nichts vor: Unsere Fabriken werden sich weiter von Menschen entleeren. Die Maschine übernimmt weiter, was sie besser kann als wir. Aber das, was uns ausmacht als Menschen, das übernimmt sie nicht. Was ist der Wert der Arbeit einer Krankenschwester, die nachts einem Patienten in Not hilft und ihm Mitmenschlichkeit schenkt? Warum haben wir die Pflege alter Menschen zu Hause oder die Versorgung kleiner Kinder so lange in die Schwarzarbeit gedrängt? Ich bin sicher: In der Arbeitswelt der Zukunft werden Menschen wieder mehr mit Menschen zu tun haben. Denn da sind wir unersetzlich.

Schaffen wir mehr Aufmerksamkeit, Mitgefühl, Zuwendung füreinander in diese Welt. In unsere eigene und in die der anderen. Wir haben alles Recht und allen Grund, uns stärker einzubringen. Denn wir tragen Mitverantwortung. Ich bin sicher: Sie zu schultern, das bringt uns neue Chancen und neue Antworten auf die Frage nach Sinn.

Wir können werben für die Art, mit der wir durch die vergangenen 60 Jahre unserer Geschichte gegangen sind. Wir sind froh über unser seit 20 Jahren wiedervereinigtes Deutschland. Die Deutschen haben sich die Fähigkeit zur Selbstkritik bewahrt. Wir sind als Nation bescheiden geblieben, auch als wir stärker wurden. Wir blicken ohne Zynismus, mit Offenheit und dem Angebot zur Partnerschaft auf die anderen. Wir bilden eine Gemeinschaft, die mit Friedfertigkeit auf ihre Nachbarn zugeht und dabei trotzdem zielstrebig ist. Helmut Schmidt hat Recht: Wir sollten uns nicht größer machen, als wir sind.

Aber eben auch nicht kleiner.

Die Soziale Marktwirtschaft hat uns gezeigt: Solidarität ist nicht Mitleid. Solidarität ist Selbsthilfe. Wenn das Band zwischen Oben und Unten Halt gibt, dann kommt Kraft in eine Gesellschaft. Und mit ihr die Fähigkeit, auch scheinbar unlösbare Aufgaben zu bewältigen. Das ist die Lehre aus unserer Geschichte. Arbeit, Kapital und Nachhaltigkeit gehören zusammen. Bei uns. Und überall.

Wir dürfen uns nichts vormachen: Die kommenden Monate werden sehr hart. Auch für uns in Deutschland. Wir werden geprüft werden. Wir werden weiter Namen hören und uns wünschen, der Zusammenhang wäre ein anderer: Märklin, Schiesser, Rosenthal.

Wir werden Ohnmacht empfinden, und Hilflosigkeit und Zorn. Aber es gab auch noch nie eine Zeit, in der unser Schicksal so sehr in unseren eigenen Händen lag wie heute. Wir haben die Chance, Freiheit und Verantwortung in unserer Zeit nachhaltig aneinander zu binden. Die Verantwortung ist groß. Das liegt daran, dass unsere Freiheit so groß ist. Gehen wir sorgsam mit ihr um. Zeigen wir Demut vor der Freiheit. Vor unserer. Und vor der der anderen.

Meine Damen und Herren, schauen Sie sich um in dieser Kirche. Sie spricht zu uns bis heute über das Werk der Zerstörung, das Menschen anrichten können. Aber sie sagt auch: Wir können immer einen neuen Anfang schaffen. Es liegt an uns."

© 2009 Horst Köhler, Nachdruck mit freundlicher Genehmigung des Bundespräsidialamtes

Von der Tätigkeit der nehmenden Hand.
Kapitalismus und Kleptokratie

Von Peter Sloterdijk

Am Anfang aller ökonomischen Verhältnisse stehen, wenn man den Klassikern glauben darf, die Willkür und die Leichtgläubigkeit. Rousseau hat hierüber in dem berühmten Einleitungssatz zum zweiten Teil seines Diskurses über die Ungleichheit unter den Menschen von 1755 das Nötige erklärt: „Der erste, der ein Stück Land eingezäunt hatte und es sich einfallen ließ zu sagen: Das gehört mir!, und der Leute fand, die einfältig (simples) genug waren, ihm zu glauben, ist der wahre Gründer der bürgerlichen Gesellschaft (société civile)."

Demnach beginnt, was wir das „Wirtschaftsleben" nennen, mit der Fähigkeit, einen überzeugenden Zaun zu errichten und das eingehegte Terrain durch einen autoritativen Sprechakt unter die Verfügungsgewalt des Zaun-Herrn zu stellen: Ceci est à moi. Der erste Nehmer ist der erste Unternehmer – der erste Bürger und der erste Dieb. Er wird unvermeidlich begleitet vom ersten Notar. Damit so etwas wie überschussträchtige Bodenbewirtschaftung in Gang kommt, ist eine vorökonomische „Tathandlung" vorauszusetzen, die in nichts anderem besteht als der rohen Geste der Inbesitznahme. Diese muss aber durch eine nachträgliche Legalisierung konsolidiert werden. Ohne die Zustimmung der „Einfältigen", die an die Gültigkeit der ersten Nahme glauben, ist ein Besitzrecht auf Dauer nicht zu halten.

Was als Besetzung beginnt, wird durch den Grundbucheintrag besiegelt – zuerst die Willkür, dann ihre Absegnung in rechtsförmiger Anerkennung. Das Geheimnis der bürgerlichen Gesellschaft besteht folglich in der nachträglichen Heiligung der gewaltsamen Initiative. Es kommt nur darauf an, als Erster da zu sein, wenn es um den anfänglichen Raub geht, aus dem später der Rechtstitel wird. Wer hierbei zu spät kommt, den bestraft das Leben. Arm bleibt, wer auf der falschen Seite des Zauns existiert. Den Armen erscheint die Welt als ein Ort, an dem die nehmende Hand der anderen sich schon alles angeeignet hat, bevor sie selber den Schauplatz betraten.

Der Rousseausche Mythos von der Entstehung der bürgerlichen Gesellschaft aus der Landokkupation hat seine Wirkung bei den Lesern in der politischen Moderne nicht verfehlt. Marx war von dem Schema der ursprünglichen Einzäunung so beeindruckt, dass er die ganze Frühgeschichte des „Kapitalismus", die sogenannte ursprüngliche Akkumulation, auf die verbrecherische

Willkür einiger britischer Großgrundbesitzer zurückführen wollte, die es sich einfallen ließen, große Flächen Landes einzuzäunen und große Herden wolletragenden Kapitals darauf weiden zu lassen – was naturgemäß ohne die Vertreibung der bisherigen Besitzer oder Nutznießer des Bodens nicht geschehen konnte.

Wenn Marx seine Theorie der kapitalgetriebenen Wirtschaftsweise fortan in der Form einer „Kritik der politischen Ökonomie" entwickelte, so auf Grund des von Rousseau inspirierten Verdachts, dass alle Ökonomie auf vorökonomischen Willkürvoraussetzungen beruhe – auf ebenjenen gewaltträchtigen Einzäunungsinitiativen, aus denen, über viele Zwischenschritte, die aktuelle Eigentumsordnung der bürgerlichen Gesellschaft hervorgegangen sei. Die ersten Initiativen der beati possidentes kommen ursprünglichen Verbrechen gleich – sie sind nicht weniger als Wiederholungen der Erbsünde auf dem Gebiet der Besitzverhältnisse. Der Sündenfall geschieht, sobald der Privatbesitz aus dem Gemeinsamen ausgegrenzt wird. Er zeugt sich fort in jedem späteren ökonomischen Akt.

In solchen Anschauungen gründet der für den Marxismus, aber nicht nur für diesen, charakteristische moderne Habitus der Respektlosigkeit vor dem geltenden Recht, insbesondere dem bürgerlichsten der Rechte, dem Recht auf die Unverletzlichkeit des Eigentums. Respektlos wird, wer das „Bestehende" als Resultat eines initialen Unrechts zu durchschauen glaubt. Weil das Eigentum, dieser Betrachtung gemäß, auf einen ursprünglichen „Diebstahl" am diffusen Gemeinbesitz zurückgeführt wird, sollen die Eigentümer von heute sich darauf gefasst machen, dass eines Tages die Korrektur der gewachsenen Verhältnisse auf die politische Agenda gesetzt wird. Dieser Tag bricht an, wenn die Einfältigen von einst aufhören, bloße simples zu sein. Dann erinnern sie sich an das „Verbrechen", das von den Errichtern der ersten Zäune begangen wurde. Von einem erleuchteten revolutionären Elan erfüllt, raffen sie sich dazu auf, die bestehenden Zäune abzureißen.

Von da an muss Politik Entschädigung für die Nachteile bieten, die von den meisten bei der frühen Verteilung hinzunehmen waren: Es gilt jetzt, für das Allgemeine zu reklamieren, was von den ersten privaten Nehmern angeeignet wurde. Auf dem Grund jeder revolutionären Respektlosigkeit findet man die Überzeugung, dass das Früher-Dagewesensein der jetzigen „rechtmäßigen" Besitzer letztlich nichts bedeutet. Von der Respektlosigkeit zur Enteignung ist es nur ein Schritt. Alle Avantgarden verkünden, man müsse mit der Aufteilung der Welt von vorn beginnen.

Vor diesem Hintergrund ist es leicht zu verstehen, warum alle „kritische" Ökonomie nach Rousseau die Form einer allgemeinen Theorie des Diebstahls annehmen musste. Wo Diebe an der Macht sind – mögen sie auch schon seit längerem als gesetzte Herren auftreten –, kann eine realistische Wirtschaftswissenschaft nur als Lehre von der Kleptokratie der Wohlhabenden entwickelt werden. In theoretischer Perspektive will diese erklären, wieso die Reichen seit je auch die Herrschenden sind: Wer bei der anfänglichen Landnahme zugegriffen hat, wird auch bei späteren Machtnahmen ganz vorn sein.

In politischer Perspektive erläutert die neue Wissenschaft von der nehmenden Hand, warum die real existierende Oligarchie nur durch eine Rücknahme der anfänglichen Nahme überwunden werden kann. Hiermit tritt der mächtigste politisch-ökonomische Gedanke des neunzehnten Jahrhunderts auf die Bühne, der dank des sowjetischen Experiments von 1917 bis 1990 auch das vergangene Jahrhundert mitbestimmte: Er artikuliert die quasi homöopathische Idee, wonach gegen den ursprünglichen Diebstahl seitens der wenigen nur ein sittlich berechtigter Gegendiebstahl seitens der vielen Abhilfe schaffen könne. Die Kritik der aristokratischen und bürgerlichen Kleptokratie, die mit Rousseaus ahnungsvoll drohenden Thesen begonnen hatte, wurde vom radikalen Flügel der Französischen Revolution mit der erbitterten Begeisterung aufgenommen, die der gefährlichen Liaison von Idealismus und Ressentiment entspringt.

Schon bei den Frühsozialisten hieß es alsbald: Eigentum ist Diebstahl. Der Anarchist Pierre-Joseph Proudhon, auf den der anzügliche Lehrsatz zurückgeht, hatte in seiner Schrift über das Eigentum von 1840 die Aufhebung der alten Ordnungen in herrschaftsfreie Produzentenbünde gefordert – zunächst unter dem heftigen Beifall des jungen Marx. Bekanntlich kehrte Marx wenige Jahre später seinen Proudhonschen Inspirationen den Rücken, indem er den Anspruch erhob, der Natur des Eigentumsproblems, und eo ipso des Diebstahlphänomens, tiefer auf den Grund gegangen zu sein.

Mochte Marx auch später noch in klassisch respektloser Tonart die „Expropriation der Expropriateure" auf seine Fahnen schreiben, so sollte dies künftig keineswegs bloß die Wiedergutmachung des vor Zeiten verübten Unrechts bedeuten. Vielmehr zielte das Marxsche Postulat, getragen von einer klug konfusen Werttheorie, auf die Beseitigung der sich täglich erneuernden Plünderungsverhältnisse im Kapitalsystem. Vorgeblich stellen diese sicher, dass der „Wert" aller industriellen Erzeugnisse stets ungerecht geteilt werde: das bloße Existenzminimum für die Arbeiter, den reichen Wertüberschuss für die Kapitaleigentümer.

Aus der Marxschen Mehrwerttheorie ergab sich die folgenschwerste These, die je auf dem Feld der Eigentumskritik formuliert wurde. In ihrer Beleuchtung erscheint die Bourgeoisie, obschon de facto auch eine produzierende Klasse, als ein von Grund auf kleptokratisches Kollektiv, dessen Modus vivendi umso verwerflicher sei, als dieser sich offiziell auf allgemeine Gleichheit und Freiheit berufe – nicht zuletzt auf die Vertragsfreiheit beim Eingehen von Beschäftigungsverhältnissen. Was unter der juristischen Form von freien Tauschvereinbarungen zwischen Unternehmern und Arbeitern abgeschlossen werde, sei in der Sache nur ein weiterer Anwendungsfall dessen, was Proudhon das „erpresserische Eigentum" genannt hatte.

Es führt geradewegs zu jenem Mehrwertdiebstahl, der vorgeblich in allen Gewinnen der Kapitalseite zutage tritt. In der Lohnzahlung verberge sich ein Nehmen unter dem Vorwand des Gebens; mit ihr geschehe eine Plünderung im Gewand des freiwilligen, gerechten Tauschs. Allein aufgrund dieser moralisierenden Stilisierung der ökonomischen Grundverhältnisse konnte „Kapitalismus" zu einem politischen Kampfwort und systemischen Schimpfwort werden.

Als solches macht es gegenwärtig erneut die Runde. Es steht für die Fortsetzung der feudalen Sklaven- und Leibeigenenausbeutung mit den Mitteln der modernen oder bourgeoisen Lohnempfängerausbeutung. Das ist es, was mit der These besagt war, die „kapitalistische" Wirtschaftsordnung werde durch den basalen Antagonismus von Kapital und Arbeit bewegt – eine These, die bei all ihrem suggestiven Pathos auf einer falschen Darstellung der Verhältnisse beruhte: Das Movens der modernen Wirtschaftsweise ist nämlich keineswegs im Gegenspiel von Kapital und Arbeit zu suchen. Vielmehr verbirgt es sich in der antagonistischen Liaison von Gläubigern und Schuldnern. Es ist die Sorge um die Rückzahlung von Krediten, die das moderne Wirtschaften von Anfang an vorantreibt – und angesichts dieser Sorge stehen Kapital und Arbeit auf derselben Seite.

Immerhin, in diesen Finanzkrisentagen erfährt man es schon aus den Boulevardzeitungen: Der Kredit ist die Seele jedes Betriebs, und die Löhne sind zunächst und zumeist von geliehenem Geld zu bezahlen – und nur bei Erfolg auch aus Gewinnen. Das Profitstreben ist ein Epiphänomen des Schuldendienstes, und die faustische Unruhe des ewig getriebenen Unternehmers ist der psychische Reflex des Zinsenstresses.

Gleichwohl, die Unterstellung, „Kapital" sei nur ein Pseudonym für eine unersättliche räuberische Energie, lebt weiter bis in Brechts Sottise, wonach der Überfall auf eine Bank nichts bedeute im Vergleich mit der Gründung einer Bank. Wohin man auch sieht: In den Analysen der klassischen Linken scheint der Diebstahl an der Macht, wie seriös er auch kaschiert sein mag und wie väterlich sich manche Unternehmer auch für ihre Mitarbeiter einsetzen. Was den „bürgerlichen Staat" angeht, kann er diesen Annahmen gemäß nicht viel mehr sein als ein Syndikat zum Schutz der allzu bekannten „herrschenden Interessen".

Es würde sich an dieser Stelle nicht lohnen, die Irrtümer und Missverständnisse aufzuzählen, die der abenteuerlichen Fehlkonstruktion des Prinzips Eigentum auf der von Rousseau über Marx bis zu Lenin führenden Linie innewohnen. Der Letztgenannte hat vorgeführt, was geschieht, wenn man die Formel von der Expropriation der Expropriateure aus der Sphäre sektiererischer Traktate in die des Staatsparteiterrors übersetzt. Ihm verdankt man die unüberholte Einsicht, dass die Schicksale des Kapitalismus wie die seines vermeintlichen Gegenspielers, des Sozialismus, untrennbar sind von der Ausgestaltung des modernen Staates.

Tatsächlich muss man auf den zeitgenössischen Staat blicken, wenn man die Aktivitäten der nehmenden Hand auf dem neuesten Stand der Kunst erfassen will. Um die unerhörte Aufblähung der Staatlichkeit in der gegenwärtigen Welt zu ermessen, ist es nützlich, sich an die historische Verwandtschaft zwischen dem frühen Liberalismus und dem anfänglichen Anarchismus zu erinnern. Beide Bewegungen wurden von der trügerischen Annahme animiert, man gehe auf eine Ära geschwächter Staatswesen zu. Während der Liberalismus nach dem Minimalstaat strebte, der seine Bürger nahezu unfühlbar regiert und sie bei ihren Geschäften in Ruhe lässt, setzte der Anarchismus sogar die Forderung nach dem vollständigen Absterben des Staates auf die Tagesordnung.

In beiden Postulaten lebte die für das neunzehnte Jahrhundert und sein systemblindes Denken typische Erwartung, die Ausplünderung des Menschen durch den Menschen werde in absehbarer Zeit an ein Ende kommen: im ersten Fall durch die überfällige Entmachtung der unproduktiven Aussaugungsmächte Adel und Klerus; im zweiten durch die Auflösung der herkömmlichen sozialen Klassen in entfremdungsfreie kleine Zirkel, die selber konsumieren wollten, was sie selber erzeugten.

Die Erfahrung des zwanzigsten Jahrhunderts hat gezeigt, dass Liberalismus wie Anarchismus die Logik des Systems gegen sich hatten. Wer eine gültige Sicht auf die Tätigkeiten der nehmenden Hand hätte entwickeln wollen, hätte vor allem die größte Nehmermacht der modernen Welt ins Auge fassen müssen, den aktualisierten Steuerstaat, der sich auch mehr und mehr zum Schuldenstaat entwickeln sollte. Ansätze hierzu finden sich de facto vorwiegend in den liberalen Traditionen. In ihnen hat man mit beunruhigter Aufmerksamkeit notiert, wie sich der moderne Staat binnen eines Jahrhunderts zu einem geldsaugenden und geldspeienden Ungeheuer von beispiellosen Dimensionen ausformte.

Dies gelang ihm vor allem mittels einer fabelhaften Ausweitung der Besteuerungszone, nicht zuletzt durch die Einführung der progressiven Einkommensteuer, die in der Sache nicht weniger bedeutet als ein funktionales Äquivalent zur sozialistischen Enteignung, mit dem bemerkenswerten Vorzug, dass sich die Prozedur Jahr für Jahr wiederholen lässt – zumindest bei jenen, die an der Schröpfung des letzten Jahres nicht zugrunde gingen. Um das Phänomen der heutigen Steuerduldsamkeit bei den Wohlhabenden zu würdigen, sollte man vielleicht daran erinnern, dass Queen Victoria bei der erstmaligen Erhebung einer Einkommensteuer in England in Höhe von fünf Prozent sich darüber Gedanken machte, ob man hiermit nicht die Grenze des Zumutbaren überschritten habe. Inzwischen hat man sich längst an Zustände gewöhnt, in denen eine Handvoll Leistungsträger gelassen mehr als die Hälfte des nationalen Einkommensteuerbudgets bestreitet.

Zusammen mit einer bunten Liste an Schöpfungen und Schröpfungen, die überwiegend den Konsum betreffen, ergibt das einen phänomenalen Befund: Voll ausgebaute Steuerstaaten reklamieren jedes Jahr die Hälfte aller Wirtschaftserfolge ihrer produktiven Schichten für den Fiskus, ohne dass die Betroffenen zu der plausibelsten Reaktion darauf, dem antifiskalischen Bürgerkrieg, ihre Zuflucht nehmen. Dies ist ein politisches Dressurergebnis, das jeden Finanzminister des Absolutismus vor Neid hätte erblassen lassen.

Angesichts der bezeichneten Verhältnisse ist leicht zu erkennen, warum die Frage, ob der „Kapitalismus" noch eine Zukunft habe, falsch gestellt ist. Wir leben gegenwärtig ja keineswegs „im Kapitalismus" – wie eine so gedankenlose wie hysterische Rhetorik neuerdings wieder suggeriert –, sondern in einer Ordnung der Dinge, die man cum grano salis als einen massenmedial animierten, steuerstaatlich zugreifenden Semi-Sozialismus auf eigentumswirtschaftlicher Grundlage definieren muss. Offiziell heißt das schamhaft „Soziale Marktwirtschaft". Was freilich die Aktivitäten der nehmenden Hand angeht, so haben sich diese seit ihrer Monopolisierung beim nationalen und regionalen Fiskus überwiegend in den Dienst von Gemeinschaftsaufgaben gestellt. Sie widmen sich den sisyphushaften Arbeiten, die aus den Forderungen nach „sozialer Gerechtigkeit" entspringen. Allesamt beruhen sie auf der Einsicht: Wer viel nehmen will, muss viel begünstigen.

So ist aus der selbstischen und direkten Ausbeutung feudaler Zeiten in der Moderne eine beinahe selbstlose, rechtlich gezügelte Staats-Kleptokratie geworden. Ein moderner Finanzminister ist ein Robin Hood, der den Eid auf die Verfassung geleistet hat. Das Nehmen mit gutem Gewissen, das die öffentliche Hand bezeichnet, rechtfertigt sich, idealtypisch wie pragmatisch, durch seine unverkennbare Nützlichkeit für den sozialen Frieden – um von den übrigen Leistungen des nehmend-gebenden Staats nicht zu reden. Der Korruptionsfaktor hält sich dabei zumeist in mäßigen Grenzen, trotz anderslautenden Hinweisen aus Köln und München. Wer die Gegenprobe zu den hiesigen Zuständen machen möchte, braucht sich nur an die Verhältnisse im postkommunistischen Russland zu erinnern, wo ein Mann ohne Herkunft wie Wladimir Putin sich binnen weniger Dienstjahre an der Spitze des Staates ein Privatvermögen von mehr als zwanzig Milliarden Dollar zusammenstehlen konnte.

Den liberalen Beobachtern des nehmenden Ungeheuers, auf dessen Rücken das aktuelle System der Daseinsvorsorge reitet, kommt das Verdienst zu, auf die Gefährdungen aufmerksam gemacht zu haben, die den gegebenen Verhältnissen innewohnen. Es sind dies die Überregulierung, die dem unternehmerischen Elan zu enge Grenzen setzt, die Überbesteuerung, die den Erfolg bestraft, und die Überschuldung, die den Ernst der Haushaltung mit spekulativer Frivolität durchsetzt – im Privaten nicht anders als im Öffentlichen.

Autoren liberaler Tendenz waren es auch, die zuerst darauf hinwiesen, dass den heutigen Bedingungen eine Tendenz zur Ausbeutungsumkehrung innewohnt: Lebten im ökonomischen Altertum die Reichen unmissverständlich und unmittelbar auf Kosten der Armen, so kann es in der ökonomischen Moderne dahin kommen, dass die Unproduktiven mittelbar auf Kosten der Produktiven leben – und dies zudem auf missverständliche Weise, nämlich so, dass sie gesagt bekommen und glauben, man tue ihnen unrecht und man schulde ihnen mehr.

Tatsächlich besteht derzeit gut die Hälfte jeder Population moderner Nationen aus Beziehern von Null-Einkommen oder niederen Einkünften, die von Abgaben befreit sind und deren Subsistenz weitgehend von den Leistungen der steueraktiven Hälfte abhängt. Sollten sich Wahrnehmungen dieser Art verbreiten und radikalisieren, könnte es im Lauf des einundzwanzigsten Jahrhunderts zu Desolidarisierungen großen Stils kommen. Sie wären die Folge davon, dass die nur allzu plausible liberale These von der Ausbeutung der Produktiven durch die Unproduktiven der längst viel weniger plausiblen linken These von der Ausbeutung der Arbeit durch das Kapital den Rang abläuft. Das zöge postdemokratische Konsequenzen nach sich, deren Ausmalung man sich zur Stunde lieber erspart.

Die größte Gefahr für die Zukunft des Systems geht gegenwärtig von der Schuldenpolitik der keynesianisch vergifteten Staaten aus. Sie steuert so diskret wie unvermeidlich auf eine Situation zu, in der die Schuldner ihre Gläubiger wieder einmal enteignen werden – wie schon so oft in der Geschichte der Schröpfungen, von den Tagen der Pharaonen bis zu den Währungsreformen des zwanzigsten Jahrhunderts. Neu ist an den aktuellen Phänomenen vor allem die pantagruelische Dimension der öffentlichen Schulden. Ob Abschreibung, ob Insolvenz, ob Währungsreform, ob Inflation – die nächsten Großenteignungen sind unterwegs. Schon jetzt ist klar, unter welchem Arbeitstitel das Drehbuch der Zukunft steht: Die Ausplünderung der Zukunft durch die Gegenwart. Die nehmende Hand greift nun sogar ins Leben der kommenden Generationen voraus – die Respektlosigkeit erfasst auch die natürlichen Lebensgrundlagen und die Folge der Generationen.

Die einzige Macht, die der Plünderung der Zukunft Widerstand leisten könnte, hätte eine sozialpsychologische Neuerfindung der „Gesellschaft" zur Voraussetzung. Sie wäre nicht weniger als eine Revolution der gebenden

Hand. Sie führte zur Abschaffung der Zwangssteuern und zu deren Umwandlung in Geschenke an die Allgemeinheit – ohne dass der öffentliche Bereich deswegen verarmen müsste. Diese thymotische Umwälzung hätte zu zeigen, dass in dem ewigen Widerstreit zwischen Gier und Stolz zuweilen auch der Letztere die Oberhand gewinnen kann.

Erschienen in: Frankfurter Allgemeine Zeitung vom 10.06.2009 unter dem Titel „Die Revolution der gebenden Hand"

© 2009 Peter Sloterdijk, Nachdruck mit freundlicher Genehmigung des Autors

Abschied vom Gucci-Kapitalismus

Von Noreena Hertz

Das Blutbad der Krise bringt eine neue Form des Kapitalismus hervor. National wie international wird er sich durch Kooperation und ein breiteres Verständnis von Wohlstand auszeichnen – ein System, das an Fairness, sozialer Gerechtigkeit und Nachhaltigkeit ausgerichtet ist.

Manch einer behauptet, dass die akute globale Finanzkrise, diese Depression, die London und New York gleichermaßen trifft, keinen Einfluss auf die Natur des Kapitalismus haben wird. Dass wir uns unseren Weg durch die Höhen und Tiefen der Wirtschaftsentwicklung schon immer gebahnt haben und dass der Kapitalismus auch aus dieser Krise unversehrt hervorgehen wird. Und dass der Kapitalismus in fünf Jahren im Grunde ebenso aussehen wird wie vor sechs Monaten.

Ich verstehe diese Vorsicht, etwas Neues zu prognostizieren, dieses Zögern, einen Abgesang auf den Kapitalismus anzustimmen. Aber ich stimme dem nicht zu. Ich glaube, jetzt sind alle Bedingungen für ein merklich anderes Wirtschaftsmodell vorhanden, das aus dem Blutbad entstehen könnte, welches diese Krise angerichtet hat.

Ich glaube nicht, dass wir heute einfach nur eine neue Variante der russischen Krise erleben, der Dotcom-Krise oder der japanischen Krise. Diese Krisen sind allesamt geschehen. Sie hatten Konsequenzen, aber sie haben Wirkung weder auf die Ideologien noch auf die Grundzüge von Politik und Wirtschaft erzeugt.

In dieser ersten Krise der Globalisierung zählt jedermann zu den Verlierern: Sie trifft die Angestellten, sie trifft die einfachen wie auch die qualifizierten Arbeiter. Sie geht in ihren Auswirkungen sehr tief, wird viele Menschen überall auf der Welt negativ beeinflussen. Sie ist zugleich so offensichtlich ein Ausdruck dessen, was passiert, wenn private Institutionen ihr Profitstreben über alles andere stellen, und ist dermaßen verknüpft mit den fehlerhaften Doktrinen der vergangenen 30 Jahre, dass ich glaube: Sie hat das Zeug dazu, einen radikalen Wandel des Kapitalismus auszulösen, einen radikalen Wandel der Beziehungen zwischen Regierungen, Geschäftswelt und der Gesellschaft. Und das ist eine Gelegenheit, die wir beim Schopfe packen müssen.

Ich habe die vergangene Epoche des Kapitalismus den Gucci-Kapitalismus genannt. Gucci-Kapitalismus war eine Ideologie, die Mitte der 80er-Jahre entstand. Ein Wunschkind von Ronald Reagan und Margaret Thatcher. Milton Friedman war der Pate und Bernhard Madoff der Junge auf dem Plakat. Eine Ära, deren fundamentale Annahmen waren, dass Märkte sich selber regulieren sollten, die Regierungen sie sich selbst überlassen sollten und die Menschen nicht mehr und nicht weniger seien als rationale Nutzenmaximierer.

Es war eine Ära, in der sich die Machtbalance zwischen Unternehmen und Gesellschaft zunehmend zugunsten der Wirtschaft verschob. Zum Teil lag das daran, dass die Unternehmen so groß geworden waren. Vor dem Ausbruch der Krise stellten Unternehmen ein Drittel der weltweit 100 größten Wirtschaftseinheiten, also nationale Volkswirtschaften eingeschlossen.

Zum Teil lag es daran, dass die These, Wirtschaft sei gut und der Einfluss des Staates sei schlecht, immer mehr Anhänger fand. Und zu einem Teil ging es auch darauf zurück, dass in diesem bequemen Netzwerk von typischerweise weißen, älteren Herrschaften die Rollen in den Regierungen, in Unternehmen und Aufsichtsgremien munter rotierten. Diese Art des Umgangs war eher dazu angetan, miteinander Golf zu spielen, als sich gegenseitig auf die Finger zu schauen.

Diese Periode bestärkte den fast religiös anmutenden Glauben in die Kraft der Märkte nicht nur als effizienten Verteilungsmechanismus für Güter und Ressourcen, sondern auch als Garant von Gleichheit, Gerechtigkeit und sogar Freiheit. Und das, obwohl sich der Eindruck verdichtete, dass die Realität dem nicht standhielt und dass sich in all jenen Ländern, die dem Gucci-Kapitalismus frönten, eine immer tiefere Kluft zwischen der Wirtschaft und der sozialen Gerechtigkeit auftat.

So trugen die leitenden Manager in britischen Banken Gehälter nach Hause, die die Löhne von einfachen Arbeitern um das Hundertfache überstiegen. In den USA konnten Hedge-Fonds-Manager mehr als eine Milliarde Dollar verdienen. Doch gleichzeitig verbesserte sich in beiden Ländern die soziale Mobilität, die Möglichkeit zum Aufstieg aus eigener Kraft, in den vergangenen 30 Jahren nicht mehr.

In dieser Zeit, über die wir hier reden, wurde nicht nur die Gesellschaft, sondern auch die Umwelt verwüstet. In den vergangenen drei Jahrzehnten haben wir mehr Stürme, mehr sintflutartige Regenfälle, mehr Hitzeperioden als je zuvor erlebt. Der Klimawandel hat das Leben vieler gekostet, er hat Wanderungsbewegungen von Hunderttausenden erzwungen, Hungerkatastrophen ebenso verursacht wie Kriege um Ressourcen.

Wenn wir nichts dagegen unternehmen, wird er noch viel mehr Unheil in weitaus größerem Ausmaß erzeugen. Dennoch dauerte es dank der Unternehmenslobby und der Bush-Administration an der Spitze des Gucci-Kapitalismus bis zum vergangenen Jahr, bevor es ein breites Eingeständnis dessen gab, dass der Klimawandel in vollem Gange ist und dass Mensch und Industrie dafür verantwortlich sind.

Es war die Epoche, in der Gordon Gekkos Mantra „Gier ist gut" aus dem Film „Wall Street", der schon in den 8oer-Jahren in die Kinos kam, das Motto für die nächsten zwei Jahrzehnte lieferte. Risiko wurde von Politikern gefördert und von der Gesellschaft gelobt. Aber Verantwortung wurde nicht in gleichem Maße angepasst.

In dieser Zeit wurde Geld zum Synonym für Erfolg. Es war eine größere Schande, nicht das neueste Paar Nike-Sneaker oder die neueste Gucci-Handtasche zu tragen, als Schulden zu machen. In den USA hatte jeder Verbraucher durchschnittlich neun Kreditkarten.

Es ist kein Wunder, dass in einer Zeit mit einem solchen Ethos die Regulatoren zu schwach und die Banker zu mächtig waren und die gegenseitige Kontrolle nicht funktionierte. Es ist auch kein Wunder, dass die herrschende Meinung aktiv vor allem von Bankern genährt wurde, von Hypothekenbrokern, von Kreditkartengesellschaften und von Werbetreibenden. Danach war nur derjenige erfolgreich, der ein größeres Haus besitzen oder die neueste Mode einkaufen konnte. Bei solchen Triebkräften in einer Gesellschaft war es nicht die Frage ob, sondern wann das ganze Kartenhaus einstürzt.

Als das passierte, wurde auf einen Schlag für uns alle sichtbar, wie hohl das Gebilde war, wie wenig Fundament es besaß. Der Gucci-Kapitalismus beruht nicht auf realen Werten, er konzentrierte sich auf bedeutungslosen Konsum, seine Absicht war, das Geschäft zur wichtigsten Triebkraft der Gesellschaft zu machen – er blieb daher so oberflächlich wie sein Name.

Dass er nun von links und rechts unter Beschuss kommt, ist kein Wunder. Sogar einer seiner prominentesten Herolde, Alan Greenspan, behauptet jetzt, von dieser Ideologie geblendet worden zu sein. Aber solche akuten Angriffe sind meist ebenso kurzlebig wie die Selbsterkenntnis und die Bereitschaft, Schlussfolgerungen zu ziehen. Die Frage stellt sich allerdings, ob es genügend Ansatzpunkte für eine wirkliche Alternative zu unserem Wirtschaftsmodell gibt.

Ich glaube, dass die Voraussetzungen für einen neuen Kapitalismus da sind, der aus den Trümmern des alten hervorgehen wird: ein kooperativer Kapitalismus, mit den Werten von Kooperation, Zusammenarbeit und kollektiven Interessen in seinem Zentrum. Aus fünf Gründen halte ich dies für möglich.

Erstens: Die Öffentlichkeit ist zornig über das, was vorgefallen ist im Zuge der Finanzkrise, und die Medien sind auf ihrer Seite. Anfangs richtete sich der Zorn allein gegen die Banker, gegen ihre Bezahlung, ihre Boni, ihre Verantwortungslosigkeit und die Haltung nach Ausbruch der Krise, die sehr dem Motto „Was zum Teufel schert mich das!" ähnelte.

Aber nun kehrt sich die Stimmung mehr gegen große Unternehmen allgemein, auch außerhalb des Finanzsektors. Sie richtet sich gegen Unternehmen, die ihren Managern Millionengehälter zahlen, während sie Mitarbeiter entlassen. Gegen Unternehmen, die immer noch signifikante Gewinne einfahren, aber unwillig sind, einen Teil davon an ihre Kunden weiterzugeben, denen es schlecht geht. Gegen Investoren, die Unternehmen mit minimalem eigenem Kapitaleinsatz übernehmen, indem sie die betrieblichen Pensionsfonds zur Finanzierung ausschlachten. Wir sehen bereits zunehmende Proteste, auf den Straßen und im Internet, und in den nächsten Wochen werden sie anwachsen, wenn Unternehmensführer und Politiker nicht klar sagen, wo sie stehen.

Die naive Annahme des Gucci-Kapitalismus, Unternehmen seien inhärent gut oder es gebe notwendigerweise einen positiven Zusammenhang zwischen ihrer Profitabilität und dem, was gut ist für die Gesellschaft, hat sich als übermäßig simpel herausgestellt. Es war kein Zufall, dass Adam Smith neben seiner berühmten Abhandlung über den „Wohlstand der Nationen" auch eine über „Die Theorie der moralischen Empfindungen" geschrieben hat. Er, der Begründer einer Theorie der freien Marktwirtschaft, verstand ihre Grenzen und die Notwendigkeit, sie nicht sich selbst zu überlassen, sondern sie durch einen Schutzmechanismus, einen „Nachtwächter", zu ergänzen. Was bereits Adam Smith erkannt hat, wird der kooperative Kapitalismus ausformulieren und verwirklichen.

Der zweite Grund ist: Die Regierungen haben ein neues Mandat erhalten, um in die Wirtschaft einzugreifen, eines, wie es in den vergangenen drei Jahrzehnten nicht bestanden hat. In einer aktuellen Umfrage in den USA, dem Land, das traditionell jeder Art von Regierungseingriffen in Märkte und Unternehmen besonders feindlich gegenübersteht, war mehr als die Hälfte der Befragten der Ansicht, der freie Markt solle nicht sich selbst überlassen werden.

Das ist geradezu ein politisches Erdbeben. Wieder sind es die Banken, die seine Folgen zuerst zu spüren bekommen. Das geschieht in Form von Interventionen, die von direkten Verstaatlichungen bis zur Begrenzung der Managergehälter reichen. Ich erwarte allerdings kein Mikromanagement des Privatsektors durch die Regierung. Das würde ich auch nicht wünschen oder befürworten. Doch jedes Unternehmen, dessen Handeln so aufgefasst wird, als sei es gegen das Allgemeinwohl gerichtet, kann nun in die Schusslinie geraten.

Besonders gefährdet sind die Fast-Food-Industrie und die großen Pharmakonzerne. Da die Kosten des Gesundheitssystems steigen und die Staatsausgaben eingeschränkt werden müssen, wird der Druck auf Unternehmen aus diesen Branchen zunehmen. Sie werden dazu gedrängt werden, einerseits gegen den Trend zum Übergewicht und andererseits für erschwingliche Medikamente einzutreten. Im Gucci-Kapitalismus war es selten, dass Unternehmen zu sozialverantwortlichem Verhalten gedrängt wurden. Nun wird das zunehmen. Kein Wunder, dass die klügsten Unternehmen diese Tendenz vorwegnehmen und unaufgefordert versprechen, ihr Verhalten zu ändern.

Der dritte Grund: Die Zeit ist reif für einen neuen, auf Zusammenarbeit aufbauenden Kapitalismus, weil die Schattenseite der Globalisierung sichtbar geworden ist. Die Schnelligkeit und Heftigkeit, mit der die Finanzkrise ein Land nach dem anderen infiziert hat – Taiwan beispielsweise erwartet einen Fall seiner Wirtschaftsleistung um elf Prozent –, zeigt nur zu deutlich, dass wir in einer verbundenen Welt leben, in der wir gemeinsam stehen oder fallen.

Im Gucci-Kapitalismus hatte ich immer den Eindruck, dass der gemeinsame Absturz wahrscheinlicher war als der Aufstieg, weil nur Unternehmen international beschützt wurden. Die Welthandelsorganisation (WTO) sorgte für freien Warenverkehr, es gab Regeln und Vorschriften, Schiedsgerichte und Strafen, wenn ein Land dagegen verstieß. Doch es gab keinen vergleichbaren Mechanismus für globale Probleme: den Klimawandel, Verstöße gegen Arbeitnehmer- und Menschenrechte, gegen Gesundheits- und Sicherheitsvorschriften, oder als Reaktion auf die negativen Konsequenzen von Unternehmensverlagerungen.

Die Diskussionen über die Schaffung eines globalen Systems zur Finanzregulierung laufen bereits. Es ist deutlich geworden, dass eine globale Industrie nicht national reguliert werden kann. Aber wir stehen noch am Anfang. Wenn der künftige Kapitalismus kooperativ wird, sind neue, der WTO ähnliche Institutionen zu erwarten oder neue globale Regeln, die die zahlreichen Probleme aufgreifen, die im Zuge eines internationalen Unternehmenshandelns entstehen.

Der vierte Grund: Neue geopolitische Kräfte nehmen Gestalt an als Folge des Aufstiegs von China, Brasilien, Indien und der G20. Ich erwarte eine Phase des Aushandelns, in der politischer Einfluss gegen Zusammenarbeit getauscht wird. Beispielsweise wird es eine Begrenzung der CO_2-Emissionen geben im Gegenzug zu einer stärkeren Vertretung der Schwellenländer in Institutionen wie dem Internationalen Währungsfonds (IWF) und der Weltbank.

Aber es ist nicht alleine der neue Machtblock, der die intellektuelle Hegemonie des Gucci-Kapitalismus herausfordert. Man muss es im Zusammenhang mit einer neuen US-Regierung sehen, die eine breitere Vermögensverteilung will und dem Ideal des Multilateralismus verpflichtet ist, und mit der Tatsache, dass Kontinentaleuropa besonders hart von der globalen Rezession getroffen wird. Europa ist deshalb hoch motiviert, sich von einer Ideologie zu distanzieren, die nie so ganz zu seinen eigenen Werten passte. Nimmt man all das zusammen, sieht man: Alle Voraussetzungen für einen bedeutsamen ideologischen Wandel sind vorhanden.

Fünftens und letztens: Wir sehen nicht nur auf Regierungsebene Anzeichen einer stärkeren Zusammenarbeit. Die Annahme des Gucci-Kapitalismus, alle Menschen seien egoistisch, super-individualistisch und nur damit beschäftigt, ihren eigenen Reichtum zu maximieren, stellt sich mehr und mehr als eine fehlerhafte Hypothese der Mainstream-Ökonomen heraus. Es ist wahr, in den letzten beiden Jahrzehnten gab es eine wachsende Fixierung auf materielle Werte. Aber das war wohl mehr eine Frage der Einstellung als eine der menschlichen Natur. Soziologische Studien zeigen, dass Angehörige armer Gesellschaften eher miteinander teilen.

Deswegen sind wir keineswegs alle reine Individualisten, auch wenn der Gucci-Kapitalismus die Tendenz zum Eigennutz befördert hat. Es ist sehr viel wahrscheinlicher, dass wir in den kommenden Jahren enger zusammenrücken wie in der Zeit der großen Weltwirtschaftskrise nach 1929 und im Zweiten Weltkrieg. Das dürfte eines der wichtigsten Kennzeichen dieser Ära werden. Dafür gibt es erste Anzeichen: etwa den kometenhaften Aufstieg der „Free Cycle"-Bewegung, deren Mitglieder lieber Dinge verschenken, als sie bei Ebay zu versteigern, oder die wachsende Bedeutung des Job-Sharings in Japan, mit dem die Beschäftigten auf eigene Initiative hin Massenentlassungen verhindern oder abmildern.

Das alles sind Anzeichen für eine neue Ära des Kapitalismus, in der Zusammenarbeit, Teilen und gemeinsame Interessen im Vordergrund stehen. Aber die Geschichte verläuft nicht immer geradlinig. Und ich glaube, dass wir an einem entscheidenden, sogar gefährlichen Punkt stehen.

Manager und Politiker müssen sich entscheiden. Entweder sie setzen sich ein für eine Agenda der Kooperation, die multilateral ausgelegt ist, mit globalen Institutionen, die unsere Umwelt und unsere Bürger schützen. Eine Agenda, die die Idee einer Politik erneuert, die auf die Menschheit insgesamt abzielt, auf Reiche und Arme gleichermaßen.

Dazu gehört, dass auch die Wirtschaft sich als eine Kraft begreift, die Innovationen und Fortschritt für die Welt schafft. Die sich zurückhält, wenn geschäftliche Ziele allgemeinen Interessen widersprechen, und sich einbringt, wenn kurzfristig das Geld zur Finanzierung von Innovationen fehlt.

Die Alternative dazu wäre der Weg des nackten Selbstinteresses, des Kampfes jeder gegen jeden. Die Trader der Londoner City haben das auf lokaler Ebene vorgeführt. International war das Paradebeispiel dafür die Politik der 30er-Jahre: Statt in der Weltwirtschaftskrise zusammenzuarbeiten, haben die einzelnen Nationen versucht, jeweils dem anderen ihre Probleme zuzuschieben, und haben sich damit im Endeffekt selber geschwächt. Jeder, der heute Schutz für die heimischen Märkte fordert, sollte wissen, wohin das führt. Wenn China spürt, dass seine Exporte behindert werden, wird sich die Regierung dort beim gemeinsamen Klimaschutz zurückhalten. Wenn Großbritannien versucht, Jobs für Briten zu reservieren, dann wird die ohnehin leidende Exportindustrie keine Absatzmärkte mehr finden. Außerdem gibt es, wie die Geschichte lehrt, nur einen schmalen Grat zwischen wirtschaftlichem Nationalismus und Fremdenfeindlichkeit.

Wir stehen also vor einer kritischen, gefährlichen Grundsatzentscheidung. Es lohnt sich, für die richtige Richtung zu kämpfen, denn es hängt sehr viel daran. Meine Hoffnung ist, dass unsere Politiker genügend Einsicht haben – und wir, die Bevölkerung, genügend Elan –, um die drohende Katastrophe in eine Chance zu verwandeln: die Chance, gemeinsam ein besser überwachtes, ausgeglicheneres Wirtschaftssystem zu schaffen. Ein System, das an Fairness, sozialer Gerechtigkeit und Nachhaltigkeit ausgerichtet ist und die Moral zurückbringt in die Wirtschaft. Meine Hoffnung ist, dass wir zusammenarbeiten für eine bessere Zukunft, dass wir es ernst meinen, wenn wir sagen „Yes we can", und dass wir dabei das „Wir" betonen. Wir sollten die Open-Source-Version des Kapitalismus wählen, in der jeder Einzelne nur gewinnt, wenn alle zusammenarbeiten. Wir sollten uns an Coop orientieren, nicht an Gucci.

Erschienen in: Handelsblatt vom 17.02.2009

© Handelsblatt GmbH. Alle Rechte vorbehalten, Nachdruck mit freundlicher Genehmigung des Handelsblatts

Eine florierende Gesellschaft

Von Amitai Etzioni

Kürzlich stufte die britische Wirtschaftszeitschrift „The Economist" Frankreich als das Land ein, das die weltweite Wirtschaftskrise am besten überstanden habe. An zweiter Stelle folgte Deutschland. Die angelsächsischen Länder (also Großbritannien und die Vereinigten Staaten) schnitten am schlechtesten ab. Der „Economist" führte diese Unterschiede auf die Rolle des Staates in den jeweiligen Volkswirtschaften zurück. In Frankreich ist der Einfluss des Staates am stärksten, in Deutschland etwas geringer, während die britische und die amerikanische Volkswirtschaft weit schwächeren staatlichen Schutz genießen.

Es gibt aber noch einen weiteren auffälligen Unterschied zwischen diesen Ländern: das Ausmaß, in dem sie von der amerikanischen Krankheit des Konsumdenkens befallen sind. Franzosen und Deutsche sind insgesamt weniger bereit, länger und härter zu arbeiten und andere Annehmlichkeiten des Lebens zu opfern, um noch mehr Güter kaufen zu können. Der Unterschied spiegelt sich im Pro-Kopf-Einkommen dieser Länder. 2008 betrug es (um Kaufkraftunterschiede bereinigt) in Frankreich 34.200 Dollar, in Deutschland 35.440, in Großbritannien 36.520 und in den Vereinigten Staaten 46.280 Dollar.

Eigentlich werden die Europäer im „Economist" immer gescholten, weil sie den amerikanischen Weg einer „Befreiung des Marktes" nicht übernommen hätten und nicht nach einem guten Leben mit lauter Konsumgütern strebten. So beeilte sich die Zeitschrift denn auch zu erklären – nachdem sie hatte zugeben müssen, dass Frankreich besser mit der Krise zurechtkomme –, dieser Erfolg könne nicht lange währen. Frankreich wie Deutschland würden letztlich den angelsächsischen Weg einschlagen müssen. Doch die Krise nötigt uns, die Frage zu überdenken, ob die Völker, wenn die Wirtschaft wieder zu wachsen beginnt, sich entschlossen in den Konsum stürzen oder die Krise nutzen sollten, über eine andere Lebensweise nachzudenken, die der kontinentaleuropäischen, der französischen oder deutschen, nähersteht.

Freilich reichte es nicht, nur zu sagen, was die Menschen nicht tun sollten, damit der obsessive Drang, mehr zu verdienen und mehr zu konsumieren als der Nachbar, ein Ende findet. Wir müssen auch fragen: Welche Ziele wollen wir in Zukunft verfolgen? Wofür wollen wir arbeiten, wenn nicht für den Konsum? Und welchen Dingen wollen wir unsere Freizeit widmen?

In seiner rohesten Form ist der Kapitalismus ganz auf das Streben nach einer ständig wachsenden Vergrößerung des eigenen Nutzens ausgerichtet – gemessen weitgehend an Menge und Qualität der Güter und Dienstleistungen sowie an dem Einkommen, das man erzielt, um sie bezahlen zu können. Fragt man sich, an welchem Punkt Konsum in Konsumismus umschlägt und Arbeit übermäßige Bedeutung erlangt, scheint es mir hilfreich, auf Abraham Maslows Pyramide der menschlichen Bedürfnisse zurückzugreifen.

Die Basis dieser Pyramide bilden die körperlichen Grundbedürfnisse. Werden sie erfüllt, beziehen die Menschen größere Befriedigung aus Zuneigung und Selbstachtung und schließlich aus Selbstverwirklichung. Das heißt, solange der Konsum hauptsächlich auf die Befriedigung körperlicher Grundbedürfnisse ausgerichtet ist, erfüllt er nicht nur wichtige, sondern die fundamentalen menschlichen Bedürfnisse. Zwar gibt es keine genaue Liste der benötigten Güter und Dienstleistungen, und deren Spektrum variiert von Gesellschaft zu Gesellschaft wie auch mit der Zeit. Doch in jedem Fall gehören dazu elementare Sicherheit, ein zuverlässiges Obdach, eine sichere Versorgung mit Nahrung und Kleidung, die Gesundheitsfürsorge und die für ein Leben in der betreffenden Gesellschaft erforderliche Bildung.

Zu einem obsessiven konsumistischen Umgang mit Gütern und Dienstleistungen kommt es, wenn man versucht, mit ihrer Hilfe höhere Bedürfnisse zu befriedigen. Von einer überzogenen Konsumorientierung oder Konsumismus kann man dann sprechen, wenn materielle Objekte benutzt werden, um Zuneigung zu erwerben oder Selbstachtung zu erlangen, und wenn sie das Streben nach Selbstverwirklichung beherrschen.

Psychologisch besonders schädlich wird diese obsessive Konsumorientierung, wenn die zu ihrer Verwirklichung nötige Arbeit zwischenmenschliche Beziehungen beeinträchtigt, die eine Quelle der Zuneigung darstellen, etwa wenn um des Konsumismus willen Familie und Freunde vernachlässigt oder nichtmaterielle Quellen der Selbstachtung untergraben werden. Der „-ismus" ist der Punkt, an dem Konsum zu einer sozialen Krankheit wird.

Ähnliche Überlegungen sind schon früher verfolgt worden, etwa von Frühsozialisten wie den Kibbuzniks oder von religiösen Gemeinschaften. Alle versuchten jedoch, den Kapitalismus als Ganzes hinter sich zu lassen. Nach dem hier vorgetragenen Vorschlag soll der Kapitalismus innerhalb klar definierter und streng überwachter Grenzen florieren dürfen. Verlangt wird nicht ein Leben in Sack und Asche oder Altruismus, wohl aber ein neues Gleichgewicht zwischen Konsum und Arbeit und anderen menschlichen Zielsetzungen.

Außerdem verlangt diese Position von armen Menschen oder armen Ländern nicht, dass sie sich mit ihrem Schicksal abzufinden und ihr Elend lieben zu lernen hätten. Jede Wirtschaft muss stark genug sein, um die körperlichen

Grundbedürfnisse aller Mitglieder einer Gesellschaft zu befriedigen. Umgekehrt gibt es Belege dafür, dass eine obsessive Konsumorientierung bei höherem Einkommen, wenn der Konsum zur Befriedigung höherer Bedürfnisse eingesetzt wird, letztlich selbstzerstörerisch wirkt.

Zwei zentrale Befunde belegen den Sisyphuscharakter des Konsumismus. So führt, wenn der Konsum die Grundbedürfnisse befriedigt hat, weiterer Konsum nur zu einer geringfügigen Steigerung der Zufriedenheit. Tatsächlich haben Studien ergeben, dass sich in zahlreichen Ländern der Zuwachs an Wohlbefinden vermindert, wenn das durchschnittliche Jahreseinkommen auf mehr als 22.000 Dollar (zu Preisen von 2007) steigt. In den Vereinigten Staaten etwa hat sich das Pro-Kopf-Einkommen seit dem Zweiten Weltkrieg verdreifacht, aber der Grad der Zufriedenheit mit dem Leben hat sich kaum verändert. In Japan hat sich das Pro-Kopf-Einkommen seit 1959 verfünffacht, und dennoch ist die Zufriedenheit nur wenig gestiegen.

Darüber hinaus zeigen Studien, dass sich in kapitalistischen Gesellschaften viele unzufrieden oder geradezu benachteiligt fühlen, so viel sie auch verdienen und konsumieren. Denn es gibt immer andere, die noch mehr verdienen und noch mehr ausgeben können. Nicht die absolute, sondern die relative Benachteiligung zählt hier, doch per definitionem können die meisten Menschen unmöglich mehr als die meisten Menschen verdienen. Sicher ist es manchmal schwierig, elementare Güter von Statusgütern zu unterscheiden, und gelegentlich werden Statusgüter zu elementaren Gütern, etwa Klimaanlagen. Dennoch ist es kein kultureller Snobismus, wenn man sagt, niemand brauche wirklich einen Flachbildschirm oder gar Diamanten als Liebesbeweis. Das gilt vor allem dann, wenn die zum Erwerb solcher Güter erforderliche Arbeit eine sehr viel direktere und weniger über Objekte vermittelte Aufmerksamkeit für höhere menschliche Bedürfnisse behindert, etwa für den Wunsch, mehr Zeit mit den Kindern, dem Ehepartner oder Freunden zu verbringen, ganz zu schweigen von der Befriedigung, die die Erfahrung verschafft, anderen Menschen zu helfen.

Das überzogene Konsumdenken betrifft nicht nur die Oberschicht in reichen Gesellschaften, sondern auch die breite Mittelschicht und weite Teile der Arbeiterklasse. Quer durch alle Gesellschaftsschichten glauben zahlreiche Menschen, sie arbeiteten nur, um „über die Runden zu kommen". Eine genauere Prüfung ihrer Einkaufslisten und Kleiderschränke würde aber zeigen, dass sie einen beträchtlichen Teil ihres Einkommens für Güter wie Markenprodukte – das „richtige" Auto oder eine bestimmte Kleidung – ausgeben, bei denen nicht der Gebrauch, sondern der Status im Vordergrund steht.

Welche Art Wirtschaft und welche Sozialordnung wäre unter Zugrundelegung der Maslowschen Bedürfnispyramide die beste? Wohl kaum ein Modell, das die Henne schlachtet, die goldene Eier legt – also die Wirtschaft, die ja die zur Befriedigung der Grundbedürfnisse nötigen Güter bereitstellen kann. Aber auch keines, das vortäuscht, Konsumgüter könnten der Befriedigung höherer Bedürfnisse dienen. Es muss um eine Sozialordnung gehen, die positive Sinngehalte und Ziele wie Gemeinschaftsorientierung und transzendente Quellen menschlichen Wohlergehens in den Vordergrund stellt.

Gemeinschaftsorientierung oder, sozialphilosophisch formuliert, Kommunitarismus bedeutet, dass man seine Zeit und Energie in zwischenmenschliche Beziehungen investiert, in solche zu den Mitgliedern der eigenen Familie, zu Freunden und zu Bekannten. Kommunitarismus umfasst auch den Dienst am Gemeinwohl, etwa durch ehrenamtliche Tätigkeiten und durch Teilnahme am öffentlichen Leben einschließlich der Politik. Im Zentrum der Gemeinschaftsorientierung steht nicht Altruismus, sondern Gegenseitigkeit, insofern eine tiefer reichende und dichtere Beziehung zu anderen Menschen, die sowohl dem Gebenden als auch dem Nehmenden Befriedigung schenkt. Tatsächlich haben zahlreiche Studien gezeigt, dass Gemeinschaftsorientierung zu größerer Zufriedenheit führt. Menschen, die sich auf langfristige und nicht nur oberflächliche Beziehungen einlassen, leben länger, gesünder und glücklicher.

Zu den transzendenten Zielsetzungen gehören spirituelle Interessen im weitesten Sinne einschließlich religiöser, kontemplativer und künstlerischer Betätigungen. Ein Leben, das Raum für fortgesetzte Bildung, für Reflexion, Meditation, Musik und andere Ausdrucksmöglichkeiten lässt, führt nach Ansicht Maslows zur Selbstverwirklichung. Wenn eine Gesellschaft die Konsumorientierung überwindet und sich der Befriedigung höherer menschlicher Bedürfnisse mit gemeinschaftsorientierten und transzendenten Zielsetzungen zuwendet, können sich die meisten oder sogar alle ihre Mitglieder am ehesten an solchen Projekten beteiligen.

Das alles mag abstrakt oder gar idealistisch klingen. Doch es gibt inzwischen viele Hinweise darauf, dass ein weniger konsumbesessener Lebensstil schon im Entstehen begriffen ist – und zwar vor allem bei solchen Menschen, deren Grundbedürfnisse tatsächlich befriedigt sind. Es fehlt aber noch an einer normativen Bestätigung der neuen „kommunitaristischen" Projekte, damit die Gesellschaften nicht in Konsumdenken und übermäßige Arbeit zurückfallen, sobald die Wirtschaftskrise überwunden ist.

Dazu gilt es zunächst zu erkennen, dass ein gezügelter, auf die Grundbedürfnisse beschränkter Konsum nicht bedeutet, im Leben gescheitert zu sein. Dezente Kleidung etwa war früher ein Merkmal geachteter, wohlhabender Bürger; nur Neureiche zeigten ihren Reichtum her, indem sie sich auffällig teuer kleideten. Dezente Kleidung sollte wieder zu einer Quelle gesellschaftlicher Zustimmung werden. Wir bewegen uns in dem Maße in Richtung einer florierenden Gesellschaft, in dem Selbstbescheidung nicht als Mangel empfunden wird, sondern als Ausdruck eines neuen, von einer neuartigen Wertehierarchie und einer neuen Sozialordnung getragenen Lebensstils.

Kritiker wenden ein, die moderne Wirtschaft könne nur dann überleben, wenn die Menschen immer mehr konsumierten, also auch immer mehr produzierten und arbeiteten. Es ist jedoch kein Grund zu sehen, weshalb eine Wirtschaft nicht gut funktionieren sollte, wenn man beide Seiten der Gleichung reduziert, wenn also die Menschen weniger konsumieren und entsprechend weniger produzieren oder arbeiten.

Ob die aktuelle Krise zu solch einem kulturellen Wandel führt oder nur ein Intermezzo auf dem Weg des ständig gesteigerten Konsums bleibt, werden die Gesellschaften im Wesentlichen über einen Prozess bestimmen, den ich als „moralischen Megalog" bezeichnen möchte. Gesellschaften befinden sich ständig in einem Gespräch über die Frage, was richtig und was falsch ist. In der Regel beherrschen zu einer bestimmten Zeit nur ein oder zwei Themen diese Megaloge. In den vergangenen Jahren gehörten zu den Schlüsselfragen dieser Art die Legitimität des amerikanischen Einmarschs in den Irak im Jahr 2003 und die Frage, ob man die Ehe zwischen homosexuellen Partnern erlauben sollte. An Megalogen beteiligen sich Millionen Mitglieder einer Gesellschaft, die ihre Ansichten am Arbeitsplatz, in der Familie, in den Medien und bei öffentlichen Veranstaltungen austauschen. Megaloge werden oft verbissen und leidenschaftlich geführt – doch auch wenn sie vielfach weder einen klaren Anfang noch ein klares Ende besitzen, führen sie doch oft zu Veränderungen in der Werteordnung einer Gesellschaft und im Verhalten ihrer Mitglieder.

Der Megalog über das Verhältnis zwischen Konsumismus und menschlichem Wohlbefinden und über die Frage, was an die Stelle der obsessiven Konsumorientierung treten könnte, ist zwar heute wieder in Gang gekommen. Aber er ist noch nicht zu einem solch beherrschenden Thema geworden wie etwa die Frage der staatlichen Interventionen in das Leben der Wirtschaft. Die entscheidende Frage ist jedoch nicht, wie man Gesetze zur besseren Kontrolle der Märkte verabschiedet. Entscheidend ist die Frage, was ein gutes Leben ausmacht. Welche Ziele sollen bei jenen Menschen, deren Grundbedürfnisse erfüllt sind, an die Stelle einer Anbetung des Konsums treten?

Von größter Bedeutung für ein neues Verständnis der Vorzüge einer gezügelten Wirtschaft und einer florierenden Gesellschaft sind Erziehung und Bildung. Die Schulen, die oft den Anspruch erheben, sich auf „akademische" Fähigkeiten zu konzentrieren, zählen in Wirklichkeit zu den wichtigsten Institutionen, die imstande sind, Veränderungen bei den Werten und Haltungen zu erreichen. So könnten Schulen dazu beitragen, dass ihre Schüler die Konsumorientierung durch gemeinschaftsorientierte und transzendente Projekte ersetzen. Das ließe sich durch eine Vielzahl von Maßnahmen erreichen, die von Schuluniformen (zur Verhinderung demonstrativen Konsums) bis hin zur Einführung von Sozialdiensten und zum Einsatz älterer Schüler in der Betreuung jüngerer reichen.

Hilfreich wären auch Veränderungen am Arbeitsplatz, etwa eine Beschränkung der Überstunden, eine kürzere Wochenarbeitszeit, mehr Teilzeitarbeit, flexiblere Arbeitszeiten und mehr Heimarbeit zur Verringerung des Berufsverkehrs. Schließlich könnte auch die Gesetzgebung einen Beitrag leisten. Steuern könnten es erschweren, dass immer größere Häuser erworben werden, obwohl viele Käufer zugeben, ihre Häuser seien größer, als sie es „brauchten". Denkbar wären auch die Bevorzugung des öffentlichen vor dem Individualverkehr, die Subventionierung kleiner Autos statt der indirekten steuerlichen Förderung großer, repräsentativer Fahrzeuge oder die gesetzliche Beschränkung der Vergütung von Managern. All das sind Beispiele, die zeigen sollen, auf welche Weise Gesetze einen Beitrag zur Entstehung moralischer Megaloge leisten, deren Ergebnisse zum Ausdruck bringen und als zusätzliches Erziehungsinstrument dienen können.

Die florierende Gesellschaft mit gezügelter Ökonomie ist offensichtlich nachhaltiger als die Konsumgesellschaft, da sie weniger materielle Ressourcen verbraucht. Aus denselben Gründen dient sie besser dem Schutz der Umwelt und des Klimas. Tatsächlich geben viele dieser Gesellschaft und Wirtschaft schon aus diesen Gründen den Vorzug, auch wenn sie sich für Gemeinschaftsorientierung und transzendente Werte nicht begeistern können.

Gemeinschaftsbezogene Aktivitäten erfordern die Entwicklung sozialer und kommunikativer Fähigkeiten sowie die Bereitschaft, Zeit und Energie aufzuwenden. Materielle oder finanzielle Aufwendungen sind in der Regel nicht gefragt. Das gilt auch für die meisten ehrenamtlichen Tätigkeiten. Erforderlich ist dafür vielfach eher die Bereitschaft, Reichtum freiwillig mit anderen zu teilen und nicht nach einem höheren Anteil daran zu streben.

Ähnliches gilt auch für transzendente Aktivitäten wie Meditation, Reflexion, Erwerb von Bildung, Liebe zu Musik und Kunst, religiöse Betätigungen und Interesse an Politik. Gewiss, der Konsumismus hat Wege gefunden, viele dieser Aktivitäten in solche zu verwandeln, die beträchtliche Ressourcen erfordern. Aber man kann aus dieser Obsession ausbrechen und erkennen, dass es möglich ist, die meisten transzendenten Aktivitäten mit einem minimalen Aufwand an Gütern und Dienstleistungen zu betreiben.

Kurz gesagt, wer auf die Projekte einer florierenden Gesellschaft setzt, der wird merken, dass er selbst dann ein hohes Maß an Zufriedenheit erlangen kann, wenn er auf einen beträchtlichen Teil an möglichem Einkommen oder Vermögen verzichtet. Nun ist nicht damit zu rechnen, dass alle oder auch nur die meisten Menschen sich plötzlich von der Konsumgesellschaft abwenden und der florierenden Gesellschaft den Vorzug geben oder dass diejenigen, die es tun, dies rückhaltlos tun werden. Menschen werden mit einem Fuß in der alten Gesellschaft stehenbleiben, während sie mit dem anderen die Wasser der neuen erkunden – etwa wie jene Menschen, die zum Sakko Jeans tragen.

Gesellschaften ändern ihre Richtung wie Ozeanriesen: langsam und schrittweise. Für den Augenblick ist es „lediglich" erforderlich, dass immer mehr Menschen die gegenwärtige Wirtschaftskrise nutzen, um sich von der obsessiven Fixierung auf Konsumgüter und übermäßige Arbeit zu befreien, und dass stattdessen immer mehr Menschen jene Zufriedenheit kennenlernen, die transzendente und gemeinschaftsbezogene Projekte ihnen zu schenken vermögen, wenn sie den Weg zur Teilhabe an diesen Formen eines guten Lebens finden.

Erschienen in: Frankfurter Allgemeine Zeitung vom 29.08.2009

© 2009 Amitai Etzioni, Nachdruck mit freundlicher Genehmigung der Frankfurter Allgemeinen Zeitung

„Ich stehe heute hier, demütig"

Die Antrittsrede von Barack Obama

„Ich stehe heute hier, demütig angesichts der Aufgabe, die vor uns liegt, dankbar für das Vertrauen, das Sie mir geschenkt haben, und der Opfer gedenkend, die unsere Vorfahren auf sich genommen haben. Ich danke Präsident Bush für seinen Dienst an der Nation und auch für seine Großzügigkeit und Zusammenarbeit während der Amtsübergabe.

Vierundvierzig Amerikaner haben nun den präsidialen Eid abgelegt. Die Worte wurden in Zeiten des Wohlstands und in ruhigen Friedenszeiten gesprochen. Doch immer wieder wurde dieser Eid auch in Zeiten nahenden Unwetters und heftiger Stürme abgelegt. In diesen Zeiten hat Amerika nicht nur wegen der Fähigkeiten oder der visionären Kraft seiner höchsten Politiker durchgehalten, sondern weil wir, das Volk, den Idealen unserer Väter und den Prinzipien unserer Gründungsakte treu geblieben sind.

So ist es gewesen. So muss es auch sein in dieser Generation von Amerikanern.

Dass wir mitten in einer Krise stecken, ist nur allzu klar. Unser Land befindet sich im Krieg gegen ein weitreichendes Netzwerk von Gewalt und Hass. Unsere Wirtschaft ist stark geschwächt, eine Folge der Gier und Verantwortungslosigkeit einiger, aber auch weil wir gemeinsam versagt haben, harte Entscheidungen zu treffen und die Nation auf ein neues Zeitalter vorzubereiten. Viele verloren ihr Zuhause, Arbeitsplätze wurden vernichtet, Unternehmen geschlossen. Unser Gesundheitswesen ist zu teuer, unsere Schulen lassen zu viele scheitern. Und mit jedem Tag wird deutlicher: Unsere Art der Energienutzung stärkt unsere Gegner und bedroht unseren Planeten.

Dies sind die Anzeichen der Krisen, wie wir sie in den Daten und Statistiken lesen. Weniger messbar, aber nicht weniger profund ist der Vertrauensverlust im ganzen Land – eine nagende Angst, dass Amerikas Niedergang unausweichlich ist und die nächste Generation ihre Erwartungen zurücknehmen muss.

Heute sage ich Ihnen, dass die Herausforderungen real sind. Sie sind schwer zu überwinden, und es gibt viele. Sie werden nicht leicht oder kurzfristig zu meistern sein. Aber wisse, Amerika – sie werden gemeistert werden.

Wir sind heute hier zusammengekommen, weil wir uns für die Hoffnung und gegen die Angst entschieden haben, für die Einheit und gegen Streit und Zwietracht.

Heute verkünden wir das Ende der kleinlichen Streitereien und der falschen Versprechungen, der Schuldzuweisungen und der abgedroschenen Dogmen, die viel zu lange unsere Politik im Würgegriff hatten.

Wir sind immer noch eine junge Nation, doch nach den Worten der Schrift ist jetzt die Zeit da, Kindereien beiseitezulassen. Die Zeit ist gekommen, unseren fortdauernden Geist zu bestärken, um die Geschichte zum Besseren zu wenden; für dieses kostbare Geschenk, die noble Idee, die von Generation zu Generation weitergereicht wurde: das göttliche Versprechen, dass alle gleich und frei sind und eine Chance verdienen, ihr Glück zu finden.

Während wir die Größe unserer Nation erneut beschwören, sind wir uns bewusst, dass diese Größe niemals selbstverständlich ist. Sie muss verdient werden. Auf unserer Reise haben wir nie Abkürzungen genommen und uns mit weniger zufriedengegeben. Es war nie der Weg für die Kleinmütigen, die Vergnügen statt Arbeit oder nur die Freuden des Reichtums und des Ruhmes gesucht haben. Es waren vielmehr die Abenteurer, die Tatkräftigen – manche wurden gefeiert, doch die meisten jener Männer und Frauen sind unbekannt geblieben –, die uns den langen, steinigen Weg zu Reichtum und Freiheit geebnet haben.

Für uns packten sie ihre wenigen Besitztümer und überquerten den Ozean, auf der Suche nach einem neuen Leben.

Für uns haben sie geschuftet und den Westen unseres Landes besiedelt. Sie haben den Schlag der Peitsche verspürt und die harte Erde gepflügt.

Für uns haben sie gekämpft und sind gestorben, an Orten wie Concord und Gettysburg, in der Normandie und in Khe Sahn.

Immer wieder haben diese Männer und Frauen gekämpft und Opfer gebracht und gearbeitet, bis ihre Hände wund waren, damit wir ein besseres Leben haben. Für sie war Amerika mehr als die Summe persönlicher Interessen, größer als die Unterschiede durch Geburt oder Reichtum oder Interessen.

Diese Reise setzen wir heute fort. Wir bleiben die wohlhabendste, mächtigste Nation der Erde. Unsere Arbeiter sind heute nicht weniger produktiv als zu Beginn dieser Krise. Unsere Köpfe sind nicht weniger einfallsreich, unsere Güter und Dienstleistungen werden heute nicht weniger benötigt als vergangene Woche, vergangenen Monat oder vergangenes Jahr. Unsere Fähigkeiten bleiben unverändert. Doch unsere Zeit der Untätigkeit, in der wir unbequeme Entscheidungen vor uns herschoben – diese Zeit ist sicherlich vorbei. Von heute an müssen wir uns aufrichten, den Staub abschütteln und damit beginnen, Amerika zu erneuern.

Es gibt viel zu tun – überall wo wir hinsehen. Der Zustand der Wirtschaft verlangt nach kühnen und schnellen Taten, und wir werden handeln. Wir werden nicht nur neue Jobs schaffen, sondern ein neues Fundament für Wachstum legen. Wir werden Straßen und Brücken bauen, elektrische Netze und digitale Leitungen, die unseren Handel voranbringen und uns verbinden. Wir werden der Forschung ihren verdienten Stellenwert zurückgeben und die Wunder der Technologie nutzen, um die Qualität unserer Gesundheitsversorgung zu verbessern und ihre Kosten zu senken. Wir werden Sonne, Wind und Erde nutzbar machen, um unsere Autos zu betanken und unsere Fabriken mit Strom zu versorgen. Und wir werden unsere Schulen, Colleges und Universitäten verändern, sodass sie den Anforderungen eines neuen Zeitalters entsprechen. All das können wir tun. Und all das werden wir tun.

Einige stellen unsere Ambitionen infrage – sie merken an, dass unser System nicht allzu viele große Pläne vertragen kann. Ihr Erinnerungsvermögen ist kurz. Sie haben vergessen, was dieses Land bereits geleistet hat. Was freie Männer und Frauen erreichen können, wenn Ideenreichtum und Gemeinsinn zusammenkommen und Notwendigkeit auf Mut trifft.

Die Zyniker verstehen nicht, dass der Boden unter ihnen schwankt, dass die abgestandenen politischen Argumente, die uns so lange aufgezehrt haben, heute nicht mehr greifen. Die Frage, die wir heute stellen, ist nicht, ob die Regierung zu groß oder zu klein ist, sondern ob sie funktioniert – ob sie Familien hilft, Jobs mit angemessener Bezahlung zu finden, ihnen bezahlbare Pflege und eine würdige Rente ermöglicht. Wo wir diese Frage mit Ja beantworten, werden wir weitermachen. Dort, wo die Antwort Nein lautet, werden wir Regierungsprogramme einstellen. Und jene, die das öffentliche Geld verwalten, werden zur Verantwortung gezogen werden, das Geld weise auszugeben, Schlechtes zu reformieren und mit höchster Transparenz zu agieren – denn nur dann können wir das wichtige Vertrauen zwischen dem Volk und seiner Regierung wiederherstellen.

Die Frage ist auch nicht, ob der Markt eine gute oder böse Kraft ist: Seine Macht, Wohlstand zu schaffen und Freiheit auszudehnen, ist unübertroffen, doch die Krise hat uns daran erinnert, dass der Markt ohne wachsamen Blick außer Kontrolle geraten kann – und dass eine Nation nicht lange gedeihen kann, wenn nur die Wohlhabenden bevorzugt werden. Der Erfolg unserer Wirtschaft war nie nur von der Größe unseres Bruttosozialprodukts abhängig, sondern davon, dass wir jedem Willigen die Möglichkeit gegeben haben, sich wirtschaftlich zu entwickeln – nicht aus Barmherzigkeit, sondern weil es für uns alle der beste Weg ist.

Was unsere Verteidigung angeht: Es ist falsch, dass wir uns zwischen unserer Sicherheit und unseren Idealen entscheiden müssten. Unsere Gründerväter, die Risiken eingingen, die wir uns kaum vorstellen können, haben eine Charta verfasst, um die Rechtsstaatlichkeit und die Menschenrechte zu gewährleisten, eine Charta, die mit dem Blut von Generationen geschrieben wurde. Diese Ideale erhellen noch immer die Welt, und wir werden sie nicht um der Zweckmäßigkeit willen opfern. Daher sage ich allen Menschen und Regierungen, die heute zusehen, von den großen Hauptstädten bis zu dem kleinen Dorf, in dem mein Vater zur Welt kam: Wisset, dass Amerika ein Freund jeder Nation, jedes Mannes, jeder Frau und jedes Kindes ist, die eine Zukunft in Frieden und Würde suchen. Wir sind bereit, einmal mehr die Führung zu übernehmen.

Erinnert euch, dass frühere Generationen Faschismus und Kommunismus nicht nur mit Raketen und Panzern überwunden haben, sondern mit starken Allianzen und ausdauernder Überzeugung. Sie haben verstanden, dass unsere Macht allein uns nicht schützen kann und dass unsere Macht es uns auch nicht erlaubt, nach unserem Gutdünken zu handeln. Stattdessen wussten sie, dass unsere Macht durch behutsame Anwendung wächst. Unsere Sicherheit ruht auf der Gerechtigkeit unserer Ziele, auf der Kraft unseres guten Beispiels, auf Bescheidenheit und Zurückhaltung.

Wir sind die Bewahrer dieses Erbes. Von diesen Prinzipien geleitet, werden wir neue Bedrohungen annehmen, die noch größeren Einsatz verlangen – noch mehr Zusammenarbeit und Verständnis zwischen den Nationen. Wir werden damit beginnen, den Irak verantwortungsvoll seinen Einwohnern zu übergeben und den hart erkämpften Frieden in Afghanistan zu festigen. Mit alten Freunden und früheren Feinden werden wir unermüdlich daran arbeiten, die nukleare Gefahr zu mindern und die Klimaerwärmung zurückzudrängen. Wir werden uns weder für unseren Lebensstil entschuldigen noch werden wir zaudern, ihn zu verteidigen. Allen, die ihre Ziele mit Terror und dem Töten Unschuldiger vorantreiben wollen, sagen wir, dass unser Geist stärker ist und nicht gebrochen werden kann. Ihr könnt uns nicht überdauern, und wir werden euch bezwingen.

Denn wir wissen, dass die Vielfältigkeit unserer Herkunft eine Stärke, keine Schwäche ist. Wir sind eine Nation von Christen und Muslimen, Juden und Hindus – und Atheisten. Wir wurden geformt durch zahllose Sprachen und Kulturen, die aus allen Teilen der Erde stammen; und weil wir den bittern Geschmack des Bürgerkriegs und der Rassentrennung kennen und aus diesem dunklen Kapitel unserer Geschichte gestärkt und vereint hervorgegangen sind, glauben wir, dass alle alten Hassgefühle eines Tages weichen werden, dass die Grenzen der Völker sich bald auflösen werden, dass die Welt immer kleiner wird und unser gemeinsamer Humanismus sich offenbaren wird, und dass Amerika seine Rolle dabei einnehmen muss, eine neue Ära des Friedens einzuleiten.

Der muslimischen Welt sei gesagt: Wir suchen nach einem neuen Weg nach vorne, der sich auf gemeinsame Interessen und gegenseitigen Respekt stützt. An die Führer dieser Welt, die den Konflikt suchen und die Probleme ihrer Gesellschaften dem Westen anlasten: Wisset, dass eure Völker euch daran messen werden, was ihr erschafft, nicht, was ihr zerstört. An jene, die durch Korruption, Betrug und die Unterdrückung abweichender Meinungen an die Macht kamen: Wisset, dass ihr auf der falschen Seite der Geschichte steht. Aber wir sind bereit, die Hand zu reichen, wenn ihr gewillt seid, eure Faust zu öffnen.

Den Menschen der armen Nationen sei gesagt: Wir werden mit euch zusammenarbeiten, damit eure Farmen florieren und sauberes Wasser fließt, damit Hungernde Essen bekommen und der Geist Nahrung hat. Und den Nationen, die wie unsere Nation relativen Wohlstand genießen, sagen wir: Wir können es uns nicht länger leisten, das Leiden jenseits unserer Grenzen zu ignorieren. Wir können auch nicht weiterhin die Ressourcen unserer Erde verbrauchen, ohne an die Auswirkungen zu denken. Denn die Welt hat sich verändert, und wir müssen uns mit ihr verändern.

Wenn wir an den Weg denken, der vor uns liegt, erinnern wir uns in demütiger Dankbarkeit an die tapferen Amerikaner, die in dieser Stunde in entlegenen Wüsten und fernen Gebirgszügen patrouillieren. Sie haben uns heute einiges zu sagen, so wie all die gefallenen Helden, die in Arlington begraben sind, durch alle Zeiten zu uns sprechen. Wir ehren sie nicht nur, weil sie die Wächter unserer Freiheit sind, sondern weil sie den Geist des Dienstes für ihr Land mit Leben füllen, die Bereitschaft, Bedeutung in etwas Größerem zu finden, das über ihre Person hinausgeht. Und in diesem Moment, einem Moment, der eine Generation prägen wird, ist es dieser Geist, der uns alle erfüllen muss.

Wie viel eine Regierung auch tun kann und muss – es sind letztlich das Vertrauen und die Bestimmung des amerikanischen Volkes, worauf unsere Nation ruht. Es ist die Güte, einen Fremden aufzunehmen, wenn die Dämme brechen, die Selbstlosigkeit von Arbeitern, die eher ihre Arbeitszeit reduzieren, als einen Freund seine Arbeit verlieren zu sehen, die uns durch unsere dunkelsten Stunden führen. Es ist der Mut des Feuerwehrmannes, ein verqualmtes Treppenhaus hinaufzustürmen, aber auch die Bereitschaft von Eltern, ein Kind großzuziehen, was letztendlich über unser Schicksal entscheidet.

Unsere Herausforderungen mögen neu sein. Die Instrumente, mit denen wir ihnen begegnen, mögen neu sein. Doch die Werte, von denen unser Erfolg abhängt – harte Arbeit und Ehrlichkeit, Mut und Fairness, Toleranz und Neugier, Loyalität und Patriotismus –, diese Werte sind alt. Diese Werte sind wahrhaftig. Sie waren die stille Kraft des Fortschritts in unserer Geschichte. Wir brauchen die Rückkehr zu diesen Werten. Was von uns verlangt wird, ist eine neue Ära der Verantwortung. Alle Amerikaner müssen erkennen, dass sie Pflichten für sich selbst, für die Nation und für die Welt erfüllen müssen. Pflichten, die wir nicht widerwillig hinnehmen, sondern bereitwillig erfüllen – in dem Bewusstsein, dass nichts den Geist so befriedigt und nichts den Charakter so bildet, als alles für eine schwierige Aufgabe zu geben.

Das ist der Preis und das Versprechen der Staatsbürgerschaft. Das ist die Quelle unseres Vertrauens – das Wissen, dass Gott uns ruft, um ein ungewisses Schicksal zu meistern.

Das ist die Bedeutung unserer Freiheit und unserer Überzeugung – der Grund, warum Männer, Frauen und Kinder jeder Rasse und jeden Glaubens hier bei dieser Feier sind und warum ein Mann, dessen Vater vor weniger als 60 Jahren hier in einem Restaurant vielleicht nicht bedient worden wäre, jetzt vor Ihnen stehen kann und den heiligsten Eid ablegen kann.

So lasst uns diesen Tag mit dem Gedenken daran begehen, wer wir sind und wie weit wir gekommen sind. Im Jahr der Geburt Amerikas, im kältesten Monat, drängte sich eine kleine Gruppe Patrioten um ein ausgehendes Lagerfeuer am Ufer eines eisigen Flusses. Die Hauptstadt war verlassen, der Feind rückte vor.

Der Schnee war mit Blut befleckt. In dem Moment, in dem die Revolution zu scheitern drohte, hat unser Gründervater angeordnet, dem Volk diese Worte zu verlesen:

„Lasst der zukünftigen Welt gesagt sein, dass im tiefsten Winter, als nichts als die Hoffnung und die Tugend zu überleben vermochten, Stadt und Land, alarmiert durch eine alle bedrohende Gefahr, zusammenkamen, um ihr zu begegnen und sie abzuwehren."

Amerika. Angesichts der gemeinsamen Bedrohungen in diesem Winter unserer Bedrängnis, lasst uns voller Hoffnung und Tugend einmal mehr den eisigen Strömungen widerstehen und den Stürmen trotzen, die kommen mögen. Auf dass unsere Kinder und Kindeskinder einmal sagen mögen, dass wir, als wir auf die Probe gestellt wurden, uns weigerten, unsere Reise zu beenden, dass wir nicht zurückwichen und auch nicht taumelten; und mit dem Blick, fest auf den Horizont gerichtet, mit Gottes Gnade über uns, haben wir dieses großartige Geschenk der Freiheit bewahrt und es den nachfolgenden Generationen sicher übergeben.

Ich danke Ihnen. Gott segne Sie. Und Gott segne die Vereinigten Staaten von Amerika."

Diese Übersetzung der Antrittsrede vom 20. Januar 2009 ist erschienen in: Cicero Portfolio, Ausgabe Frühjahr 2009
© 2009 Barack Obama, Nachdruck mit freundlicher Genehmigung von Cicero

Das große INTES-Handbuch Familienunternehmen

Ein Muss für jede Unternehmerbibliothek!

Mit der INTES feierte 2008 auch das INTES-Prinzip seinen 10. Geburtstag. Aus diesem Anlass ist das große „INTES Handbuch für Familienunternehmen" erschienen, das auf rund 600 Seiten die wichtigsten Beiträge zum Management von Unternehmen, Eigentümerfamilie, Unternehmervermögen, Unternehmerpersönlichkeit und Nachfolge zusammenfasst. Beiträge von Prof. Dr. Peter May, Prof. Dr. Mark Binz, Prof. Dr. Hermann Simon, Prof. Dr. Ann-Kristin Achleitner, Ingvar Kamprad, Dr. Jürgen Heraeus, Dr. Reinhard Zinkann, Dr. Jörg Mittelsten Scheid und vielen anderen.

Das INTES-Handbuch Familienunternehmen
Herausgeber: Prof. Dr. Peter May, 2008
602 Seiten, Preis: 49,00 €
ISBN 978-3-9811783-1-9

zu beziehen über die
INTES Akademie für Familienunternehmen
Tel. (0228) 3 67 80-61 · Fax (0228) 3 67 80-69
info@intes-akademie.de · www.intes-akademie.de

Akademie für Familienunternehmen

1.000 Familienunternehmen auf einen Blick

Nach „Aus bester Familie", dem ersten Band der Deutschen Standards über deutsche Familienunternehmen, ist mit dem „Lexikon der deutschen Familienunternehmen" wieder unter der Herausgeberschaft von Florian Langenscheidt und Peter May die noch umfangreichere Fortsetzung erschienen. Das Buch präsentiert alle wesentlichen Daten, Fakten und Kennzahlen der wichtigsten 1.000 Familienunternehmen in Deutschland aus den Bereichen Konsum- und Investitionsgüter sowie Dienstleistungen und Produktion.

Lexikon der deutschen Familienunternehmen
Herausgeber: Dr. Florian Langenscheidt und Prof. Dr. Peter May
Verlag Deutsche Standards, 1.000 Seiten
Preis: 78 €, ISBN 978-3-8349-1640-2

zu beziehen über die
INTES Akademie für Familienunternehmen
Tel. (0228) 3 67 80-61 · Fax (0228) 3 67 80-69
info@intes-akademie.de · www.intes-akademie.de

Der INTES Unternehmer-Brief

Aktuelle Fachbeiträge und Nachrichten zum Thema Familienunternehmen

Der INTES Unternehmer-Brief erscheint sechsmal jährlich und enthält neben zwei ausführlichen Fachbeiträgen – die aktuelle Erkenntnisse aus Studien, Theorie und Praxis widerspiegeln – einen umfangreichen Nachrichtenteil mit wesentlichen Meldungen für Familienunternehmen.

Relevante Inhalte für Unternehmen, Vermögen, Person und Familie des Unternehmers und dazu für Unternehmer wichtige Nachrichten kompakt für Sie zusammengestellt!

INTES Unternehmer-Brief
Herausgeber: Prof. Dr. Peter May,
Prof. Dr. Klaus Schweinsberg
und Gerold Rieder
20 bis 24 Seiten,
Preis: 90 € zzgl. MwSt.
(Jahresabo mit 6 Ausgaben)

Abonnieren Sie jetzt über die:
INTES Akademie für Familienunternehmen
Tel. (0228) 3 67 80-61 · Fax (0228) 3 67 80-69
info@intes-akademie.de · www.intes-akademie.de

Das INTES -Leistungsangebot

Von Unternehmern – für Unternehmer

Auf der Basis des INTES-Prinzips und ausgehend von eigenen unternehmerischen Erfahrungen haben wir ein Leistungsangebot zur Zukunftssicherung von Familienunternehmen entwickelt. Es umfasst die folgenden wesentlichen Elemente:

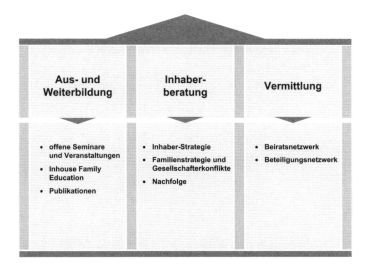

weiter Informationen erhalten Sie über die:
INTES Akademie für Familienunternehmen
Tel. (0228) 3 67 80-61 · Fax (0228) 3 67 80-69
info@intes-akademie.de · www.intes-akademie.de